本书出版感谢以下项目资助：

国家“985”工程（2014–2015年）创新研究平台建设项目
“中国经济发展与国际竞争力创新基地”

国家自然科学基金项目（项目编号:71402127; 71372125）

社会交换和社会认同视角的员工–组织关系研究

涂乙冬 著

WUHAN UNIVERSITY PRESS
武汉大学出版社

图书在版编目(CIP)数据

社会交换和社会认同视角的员工－组织关系研究/涂乙冬著. —武汉：武汉大学出版社,2015.9

ISBN 978-7-307-15910-5

Ⅰ.社…　Ⅱ.涂…　Ⅲ.企业管理—人事管理—研究　Ⅳ.F272.92

中国版本图书馆 CIP 数据核字(2015)第 110617 号

责任编辑:辛　凯　　责任校对:李孟潇　　版式设计:韩闻锦

出版发行：**武汉大学出版社**　(430072　武昌　珞珈山)

(电子邮件：cbs22@ whu. edu. cn　网址：www. wdp. com. cn)

印刷:武汉中远印务有限公司

开本：720×1000　1/16　印张:16　字数:229 千字　插页:1

版次:2015 年 9 月第 1 版　2015 年 9 月第 1 次印刷

ISBN 978-7-307-15910-5　定价:35.00 元

前　言

组织中员工-组织间的社会交换、社会认同和个人及团队产出过程是组织行为和人力资源管理学者的研究重点之一，尽管已经取得了丰硕的成果，但是这个议题仍然富有生命力，值得进一步探讨。

本书通过两个子研究来研究组织中员工-组织间多重对象、多重层次的社会交换、社会认同与产出关系。子研究 1 探讨了领导-部属交换、领导认同及职业认同与员工的工作绩效、帮助行为和建议行为的作用机制。子研究 2 探讨了多层次的员工-组织之间的社会交换、社会认同和个人及团队产出的影响机制。通过 2 个子研究来共同构成组织中员工-组织间的社会交换、社会认同与产出过程的整体框架。

在子研究 1 中，领导-下属之间的社会交换被操作化定义为领导-部属交换，领导-下属之间的社会认同被定义为领导认同和职业认同。子研究 1 检验了领导-部属交换、领导认同与员工工作绩效、帮助行为和建议行为之间的中介作用。利用 206 份配对问卷样本，运用多元线性回归分析技术检验了领导-部属交换对员工产出的影响及其作用机制。研究结果发现：（1）领导-部属交换对员工的工作绩效、帮助行为和建议行为有显著、正向影响；（2）领导认同部分中介了领导-部属交换对员工帮助行为的作用；（3）领导认同完全中介了领导-部属交换对员工工作绩效和建议行为的作用；（4）职业认同部分中介了领导-部属交换对员工帮助行为的作用；（5）职业认同完全中介了领导-部属交换对员工工作绩效和建议行为的作用。

子研究 2 构建了团队和个体双重层次的模型来研究员工-组织

间的社会交换、社会认同与团队及个人层次的产出。研究模型分为三个部分：在团队层次，组织支持氛围会通过组织认同氛围来影响团队的群体公民行为和团队生产率；在个体层次，组织支持感通过组织认同来影响个体的工作投入和创新行为；在跨层次上，组织支持氛围和组织认同氛围分别对组织支持感和组织认同产生影响；组织支持氛围通过组织认同氛围和组织认同来影响员工的工作投入和创新行为；同时，组织支持氛围调节组织支持感和组织认同的作用。

首先，子研究2从理论上定义了组织支持氛围和组织认同氛围，将个体层次的组织支持感和组织认同以及团队层次的组织支持氛围和组织认同氛围在理论上进行区分。其次，子研究2通过来自2家企业的34个团队的302份员工问卷及团队问卷，运用多层线性模型来验证研究模型和相关假设。研究结果表明：（1）在团队层次，组织认同氛围完全中介了组织支持氛围对团队生产率的作用，基本中介了组织支持氛围对群体公民行为的作用；（2）在个体层次上，组织认同完全中介了组织支持感对工作投入和创新行为的作用；（3）在跨层次上，组织支持氛围与组织支持感显著正相关，但是，组织认同氛围与组织认同的关系不显著；（4）在跨层次上，组织支持氛围通过组织认同氛围和组织认同来影响员工的工作投入和创新行为的中介效应均不显著；（5）组织支持氛围调节了组织支持感与组织认同的关系。

尽管已有研究对组织中的社会交换、社会认同与产出进行了探讨，本书的研究贡献主要体现在以下三个方面：首先，本书的研究探讨了组织中员工-组织间的多重对象的社会交换、社会认同和多种员工和团队的产出，这将丰富我们对于组织中的社会交换、社会认同以及产出过程的理解。其次，本书将原来个体层次的社会交换、社会认同和产出的关系推进到多层次的研究上，这对于我们拓展知识有重要作用。最后，本书还对社会交换、社会认同和产出之间的影响机制作了深入的分析和探讨，发现了更多的作用机理过程，对于我们理解组织中的社会交换、社会认同和产出过程以及理论边界有重要意义。

目　录

第一章　绪论 …… 1

1.1　研究背景与研究问题 …… 1

1.1.1　研究背景 …… 1

1.1.2　研究问题 …… 6

1.2　研究意义 …… 10

1.2.1　理论意义 …… 10

1.2.2　实践意义 …… 11

1.3　研究框架 …… 12

1.3.1　研究路线图 …… 13

1.3.2　子研究 1 的研究设计 …… 14

1.3.3　子研究 2 的研究设计 …… 15

第二章　文献综述 …… 18

2.1　理论基础 …… 18

2.1.1　互惠理论 …… 18

2.1.2　社会交换理论 …… 23

2.1.3　社会认同理论 …… 33

2.2　文献综述 …… 39

2.2.1　领导-部属交换研究评述 …… 39

2.2.2　组织支持感研究评述 …… 60

2.2.3　组织认同研究评述 …… 70

2.2.4　领导认同研究评述 …… 83

2.2.5　职业认同研究评述 …… 92

第三章　研究方法 …………………………………………………… 99
3.1　研究框架……………………………………………………… 99
3.2　研究样本 …………………………………………………… 100
3.2.1　子研究 1 的研究样本 ………………………………… 100
3.2.2　子研究 2 的研究样本 ………………………………… 101
3.3　变量与测量 ………………………………………………… 102
3.3.1　子研究 1 的变量与测量 ……………………………… 102
3.3.2　子研究 2 的变量与测量 ……………………………… 104
3.4　研究统计技术 ……………………………………………… 108

第四章　组织中多重对象、多层次的社会交换、社会认同与产出………………………………………………………… 111
4.1　引言 ………………………………………………………… 111
4.2　子研究 1：员工与领导之间的社会交换、社会认同与产出 ……………………………………………………… 115
4.2.1　研究假设 ……………………………………………… 117
4.2.2　研究结果 ……………………………………………… 125
4.2.3　后分析 ………………………………………………… 142
4.3　子研究 2：员工-组织间的社会交换、社会认同与产出 ……………………………………………………… 145
4.3.1　概念定义 ……………………………………………… 147
4.3.2　研究假设 ……………………………………………… 150
4.3.3　研究结果 ……………………………………………… 155
4.4　总体讨论 …………………………………………………… 172

第五章　结论与展望………………………………………………… 187
5.1　研究结论 …………………………………………………… 187
5.2　研究局限 …………………………………………………… 189
5.3　研究展望 …………………………………………………… 191

5.4 管理实践的建议 …………………………………………… 193

参考文献…………………………………………………………… 202

附录………………………………………………………………… 240
附录 1 子研究 1 的问卷 ………………………………………… 240
附录 2 子研究 2 的问卷 ………………………………………… 242

致谢………………………………………………………………… 245

表 目 录

表 2-1　社会报酬的分类 …………………………………… 26
表 2-2　社会认同理论和自我归类理论在组织认同研究上的运用 …………………………………… 38
表 2-3　常用的领导-部属交换量表 …………………………………… 47
表 2-4　上下级关系相关理论的繁衍整合关系表 …………………………………… 49
表 2-5　国内外领导-部属交换（关系）量表的比较 …………………………………… 52
表 2-6　组织支持感的前因变量 …………………………………… 62
表 2-7　组织认同的定义一览表 …………………………………… 71
表 2-8　组织认同的前因变量 …………………………………… 75
表 2-9　组织认同的结果变量 …………………………………… 76
表 2-10　组织认同的九个维度及其定义 …………………………………… 78
表 4-1　子研究 1 六个变量的验证性因子分析 …………………………………… 128
表 4-2　相关变量的平均值、标准差、信度系数以及相关系数 …………………………………… 130
表 4-3　领导认同和职业认同在领导-部属交换与员工工作绩效间的中介效应 …………………………………… 131
表 4-4　领导认同和职业认同在领导-部属交换与员工帮助行为间的中介效应 …………………………………… 132
表 4-5　领导认同和职业认同在领导-部属交换与员工建议行为间的中介效应 …………………………………… 133
表 4-6　领导-部属交换对员工领导认同和职业认同的直接效应 …………………………………… 134
表 4-7　子研究 1 的间接效应的 Sobel 检验 …………………………………… 137
表 4-8　子研究 1 的间接效应的 MCMAM 检验 …………………………………… 138

表 4-9　子研究 1 假设检验结果 …………………………………… 142
表 4-10　基于 Bootstrap 的子研究 1 的中介效应检验 ………… 144
表 4-11　个人层次变量的验证性因子分析结果表 …………… 157
表 4-12　个人层次和团队层次变量的相关分析 ……………… 158
表 4-13　组织支持氛围、组织认同氛围对组织支持感及组织认同的主效应 …………………………………… 160
表 4-14　组织认同氛围在组织支持氛围与群体公民行为及团队生产率间的中介作用 ……………………… 161
表 4-15　组织认同在组织支持感与员工工作投入及创新行为间的中介作用 ………………………………… 162
表 4-16　组织认同和组织认同氛围在组织支持氛围与员工工作投入及创新行为间的中介作用 …………… 163
表 4-17　子研究 2 的间接效应的 Sobel 检验 ……………………… 167
表 4-18　子研究 2 的间接效应的 MCMAM 检验 ………………… 167
表 4-19　调节效应分析结果 …………………………………… 170
表 4-20　子研究 2 假设检验结果 ……………………………… 172

图 目 录

图 1-1 本书的研究路线图 …… 13
图 2-1 互惠和交换关系的连续体 …… 24
图 2-2 LMX 的前因和结果变量 …… 55
图 2-3 组织认同的嵌套模型 …… 81
图 2-4 领导认同的前因变量和结果变量的整合框架 …… 91
图 3-1 研究框架 …… 99
图 4-1 子研究 1 的研究模型 …… 117
图 4-2 模型 1 运用 MCMAM 计算的间接效应分布 …… 139
图 4-3 模型 2 运用 MCMAM 计算间接效应分布 …… 139
图 4-4 模型 3 运用 MCMAM 计算间接效应分布 …… 140
图 4-5 模型 4 运用 MCMAM 计算间接效应分布 …… 140
图 4-6 模型 5 运用 MCMAM 计算间接效应分布 …… 141
图 4-7 模型 6 运用 MCMAM 计算间接效应分布 …… 141
图 4-8 子研究 2 的研究模型 …… 146
图 4-9 模型 7 运用 MCMAM 计算的间接效应分布 …… 168
图 4-10 模型 8 运用 MCMAM 计算的间接效应分布 …… 168
图 4-11 模型 9 运用 MCMAM 计算的间接效应分布 …… 169
图 4-12 模型 10 运用 MCMAM 计算的间接效应分布 …… 169
图 4-13 组织支持氛围在组织支持感与组织认同间的调节作用图 …… 171

第一章　绪论

1.1　研究背景与研究问题

1.1.1　研究背景

员工-组织关系（Employee-Organization Relationship）是员工和组织之间的各种关系的总和（Coyle-Shapiro & Shore，2007），包含了“员工和组织（雇主）之间的正式的或非正式的、经济的、社会的和心理的联系”（Tsui & Wang，2002）。员工-组织关系是一个长盛不衰的研究议题，是工业心理学、组织行为学和管理心理学领域研究者的主要关注点。从上述定义上可以看出，员工-组织关系本身包含的内涵较大，与之对应的员工-组织关系的研究也包括多种视角，包括基于员工心理的微观视角的研究以及基于组织利益视角的宏观研究（Shore & Coyle-Shapiro，2003；Coyle-Shapiro & Shore，2007）。这两种视角的研究很少发生交叉，尽管研究的都是员工-组织关系并试图寻找员工-组织关系对组织的有效性的影响过程，但是出发点不同，研究也存在较大的差异。

本书研究员工-组织关系是基于第一种员工心理的微观视角，但即便是基于微观视角的研究，仍然具有重要的微观及宏观的选题背景和意义。首先，在市场经济条件下，各类组织拥有用工自主权，个体拥有自由就业权。在一个充分的、自由竞争的人力资源市场上，高稀缺、高价值的、处于内核（the inner core）的人力资源是决定企业有效性、提升企业核心竞争力的最重要的资源（Lepak & Snell，1999；Boxall，1998），而员工-组织关系是降低员工离职

（Shaw，Dineen Fang & Vellella，2009）、提升个人（Zhang，Tsui，Song，Li & Jia，2008）和组织绩效（Wang，Tsui，Zhang & Ma，2003）和创新（Jia，Shaw，Tsui & Park，2014），从而达到保留、开发、运用组织的人力资源的重要的基础。因此，微观视角的员工-组织关系对于提升企业的有效性和获取企业核心竞争力具有重要的作用。从微观层面来说，组织和员工是在市场经济框架下建立平等、公平的劳动关系，尽管这种劳动关系会通过劳动合同等外在形式来进行法律化，但这种以契约的形式所规定的双方的权利和义务只是员工-组织关系的经济交换成分（Blau，1964），并不是员工-组织关系的全部，相较于员工-组织关系的经济交换部分，社会交换部分更加能够提升个体的回报感，更可能让员工成为组织的良好公民（Shore & Wayne，1993；Chen & Francesco，2003）。因此，研究者应该关注微观视角的员工-组织关系的社会交换过程，解释这种社会交换关系的质量、影响过程对员工在组织中的态度和行为的影响。研究中国情境下员工-组织之间的关系，不仅包含着从交换关系到认同关系再到产出的逻辑过程，这个逻辑过程表明了员工-组织关系的动态发展性，而且还包含着这一逻辑过程在不同对象、不同层次上的发展过程。员工在组织中不仅仅和组织发生交换互动，而且还与领导发生交换互动。员工认同组织的关系中，认同的对象也可能包含工作（职业）本身、领导、组织等。因此，研究员工-组织关系的发展，实际上是研究多类型、多层次、多阶段的关系过程。

本书的选题具有重要的时代意义，主要包括以下四个方面：

1. 中国情境下的员工-组织关系的发展过程是一个有价值的命题

员工-组织关系长期以来在西方情境下进行研究，很多研究结论根植于西方的社会现实和文化根基，例如，反映员工和组织之间的心理依附的组织承诺，就呈现出中国和西方的特殊的情境性（Tsui，Egan & O'Reilly，1992；Chen，Tsui & Farh，2002）。员工-组织关系的研究近年来引入中国等情境，该理论的跨文化的适用性（Generalizability）需要进行本土情境的检验，特别是中国情境中的“自我”概念、员工与组织的心理连接、员工与领导的心理连接，都呈现出与西方不同的文化特征（陆欣欣 & 涂乙冬，2014）。这就需要探讨在中国的社会和文化背景下员工-组织关系发展的普适性命题，对于中国这样具有庞大的就业人口和经济实体的情境来说，这是一个非常具有价值的命题，具有很强的理论和实践价值。本书认为员工-组织关系的发展的中国情境至少包含两大本土化的因素：

第一是社会的剧烈变动对微观的员工-组织关系的影响。尽管我国改革开放已经30多年，但是在当下乃至今后相当长一段时间内，我国仍然将处于改革转型期。转型期的主要特征就是以新的规范、制度和体制来代替旧的规范、制度和体制，它的本质是一个宏伟的变革过程。既包括经济体制的变革，也包括政治、文化、社会管理等方面的变革。除了上述社会整体层面的宏观制度变革外，企业竞争的加剧、信息技术的发展都使组织处于一个更加高度变化和不确定的竞争环境中，也深刻地影响了组织的员工-组织关系（Chen，Tsui & Zhong，2008；Shore，Coyle-Shapiro，Chen & Tetrick，2009；Tsui & Wang，2002；Jia，et al.，2014）。例如，劳动法律体系对员工-组织关系的治理不断增强。2008年《劳动合同法》的实施对员工-组织关系进行了大的调整，2013年新《劳动合同法》又进一步规范了劳动关系中的员工和用人单位（组织）双方的权利和义务。我国在劳动关系立法宗旨上的“和谐劳动关系”导向也使员工-组织关系的导向从相对对立的视角走向和谐统一的视角，这些因素都使得我国的法律层面的员工-组织关系处于一个剧烈的动态变化过程中。在员工-组织关系的心理连接上，社会变革伴随着雇用方式、内容的剧烈变化，随着以短期的劳动契约关系来替代原来雇用终身制，员工-组织关系之间的信任被打破（Zhang，et al.，2008）。因此，以转型期为背景来探讨员工-组织关系，不仅仅关系到某一个员工或者某一个企业的利益，而且关系到社会的整体福利。员工-组织关系是个体发展、企业进步乃至社会和谐的基石。本研究正是在中国特殊的社会变革背景和发展阶段的情境下来探讨和解释员工-组织关系的发展过程，揭示员工进入组织后，如何不断发展员工-组织关系，进而做出更多积极行为的过程。

第二是文化结构的差异对微观的员工-组织关系的影响。员工在组织中不可避免地与领导进行互动和交换；同时，员工是组织的一份子，也会与组织进行交换。从功能上说，不管是中国，还是西方国家，领导负责员工的工作指导、分配、考核与评价，领导被看做是在组织科层结构中执行正式的权力、行使管理职能的组织代理人（Farh，Podsakoff & Organ，1990；Brown & Treviño，2006）。西方认为领导更多是一个正式职权的管理者（Manager）或者与工作相关的指导者（Mentor），上下级之间的关系和互动相比于中国情境更为平等（李太，涂乙冬，& 李燕萍，2013），领导和组织处于同等的心理距离上，对员工来说，领导就是组织的代言人。而在中国情境下，领导更多地扮演着一种家庭长辈的社会心理角色，他与员工更加亲近并且心理距离更近（Chen，et al.，2002），领导和组织的距离并不一致（涂乙冬，& 李燕萍，2012）。因此，中国被认为具有高权力距离（Cheng，Chou，Huang，Wu & Farh，2004；Farh，Hackett & Liang，2007）、高集体主义（Hofstede 1984；Li，Xu，Tu & Lu，2014）和关系导向（Mao，Peng & Wong，2011；Chen，Eberly，Chiang，Farh & Cheng，2014）的文化特点，这些文化背景可能导致员工-组织作用机制完全不同。因此，在中国情境下研究组织内的领导-员工关系、员工-组织关系具有特殊的情境意义。为员工-组织关系研究作出情境化的贡献是本研究重要的文化和社会背景。

2. 员工-组织关系能够带来巨大的经济效益和社会效益

员工-组织关系不仅关系到员工和组织的利益，而且显著地关系到经济效益和社会效益。研究表明，好的员工-组织关系（如高的组织支持感、心理契约、领导-部属交换）都会提高员工的工作绩效（Hom，et al.，2009；Zhang，et al.，2008），工作满意度（Tsui，et al.，1997）和组织承诺，在组织层面提高组织绩效（Wang，et al.，2003），更能够降低劳资双方冲突，提高员工的就业质量，降低因为劳资矛盾带来的各种社会负面效益，促进社会稳定和经济的可持续发展（李燕萍 & 涂乙冬，2009）。研究员工-组织关系，探索员工-组织关系发展的阶段、特点、过程和机制，有利于组织有针对性地根据员工-组织关系的特点来改善员工和组织（用人单位）之间的关系，从而提高经济效益和社会效益。

建设良好的员工-组织关系是组织实现人力资源维持功能的重要途径，特别是在目前许多行业员工流失率偏高，很多企业甚至出现了招工难问题的情况下①，维持良好的员工-组织关系就成为人力资源维持和二次开发的重要前提。因此，良好的员工-组织关系是企业人力资源管理的重要内容，也是企业人力资源战略的重要支撑。

3. 以团队为工作特征的现代企业需要重新认识员工-组织关系

原来微观视角的员工-组织关系研究和认识是基于个体层面的，也就是说基于员工个体来评价员工-组织关系，其实考虑的是员工和组织之间的一对一的二元关系。例如，目前大量的研究都是关注个人感知的组织支持感对员工的产出的影响，其考虑的是个体感知的和其组织之间的单一的社会交换关系，而没有以团队或群体的视角来考察（Bashshur，Hernández & González-Romá，2011）。随着市场竞争的加剧以及知识经济的兴起，组织内部的工作依赖性的增强，传统的以个体为主的工作设计逐渐被以团队为主的工作设计所代替（Huusko，2007），团队成为组织中的工作单元和考核单元（Balkundi & Harrison，2006；Wageman & Baker，1997），员工既会将自我个体作为基点来考虑与组织的关系，也会以所在的团队为基点来考虑和组织的关系。同时，团队内部还有相互影响的作用过程，例如，团队内部的情绪传染，个体的观点会影响团队中的其他个体的观点（Sy，Choi & Johnson，2013）。因此，在组织设计发生巨大改变的时代背景下，我们有必要认识在以团队为工作特征的现代企业中这种员工-组织关系的动态发展过程，这对于我们在新的组织结构和工作单元情境中认识员工-组织关系发展有重要的现实意义。以团队为工作特征的组织中，员工-组织关系呈现出群体化

① 调查显示，2012 年我国国企员工平均流失率 26.8%，制造业流失率高达 35.6%，80 后 90 后离职率超过 30%。详见网址：http://news.xinhuanet.com/fortune/2012-04/25/c_123033737.htm.

过程，这和以往的个体化的员工-组织关系有所不同，而目前学术界对群体化的员工-组织关系还缺乏研究，对群体是如何共同感知员工-组织关系缺乏足够了解，这使学术界和管理者在面对群体性的劳动关系纠纷时其应对方式往往不合时宜，通常造成更为严重的错误决策。

1.1.2 研究问题

在现实的管理实践中，我们很容易观察到这样一些现象：对于新进入企业（或者在企业的工作时间不长）的员工来说，他们愿意留在企业的原因大多数是因为企业给了富有竞争力的薪酬；给了他们施展抱负的平台和机会；提供了良好的福利待遇；有好的职业发展前景，等等；反之，员工则会倾向于离开组织。而对于那些在组织长期工作的员工来说，他们愿意留在组织的原因往往还有感情因素，他们通常会说“对公司有感情，舍不得离开”。这样的案例在管理中随处可见，这表明，员工-组织关系的质量有一个变化过程。抽离出上述管理现象中的核心本质，就会形成这样一个研究议题：员工-组织关系是如何发展的，以及这种员工-组织关系对员工个体和群体的产出机制是什么？

要回答员工-组织关系的作用机制，就必须先理清员工-组织间关系的本质。抽象地说，组织和个人之间的关系是对立和统一的。巴纳德（1930）认为组织成立有三个先决条件：（1）能够互相交流信息的人们；（2）人们愿意作出贡献；（3）实现一个共同的目标。这表明，首先，从组织构成上员工是组成组织的部分，员工和组织是统一的。员工愿意为企业有协作的意愿，而协作意味着个体要去个性化，放弃个人行动控制权，从而变为组织中的一员，以组织人格作为行为规范的准则，个体凝聚为一个企业，而不是分散的个体。其次，企业和员工有共同目标，这里的共同目标是以组织为中心的目标或愿景。然而，员工和组织之间也存在对立的关系，个人和组织对共同目标的关心并不一致，“一项组织目的对个人来说并没有直接的意义。对他有意义的是组织同他的关系：组织加给他的负担和给予他的意义”。个人和组织的共同目的同个人动机并不能被假定为同一的，哪怕是作为组织代理人的领导者，其动机与组织的利益也存在差别，也会导致代理人风险（涂乙冬 & 李燕萍，2012）。要使个人动机和组织目标联系在一起，就需要刺激物，巴纳德提出了“诱因/贡献”理论来解释这一过程。

巴纳德（1930）用“诱因/贡献”理论来构建了员工-组织关系，他认为构成组织力量的人的努力的贡献是由诱因引起的。也就是说，当组织提供足够多的诱因时，会提高组织中员工的贡献意愿和协作意愿；相反地，诱因不恰当，会导致组织的失败，造成员工和组织双方的共同损失。因此，如何增加组织中的诱因，就成为了提高组织成功的重要因素。要增加组织中的诱因，就要增加积极诱因的数量或强度，或者减少消极诱因的数量或强度。诱因包括物质诱因和一般诱因。物质诱因包括金钱、权力等，一般诱因包括社会结合上的吸引力、适合于自己习惯的方法和态度的条件、扩大参与的机会、思想感情交流的条件等。当个体的生理需求得到满足后，物质诱因的效力是有限的，因此，组织往往采取多种诱因组合来激励员工。由于人的欲望在时间、环境轴上是不稳定的，所以不同的人对于不同的诱因及诱因组合的偏好有所不同，因此，组织往往不会采取统一的诱因来激励所有人。总的来说，组织为了得到和维持所需的员工的贡献和协作意愿，就必须提供诱因和诱因组合。

Tsui 等人（1997）也在“诱因-贡献”理论基础上，构建了组织诱因和员工贡献两个维度和四个象限的员工-组织关系模型，其中低诱因、低贡献是以工作为中心型，高诱因、高贡献是以组织为中心型，低诱因、高贡献是投资不足型，高诱因、低贡献是投资过度型。不同的雇用关系对员工的绩效、组织承诺和组织绩效等都有不同的作用。后续的研究也表明，不同的员工-组织关系对绩效、创新、信任等都有不同的影响（Zhang，et al.，2008；Wang，et al.，2003；Jia，et al.，2014）。

要回答员工-组织关系的发展过程以及对个体和群体的作用机制，就要探索组织内员工-组织关系的社会交换、社会认同与产出之间的关系。员工-组织关系包括经济交换关系、社会交换关系、社会认同关系等。社会交换关系如何发展为社会认同关系，是员工-组织关系作用的关键议题（涂乙冬 & 李燕萍，2012）。员工-组织间的交换包括了经济交换和社会交换，经济交换是双方严格按照劳动契约所约定的权利和义务来作为自己的行为规范；社会交换是指在经济交换的基础上，双方存在相互的信任、互惠义务感等（Blau，1964）。经济交换能够满足个体的生理需要和生存需要，但是正如巴纳德所描述的那样，单纯的经济交换的效用是极其有限的，组织中存在着更高层次的社会交换，社会交换满足了员工在组织中的情感需要（Cropanzano & Mitchell，2005）。当个体的经济和情感需要被满足后，个体就会产生交换性认同，这种交换性认同是由外部的刺激而产生的（刘钊，2009），涂乙冬和李燕萍（2012）也验证了领导-部属之间的社会交换会导致员工对领导和组织两个主体产生认同这种逻辑。

本书研究员工-组织间的社会交换、社会认同与产出之间的关系过程和作用机制。从内容上看，员工在组织中的社会交换、社会认同都是多种类型的，按照交换对象的差异分为员工与组织的社会交换、员工与领导的社会交换，这是目前研究组织中的社会交换文献最主流的两种方式（Settoon，Bennett & Liden，1996；Hofmann & Morgeson，1998；Wayne，Shore & Liden，1997）。按照认同对象的差异分为员工对职业的认同、对领导的认同和对组织的认同（涂乙冬 & 李燕萍，2012；Ashforth & Jobnson，2001）。从研究层次上分，既有员工个人感知到的多重对象的社会交换、社会认同和产出过程，也有群体层面的多重对象的社会交换、社会认同和产出过程。因此，为了更好地探索组织中的多重对象、多层次的社会交换、社会认同与产出课题，本书将这一宏大的、整体的研究问题分割为两个相互联系的子研究问题：

一是员工与领导之间的社会交换、社会认同与产出关系是如何作用的。本书研究了在员工与领导的交换、员工对领导的认同、员工对职业的认同以及员工的行为之间的产出机制。具体来说，就是领导-部属交换、领导认同、职业认同对员工的工作绩效、帮助行为和建议行为的影响过程和影响机制。

二是员工和组织之间的社会交换、社会认同与产出关系是如何作用的。本书采用多层次的研究技术，研究了团队层次和个体层次的这一作用过程。在团队层面，探索了团队层面的员工与组织交换、团队层面的组织认同与团队产出之间的作用机制。在个体层次，探索了员工视角的员工与组织交换、员工的组织认同与个人的产出之间的作用机制。在跨层次上，探索了团队层次的社会交换、社会认同与产出机制对个体层次的员工-组织之间的社会交换、社会认同与产出过程的影响。

上述两个问题对应了本书的两项子研究，两个研究问题并不是割裂和独立的，而是相辅相成的。主要原因包括三个方面：首先，员工与领导以及组织同时发生着社会交换、社会认同关系，因此，子研究 1 和子研究 2 是员工在组织中的社会交换、社会认同与产出关系的有机组成部分，而非两个独立的部分。其次，领导和组织在理论上和实践上都很难有效地区分开。在理论上，领导和组织存在较大的重合，正如 Eisenberger 等人（2010）的论述，领导在组织中既是组织的代理人角色，同时也是作为一个独立的个性化的人，Plamer（2009）也认为，尽管领导者是个体和组织代理人的双重身份，但是领导者更应该被认为是一种管理功能，也就是组织的代理人。在实践中，除非是领导者声明的个人请求，否则部属很难分辨来自于领导者的命令、指导或者工作安排等，哪些是他代表组织所作出的，哪些是他作为个体所作出的。最后，领导者（管理者）在组织中负有创造和维持雇佣关系以更好地完成组织目标的义务（Mintzberg，1977），员工和组织的交换关系也很大程度上发生在领导-部属之间（Rhoades & Eisenberger，2002；Rousseau，1995；Hekman，Bigley，Steensma & Hereford，2009），所以，要探索组织中的多种社会交换和社会认同以及产出过程，离不开研究员工和领导之间以及员工-组织之间的社会交换、社会认同与产出过程。因此，不管是在理论上还是实践中，都不应该将子研究 1“员工与领导之间社会交换、社会认同与产出关系”以及子研究 2“员工和组织之间的社会交换、社会认同与产出关系”视做两个独立的研究，而应视做一个整体研究的两个有机组成部分。

1.2 研究意义

1.2.1 理论意义

研究组织中多重对象、多重层次的社会交换、社会认同与产出过程，具有重要的理论意义，主要包括：

（1）本研究讨论了在中国情境下组织中多重对象、多重层次的社会交换、社会认同与产出之间的关系。近年来，社会交换、社会认同与产出之间的关系引起国外学者的高度关注，研究者在西方情境下建立了社会交换、社会认同与产出之间关系的作用机制，尽管中国学者，例如，沈伊默（2007）也在中国情境下进行了此类尝试，但是他们的结果却与国外学者的研究有很大的差异。他们发现，员工与领导的交换（领导-部属交换）不能够促进员工对组织的认同，而员工与组织的交换（组织支持感）能够促进员工的组织认同并且促进员工的工作产出。涂乙冬和李燕萍（2012）发现，组织中的交换能够带来认同，员工与领导的交换（领导-部属交换）能够提升员工对领导的认同（领导认同）与对组织的认同（组织认同），但是领导-部属交换对员工多重对象认同的作用不一样，领导-部属交换对领导认同的作用远远大于对组织认同的作用。这表明，在中国情境下，员工在组织中的社会交换（不管是员工与领导的交换还是员工与组织的交换）、社会认同（包括对领导的认同和对组织的认同）与产出的关系，仍然需要进一步的深入讨论。

（2）本书探索了社会交换、社会认同与产出之间的作用过程。尽管现有研究注重建立了社会交换带来社会认同并提升员工产出的作用过程，但是针对其中的作用过程的研究还十分有限。最近的一项研究也注意到了，长期以来在社会交换和社会认同视角的员工-组织研究分割为社会交换和社会认同两个割裂的视角（He，Pham，Baruch & Zhu，2014），研究者既不知道社会交换到社会认同与员工个体及群体产出之间的过程中遵循何种作用路径，也不知道社会交换、社会认同以及产出之间的边界作用是如何的，因此，进一步探索员工-组织之间的社会交换、社会认同与产出之间的作用过程是未来研究的重点，子研究1探索了员工与领导之间的社会交换、社会认同与员工产出之间的作用机制，子研究2探索了员工-组织之间的多层次的社会交换、社会认同与员工及群体产出的调节与中介作用，这些都有利于解释组织中的员工-组织关系的社会交换、社会认同与产出的作用过程。

（3）本书将社会交换、社会认同与产出的研究从单一层次的研究提升到多层次的研究。本书不仅从个体层次研究了社会交换、社会认同与产出的关系，而且还采用了多层次技术，将原来单一层次的研究拓展到多层次研究。这不仅仅是研究方法的差异，而且使本研究获得了更宽广的解释力。本书不仅考察了个人层次和团队层次的社会交换、社会认同和产出作用过程，而且还考察了团队层次的社会交换、社会认同和产出过程是如何直接影响或者调节影响到个人层次的社会交换、社会认同和产出过程的，因此，和以前的研究相比，本研究的设计拓展了已有研究的层次，获得了更可信的结果。

1.2.2 实践意义

员工-组织关系管理一直以来都是人力资源管理实践中的重要内容，揭示员工-组织关系如何从社会交换到社会认同到产出的过程，对于促进员工-组织关系，提升企业人力资源管理有重要的指导意义，本书的实践意义包括以下几个方面：

（1）本书有利于组织了解社会交换、社会认同与产出之间的关系，进而改善组织的人力资源管理。员工进入组织，必然发生着各种交换，作为组织来说，给予员工的各种交换必然发生着成本，因此，组织需要正确认识他所进行的交换最后导致了什么结果。如果交换最后换不来任何员工的积极回应，那么对企业的未来人力资源政策可能会有很大的消极影响，企业就不愿意再投入更多的资源或者成本去维系它和员工之间的积极的社会交换关系。如果组织的积极的交换行为能够带来员工的积极感情回报，那么企业就会愿意更加关爱员工，与员工发展更加积极和融洽的员工-组织关系。本书揭示了组织中积极的社会交换，无论是与领导的社会交换还是与组织的社会交换，都能提高员工的多重对象的社会认同，从而使员工做出更多的积极回报行为，这种积极的社会交换、社会认同和积极行为产出作用机制有利于组织和员工双方维持高的社会交换关系质量，构建良好的员工-组织关系。了解了员工-组织之间的互惠的、情感的关系以及双赢的产出过程，企业更可能采用以人为本的、以员工的情感为立足点的高承诺的人力资源管理体系，从而将组织绩效和员工幸福更紧密地连接在一起，促进员工和组织利益双赢。

（2）本书使组织不仅从个体层面上去思考如何促进组织与个人的社会交换、社会认同与相互积极产出，而且更应该从群体层面上去思考如何完成这一过程。随着组织结构的变革，组织内部日益推行以团队为工作单位。以前的人力资源管理更多处理员工个人的劳动关系事务，而在群体层面上的社会交换、社会认同与产出过程却被忽略了，因此，本书的发现有利于组织理解如何在群体层面上构建员工群体-组织之间的积极社会交换、社会认同与相互积极产出，这对于改善组织的团队管理有重要的启示作用。

（3）本书的研究有利于组织和领导者理解组织中的多种不同的社会交换、社会认同以及产出间的作用机制，使组织和领导者能够更好地理解他们与员工的管理过程、互动过程及其背后的心理作用机制，使领导者更积极、主动地参与到高质量的员工-组织社会交换关系构建中，从而积极提升员工的情感依附，维持高水平的社会交换、社会认同以及相互间的积极产出，从而提高员工的产出和领导者、组织的绩效水平，实现员工-组织关系的双赢。

1.3 研究框架

研究框架部分主要包括研究路线图、研究设计（包括子研究 1 的研究设计、子研究 2 的研究设计）。本书通过这一部分，介绍了研究的路线图和逻辑。

1.3.1 研究路线图

本书的研究路线图如图 1-1 所示，共包括五个部分，分别为提出问题、理论基础与文献综述、研究方法、实证研究、结论与展望。本书的分析思路按照“提出问题——分析问题——解决问题(对策建议)”逻辑展开。其中，第一章属于“提出问题”，研究本书的研究背景，提出研究问题，介绍本书的研究意义和研究框架。第二章至第四章属于“分析问题”，分析的范式是实证研究，通过理论回顾、实证研究来分析了本书提出的研究问题。其中，第二章是理论基础与文献综述，主要介绍了本研究所基于的互惠理论、社会交换理论和社会认同理论以及领导-部属交换、组织支持感、组织认同等概念。第三章主要介绍了本研究的研究样本和研究方法。第四章通过实证研究来研究员工在组织中的多重对象、多层次的社会交换、社会认同与产出的作用机制，包括两个子研究，其中子研究 1 聚焦于员工-领导间的社会交换、社会认同与员工产出机制，子研究 2 聚焦于员工-组织间的社会交换、社会认同与员工及团队的产出。第五章属于“解决问题”，根据实证研究的结果得出研究结论与研究展望及管理对策建议。

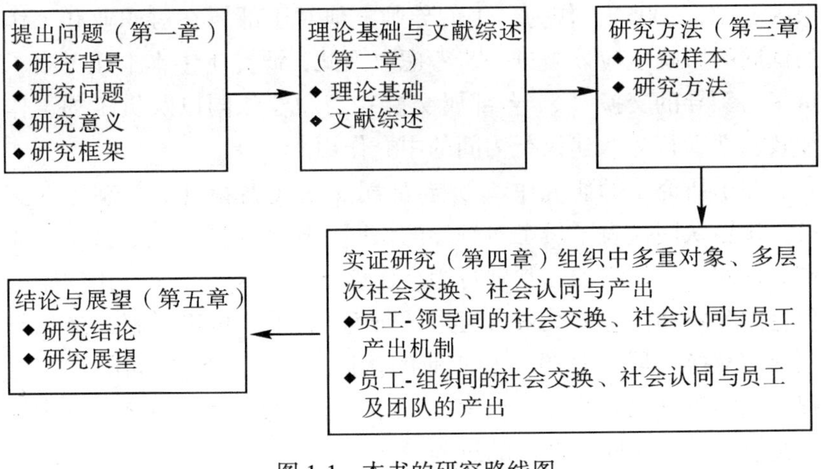

图 1-1 本书的研究路线图

按照学术界目前主流的观点（Masterson，et al. 2000；Ambrose & Schminke，2003；Sluss，Klimchak & Holmes，2008），员工与领导之间的社会交换被操作化定义为领导-部属交换，员工与组织之间的社会交换被操作化定义为组织支持感，本书也是依据这种逻辑来进行划分，将员工与领导、员工与组织之间的社会交换操作化定义为领导-部属交换和组织支持感，将员工和领导、组织之间的认同操作化定义为领导认同和组织认同。

1.3.2 子研究1的研究设计

子研究1主要研究员工与领导的社会交换、对领导的认同、对职业的认同以及员工产出（工作绩效、帮助行为、建议行为）之间的作用机制。领导是日常工作中与员工接触最多的人，在日常工作中管理、指导、考核和奖惩员工（Farh，et al.，1990；Brown & Treviño，2006），因此，相较于虚拟的组织，领导与员工的心理距离更近（涂乙冬 & 李燕萍，2012）。也就是说，研究员工在组织中的交换与认同，离不开与领导的交换和对领导的认同。子研究1研究了员工与领导的交换（领导-部属交换）与领导认同（对领导的认同）以及员工的工作绩效、帮助行为、建议行为间的中介作用。同时，由于领导者通常扮演着部属在职业上或者工作上的指导者形象（Yukl，2005），作为员工的导师，他对于部属在对职业和工作的认同的影响也应该被进一步考虑。因此，研究1中本书还考察了员工与领导的交换（领导-部属交换）与职业认同以及员工的工作绩效、帮助行为、建议行为间的中介作用。

在子研究1的研究中，领导-部属交换代表着员工与领导的交换、领导认同代表了员工对领导的认同，职业认同代表了员工对职业的认同，工作绩效、帮助行为、建议行为代表了员工在组织中的角色内绩效和角色外绩效，通过子研究1，本书可以了解到员工与领导的交换、员工对领导和职业的认同与员工产出之间的作用过程，能够较好地解答在组织中员工与领导以及职业本身之间发生社会交换、社会认同与产出的过程。

1.3.3 子研究2的研究设计

子研究1关注到了员工-领导之间的社会交换所导致的员工对领导的认同、对职业的认同以及对员工产出的影响。在子研究1中，领导是作为组织的代理人和具有个性特征的个体的双重身份，员工与正式组织之间的社会交换以及对组织之间的认同和相关的产出的关系并未被专门地探究，因此，子研究2主要着眼于员工与组织之间的社会交换、社会认同与产出过程的探索与验证。

在全球化竞争加剧和知识经济时代的背景下，工作已经从独立的个体向着团队合作的方式进行转变。团队通常有共同的工作目标、频繁的信息交流，成为组织的基本工作单元（Huusko，2007；Balkundi & Harrison，2006；Wageman & Baker，1997）。团队作为一种工作结构和情境，并不是个体的简单加总，团队意味着团队成员相互依赖并且在完成工作的过程中存在着更多的信息分析、理解和人际支持的需求（Janz，Colquitt & Noe，1997；Roberge，Xu，Rousseau，2012）。在以团队为特征的组织中，很显然员工-组织关系会发生巨大的变化，员工既会以个体为基点来评判他和组织的关系，也会以团队为基点来评价他和组织的关系，由于团队内存在频繁的人际互动和人际影响过程（Myers，2012），因此，以团队为基点的员工-组织关系发展并不是单个个体的简单加总。那么在以个体和团队为特征的双重关系上，员工-组织关系是如何发展的？本研究正是聚焦于在团队和个体层次上的员工-组织间的社会交换、社会认同与产出的作用机制。子研究2主要聚焦以下2个问题：

（1）在团队和个体两个层次上，员工-组织的社会交换-社会认同-产出的关系是如何发展的？在子研究1的基础上，本书增加考虑到团队层次，将着重考察在团队层次和个体层次的员工-组织关系从社会交换到社会认同并影响团队及个体产出的发展过程。

（2）团队层次的员工-组织交换与个人层次的员工-组织交换的关系、团队层次的组织认同与个人层次的组织认同的关系。即回答了以下问题：是否存在团队层面的组织认同与组织支持，并形成了组织支持氛围和组织认同氛围，组织支持氛围和组织认同氛围与员工感知到的组织支持和组织认同在理论上有何不同？团队中的员工-组织之间的社会交换能提高个体所感知的员工组织之间的社会交换吗？团队中的组织认同能提高个体所认知到的组织认同吗？那么他们是如何进一步影响到两个层次上的社会交换、社会认同和产出关系的？

根据以上内容，本书设计了一个两层的多层次研究模型。在团队层次，团队所共同感知到的组织支持形成了组织支持氛围，组织认同氛围代表团队内员工集体认知的组织认同，而群体公民行为和团队生产率代表团队的产出；在个人层次，员工感知到的组织支持代表着个体与组织之间的社会交换，组织认同代表员工感知到的对组织的认同，工作投入和创新行为代表员工的工作产出。通过两层内部和跨层的社会交换、社会认同和产出的影响过程，可以检验在团队层次和个体层次的员工-组织关系如何发展并且影响团队和员工产出的。

同时，本书还用多层次模型来考察团队层次的员工-组织关系是如何影响到个体产出的。本书构建了两个中介模型和一个调节模型来检验这种多层次影响。两个中介模型分别是：组织支持氛围—组织认同氛围—群体公民行为及团队生产率（2-2-2 模型），组织支持感—组织认同—员工工作投入和员工创新行为（2-1-1 模型）。调节模型为：组织支持氛围调节组织支持感与组织认同之间的关系。

子研究 2 主要运用多层线性模型的技术来研究。随着组织研究从单一个体层面向更多结构层面的拓展，多层次的研究方法成为研究组织问题的重要方法论基础（张志学，2010）。多层线性模型有利于在关注部分的同时，也关注到更多层次的整体（Kozlowski & Klein，2000）。多层线性模型技术有利于研究者将原来单一的研究层次拓展到多个层次，目前的研究层次能够拓展到 3～4 个嵌套层次。本书的研究跨越了团队层次和个人层次，属于跨层次直接作用模型（Cross-level Direct-effect Models）。因此，多层线性模型是本书的重要研究方法，主要用于检验个体层次的假设检验和跨越团队与个人层次的假设检验。子研究 2 的模型属于同质性多层次模型

（Homologous Multilevel Models，Klein & Kozlowski，2000），它是多层次理论中较为特殊的一种模型，在多个层面上由同一类型的变量组成一个相对对称的模型（Tu & Lu，2013；Choi，2007；DeShon，Kozlowski，Schmidt，Milner & Wiechmann，2004）。

第二章 文献综述

2.1 理论基础

本书探究组织中的社会交换、社会认同以及产出之间的关系，主要的理论基础是互惠理论、社会交换理论和社会认同理论。其中，领导-部属交换、组织支持感等概念建立在互惠理论和社会交换理论的基础上，领导认同、职业认同、组织认同都建立在社会认同基础上。本书主要回顾了互惠理论、社会交换理论和社会认同理论三种理论。

2.1.1 互惠理论

互惠理论是社会学的主流理论，主要解释了社会关系中的人与人之间的人际规范，互惠理论对于解释组织行为中的人际关系规范具有重要意义，在组织行为学中运用十分广泛（邹文篪，田青 & 刘佳，2012）。社会学家 Gounlder（1960）在《美国社会学评论》(*American Sociological Review*) 上发表论文 *The Norm of Reciprocity: A Preliminary Statement*，详细阐述了人类在社会交往中的互惠原则 (Norm of Reciprocity)，互惠理论成为社会学、心理学、管理学的一个广泛适用理论。

互惠是建立给予帮助和回报义务的道德规范（Gouldner, 1960），互惠理论对于整个社会来说是至关重要的。Gouldner（1960）指出，作为一种普适性原则，互惠需要满足两个要求：(1）人们应该帮助那些帮助过他们的人；(2）人们不应该伤害那些帮助过他们的人。互惠应该被认为是所有的价值系统里都存在的一个现象，互惠规范也就是一方向另一方提供帮助，另一方有回报义务并作出回报行为，这种相互的积极情感和行为使互惠的双方都获得了利益。

组织行为学的很多变量所包含的人与人、人与组织之间的规范，有很多建立在互惠理论的基础上。例如，领导-部属交换在解释部属与领导之间二元的一对一关系时，Sparrow 和 Liden（1997）就认为他们之间存在长期、稳定的互惠关系，这种互惠是从消极互惠、平衡互惠和广泛互惠三种由低到高的连续体。Sherony 和 Green（2002）认为同事交换关系产生于同一领导的部属之间，这种社会交换关系的内容包括信任、承诺和尊重三个方面，双方交换的原则是互惠，即一方在获得同事支持时，会在一定时间为同事提供回馈。与领导-部属交换关系类似，员工会与不同的同事产生不同质量的交换关系，其中高质量的同事交换关系中，员工会获得同事更多的工具性和情感支持，从而促进员工的工作绩效提高和工作福利增加。在员工-组织之间的关系规范中，组织支持感也蕴涵着互惠的思想。当员工感觉组织关心他们的福利，重视他们的贡献时，他们会有更高的回报义务感和回报行为，作出更多的工作绩效和角色外绩效（Rhoades & Eisenberger，2002）

Sahlins（1972）提出了互惠包含的一些要素：回报的平等性（the Equivalence of Returns）、回报的即时性（the Immediacy of Returns）和交换的利益性（the Degree and Nature of the Interest of Each Party in the Exchange）。回报的平等性是指对别人的回报总体上等于接受别人的帮助或资源的程度，回报的平等性低，意味着回报别人的价值大于或者小于别人给予的价值；如果回报平等性高，则意味着回报别人的价值等于别人的给予。即时性是指个体接受别人交换和回报之间的时间间隔，这个时间间隔实际上是个体感受到回报义务但是没有履行这种义务的时间区间，如果即时性低，时间间隔较大，则意味着互惠的回报行为发生在遥远的将来；而如果即时性高，时间间隔较小，则意味着互惠几乎在眼下发生。利益性是指个体在交换过程中从低端的自利（Self-interest）到互利（Mutual-interest）再到利他（Other-interest）的过程（Uhl-Bien & Maslyn，

2003；Sparrowe & Liden，1997）。

Uhl-Bien 和 Maslyn（2003）在 Sahlins（1972）以及 Sparrowe 和 Liden（1997）的基础上提出了互惠分为积极互惠（Positive Norms of Reciprocity）和消极互惠（Negative Norms of Reciprocity）两种。积极互惠是指交易双方对于积极利益的交换，消极互惠是交易双方对于伤害的交换，例如，部属和上司之间的不尊敬，误解等，再如，破坏性领导的上司和部属之间消极的关系，这都表明消极互惠是广泛存在的，在消极互惠里，人际之间都是“以眼还眼”的负面情绪和行为的交换。

Sparrow 和 Liden（1997）在研究 LMX 的互惠理论时，认为互惠作为一种连续体由低到高的连续分布。这个分布带可以分为三种类型：消极互惠（Negative Reciprocity）、平衡互惠（Balanced Reciprocity）和广泛互惠（Generalized Reciprocity）。消极互惠是广泛互惠的反面，个体的索取行为代替了付出行为，是完全自私的个体，在消极互惠中，个体几乎可以不受惩罚地获取。平衡互惠是指交换的双方之间秉着互利的宗旨，即时、平等地回报对方。广泛互惠是指交换的双方秉着利他的宗旨，即时、平等回报对方，广泛互惠最显著的特征是高度的回报义务感。

Cropanzano 和 Mitchell（2005）认为互惠包含三种形式：（1）互惠作为一种相互依赖的交换（Interdependent Exchanges）；（2）互惠作为一种民俗信念（Folk Belief）；（3）互惠作为一种道德规范（Moral Norm）。

首先，互惠作为一种相互依赖的交换是指在相互依赖的人际之间的一种共赢的人际交易和安排。这种规范只会存在于相互依赖的个体之间，在完全独立和完全依赖的个体之间是不存在互惠的社会交换的，因为人际交换需要给予和回报的双向交易，而在完全独立和完全依赖的个体之间并不存在这种条件，只有在相互依赖的个体之间，才会有这种相互的和互补的安排。互惠的相互依赖强调了权变的人际交易（Contingent Interpersonal Transactions），一方的不同行为会导致另一方的不同回应，如果一方友善地对待其他人，那么其他人也会报以友善的回应；如果一方恶意地伤害其他人，那么其他人也会报以恶意的伤害作为回应。当然，互惠并不包含一种精确的讨价还价过程，而是一种长期的、大致的双方付出和收获的平衡。互惠的过程也是起源于一方的给予行为，然后引发另一方的回报行为，进而又引发一方的新一轮的给予行为，整个过程是一个自我强化循环（Self-reinforcing Cycle），这种循环圈很难被细分为独立精确的步骤，但是每一次循环都会取决于对方的行为。

其次，互惠作为一种民俗信念包含一种个体会获得他们应得的（东西）的文化期望，也就是说，文化中包含着一种互惠的思想，这些文化的受众都相信：（1）从长期来看，所有的交换都会达到一种公平的均衡状态；（2）那些不帮助别人的人将会受到惩罚；（3）那些帮助别人的人将会在未来受到别人的帮助。互惠的文化信念类似“种瓜得瓜，种豆得豆”，描述了一种付出终将获得回报的“因果论”。很多社会学的学者通过民族志研究发现这种民俗信念广泛地被包含在很多文化圈子中，然而，这种将互惠作为文化信念的研究尚未运用在组织行为的研究中。

最后，互惠作为一种道德规范和个人导向。互惠作为一种文化规范，会形成一种强制力，那些不遵守互惠规范的人将会被惩罚。作为一种文化规范，它与上述的民俗信念不一样的地方是它意味着“应该”。文化暗示着一个人应该怎么做，遵守互惠规范的人会认为他应该去回报其他人的帮助，这种互惠的文化也是一种普适性的、全世界普遍接受的法则。一些研究也表明中国也具有这种互惠文化，并且渗透到中国人的心理习惯和社会意识中（Tsui & Wang，2002；Wang，et al.，2003）。但是，个体对于接受互惠作为一种人际交往原则的程度是有差别的。有数项研究已经证明了交换导向（Exchange Orientation）或者交换意识（Exchange Ideology）是人际间（人与组织间）交换以及结果变量中的调节变量，那些具有高的交换意识或者交换规范的人，人际之间社会交换以及结果变量之间的关系会被强化，而那些具有低的交换意识或者交换规范的人，人际（人与组织）之间社会交换以及结果变量之间的关系会被弱化（Eisenberger，Armeli，Rexwinkel，Lynch & Rhoades，2001）。

Molm（2010）提出关于互惠的 3 个命题：（1）互惠并不仅仅

是一种规范或者过程，而且更是一种结构化的变量。（2）互惠不仅能够导致人际关系和权力交换，而且还能够促进信任和团结。（3）互惠的作用机制的维度包括风险、不确定性和冲突。

首先，Molm（2010）提出了互惠的网络结构，描述了直接交换中的一个行动者或者关系是如何与其他（行动者或关系）相连接的。根据利益交换是单向流动与双向流动、直接交换和间接交换这两个维度划分了三种互惠类型。利益单向流动型互惠交换（Unilateral Flow of Benefits in Reciprocal Exchange）、利益双向流动型互惠交换（Bilateral Flow of Benefits in Negotiated Exchange）、利益单向流动型链式广泛互惠交换（Unilateral Flow of Benefits in Chain-generalized Exchange），其中前两者属于直接互惠（Direct Reciprocity），最后一个属于间接互惠（Indirect Reciprocity）。

其次，Molm（2010）认为互惠的结果变量反映了交换如何使人们连接在一起，并促进人际间的信任、情感和团结。他总结了多年实验研究中的互惠的结果：（1）相比于低度投入在互惠过程中的人，高度投入在互惠过程中的人会更加信任他们的合作者，表达更多的情感尊重给合作者，感受到更多对合作者的承诺，更加感受到人际关系是合作与和谐的（Molm，Takahashi & Peterson，2000；Molm，Collett & Schaefer，2007）。（2）当双方的交换关系是互惠型交换而不是谈判型交换（Negotiated Exchange）时，交换中一方释放的值得信任的行为对双方的信任和感情有更强的作用。（3）尽管看上去谈判型交换会有更高的程序公平（双方共同决策、更多的建议、汇集更多知识），但不管是在客观的平等交换还是不平等交换的情境中，个体还是认为在互惠型关系中获得的对待更加公平（Molm，Collett & Schaefer，2006）。（4）相比于所有类型的直接交换，广泛交换带来更强的情感连接，包括更高的信任、情感尊重和团结等（Molm，et al. 2007）。

最后，Molm（2010）认为互惠与综合情感连带之间的风险和冲突模型（Risk- and Conflict-based Mechanisms）的作用机制包括非互惠的风险（Risk of Nonreciprocity），表达的价值观（Expressive Value）和冲突的显著性（Salience of Conflict）。

Wu 等人（2006）探索了中国情境下的互惠结构，通过问卷开发过程发现中国情境下互惠包括三个维度：广泛互惠（Generalized Reciprocity）、平衡互惠（Balanced Reciprocity）和消极互惠（Negative Reciprocity），三者在交换的内容和资源上有差别，广泛互惠是高水平包括情感在内的社会交换，而平衡互惠强调了经济交换，消极互惠则是自利驱动的是利他行为的反面。

邹文篪等人（2012）回顾了互惠理论在组织行为学中的研究现状，他们总结了互惠作为一种连续体从低到高的一些特征表现（如图 2-1 所示）。这篇文章总结了互惠的概念和特征以及测量方式，综述了互惠对社会交换的影响，以及互惠的相关实证研究结果（前因变量、结果变量、中介机制和调节机制），总结了互惠的作用机制。此外，邹文篪等人（2012）还强调了互惠理论在中国本土研究中的启示。他们认为，依据互惠理论可以解释中国人际间的"关系"（Guanxi）、"人情"（Renqing）、"面子"（Face）（Chen, Chen & Portnoy, 2009; Hwang, et al., 2009; Park & Luo, 2001; Xin & Pearce, 1996），互惠理论在中国的社会心理学和组织行为学的研究中具有广泛的解释力。例如，在研究关系和人情时，实际上也是强调了一种相互的赠与和获取，强调了互惠的过程。因此，应该注重互惠理论的本土化研究。

2.1.2 社会交换理论

1. 布劳（Blau）的社会交换理论

社会交换理论是微观社会学的重要理论，被广泛地用于人与人、人与群体、人与组织、人与社会之间的关系研究。社会交换理论假定人类的行为都是建立在理性、合理化决策的基础上，因此就可以通过人际间的互动和交换来解释人的社会行为。互动和交换过程的规则和模式也就可以解释人的社会行为模式和规则。虽然社会交换理论起源于微观社会学，但是社会交换理论的影响和应用远远超出了微观社会学，在心理学、管理学和经济学等学科中均有广泛的应用（Cropanzano & Mitchell, 2005）。特别是在组织行为和员工-组织关系的研究中，社会交换理论成为该研究领域占统治地位

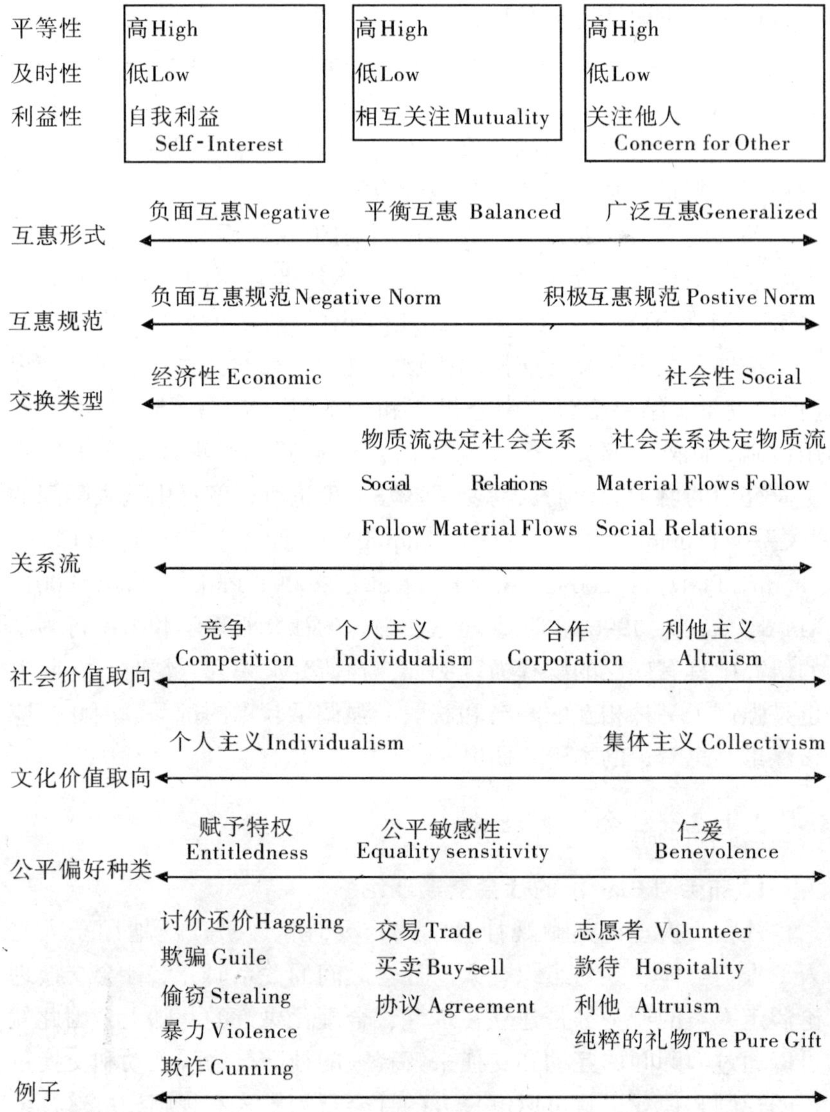

资料来源：Sahlins（1972）；Sparrowe & Liden（1997）；Smith（2002）；Uhl-Bien & Maslyn（2003），邹文篪，等，2012.

图 2-1　互惠和交换关系的连续体

的理论（Shore & Coyle-Shapiro，2003；Coyle-Shapiro & Shore，2007）。布劳对社会交换理论作出了巨大的贡献，一般认为，社会交换理论正式形成是由 Blau（1964）提出的，他系统、全面地诠释了社会交换理论。

Blau（1964）定义社会交换为："人们被期望从别人那里得到的并且一般来说确实也从别人那里得到的回报所激励的自愿行动。"布劳认为社会交换过程和互动在现实生活中是具有普遍意义的。社会交换具有两个一般功能：建立友谊和确立超过别人的优等地位。而交换过程并非无条件产生，交换产生有两大重要因素：

一是回报的义务感。指当一个人向他人提供有报酬的服务时，他人就负有了回报他的义务感。这种义务感只是表明了个体负有回报他人的义务，而回报的时间、地点和内容等完全是"未加规定的义务"。Blau（1964）认为："社会交换，不管它是否以这种仪式化的形式出现，都包含着带来各种未来义务的恩惠，不是加以精确规定的义务，回报的性质不能加以讨价还价，而是必须留给作回报的人自己决定。"也就是说，这种回报不能被准确地定义为具体的回报行为，而是一种未加规定的义务和信任的回报预期，接受服务的一方可能在未来某一个时间进行任何形式或者内容的回报，而非即时、定量的回报。回报预期不仅是一种未加规定的义务，甚至是一种没有精确价格的义务。这种回报并不能被精确估计具体价值——没有任何一种货币或者没有任何一个人（包括给予有报酬的服务的提供者）能估计这种回报行为的价格，而只能通过一般的、模糊的术语来加以表达。这也和纯粹的经济交换有所区别，纯粹的经济交换成立的条件是，在交换的事前，交换双方知道交换的价格，也可以通过契约来明确自己获得回报的时间、地点等信息，甚至还可以讨价还价，在对方不履行回报义务时，还可以通过法律制裁等方式来进行强制获取回报。

二是互惠规范是交换发生的必要条件，互惠规范"强化和稳定了隐含在社会交换本身特性中的倾向"。交换要继续，不可能存在单方面的提高服务而没有回报行为或回报预期，交换中的双方要继续深入交换，一方获得了他人提供的服务，就必须为过去获得的服务履行回报义务，实际上互惠规则是交换双方的利益平衡原则。Blau 认为：“交换过程宛若是利用个体的自我利益去产生一种分化的社会结构，而规范则是在这样的社会结构中得以发展，这种规范要求个体为了集体的利益而搁置他们的某些私人利益。”Blau 利用集体主义导向来分析了在交换中的双方利益平衡规则，从而达到互惠来促使交换的持续和深入。

如果不遵守上述两条原则进行交换，那么又会导致什么结果呢？Blau 认为：“不报答导致信用的降低和信任的减少，最终会使他被排除在进一步的交换之外，并带来社会地位的普遍下降，特别是当一个人不履行义务的名声在该共同体中传开时。”这实际上和“声誉理论”是同一思想，“声誉理论”被广泛地运用于职业经理人或者代理人在市场上的价值估计，声誉更好的代理人会获得更高的价值估计，而声誉更差的代理人会获得更低的价值估计，而且很有可能通过“马太效应”而进一步循环下去。社会中的交换也是如此，如果一个个体较好地遵循了交换规则，建立了与交换伙伴或者其他潜在交换伙伴之间的相互信任，那么会导致更多的或者更稳定、持续的交换进一步发生，而如果一旦交换规则被破坏，那么对后续的交换将产生很强的负面影响。表 2-1 为社会报酬的分类表。

表 2-1　　**社会报酬的分类**

	内在的	外在的	单方面的
自发的评价	个人吸引	社会赞同*	尊敬—声望**
经过计算的行动	社会承认*	工具性服务*	服从—权力**

注：* 表示除了那些建立社会交往所必需的成本之外，给提供者带来的投入成本。

** 表示给提供者带来的直接的从属成本。

资料来源：Blau（1964），p. 157。

Blau（1964）也进一步探讨了影响社会交换过程的一些社会条件。例如，“交换伙伴之间的关系的发展阶段和特点，进入交易的利益的特征和提供它们所引起的成本，以及交换所发生于其中的社会情境”。交换双方通过初始信任或者建立信任的方式开始进行交换，交换过程中必然产生一个问题：社会报酬。也就是被提供服务一方给予什么回报。Blau 提出了六种类型的报酬来表示社会交换中的不同划分标准下的社会报酬。

影响社会交换的情景因素大致包括五个方面：第一是交换关系中的伙伴的“角色从”的影响；第二是群体规范或是群体交易的影响；第三是成员间的潜在联盟与强势一方的博弈；第四是交换中的权力会改变交易的公平性；第五是其他交换行为的影响。这些影响因素也使社会交换在不同的情境下表现得不同。

Blau（1964）的社会交换连接了微观的个体与宏观的社会，建立了微观的个体行为与宏观社会之间的纽带，对于理解社会交换起着非常重要的作用。

2. 中国文化中的社会交换理论

社会交换是一种全世界普遍接受的共同伦理基础。在中国的文化中，社会交换也是社会心理和社会运行规则的重要部分。在中国文化里很多谚语或者成语就贴切地反映出这种社会交换思想。例如，“受人滴水之恩，当以涌泉相报”，“投之以桃，报之以李”，“投我以木瓜，报之以琼琚”，“礼尚往来”等。中国台湾学者研究中国文化里的“报的规范”，实际上也是一种互惠的社会交换。

社会交换作为一种人际交换之间的交往规范，是与文化和社会结构紧密相连的。要理解中国文化中的人与人之间的社会交换，首先要理解中国的人与人之间结构和社会心理。两个理论视角反映了中国文化情境下的人际连带。一个视角是社会资本理论（林南，1995），以实证主义的取向来分析关系行为者的关系网络结构、关系网络强弱及收益，社会资本理论将关系资本化，该理论假设关系当事人能够把关系或关系网络转化为资本。另一视角是费孝通的“差序格局”理论，这个理论以人文主义的取向来分析人际关系，将中国文化中的人际关系视作差序结构与道德逻辑的结合（任敏，2009）。

费孝通（1930/1998）在研究中国社会关系时，提出了“差序格局”的概念，“我们的格局不是一捆一捆扎清楚的柴，而是好像把一块石头丢在水面上所发生的一圈圈推出去的波纹。每个人都是他社会影响所推出去的圈子的中心。被圈子的波纹所推及的就发生联系”。卜长莉（2003）总结差序格局下的中国传统社会的人际关系有如下的特点：（1）“差序格局”是以己为中心的，是以自我为中心由内及外的关系圈，越是内核圈的关系越容易合作和被接受，越是外面圈的越不容易合作和被接受。（2）体现了儒家的伦理模式，形成了君臣、父子、兄弟、夫妻、朋友等差序性伦理关系。黄光国（2006）也提出，儒家的“五伦”和“十义”之间存在着明显的尊卑和差序格局。“五伦”要求“父子有亲，君臣有义，夫妇有别，长幼有序，朋友有信”（《孟子·滕文公上》），这其中，父、君、夫、长处于支配地位，而子、臣、妇、幼处于从属地位，而朋友有信则是五伦里面唯一强调了平等的相互义务的伦理规则。“十义”要求“父慈，子孝，兄友、弟恭，夫义，妇听，长惠，幼顺，君仁，臣忠”（《礼记·礼运篇》），其中的父、兄、夫、长、君应该根据慈、友、义、惠、仁的角色规范来扮演自身行为，而子、弟、妇、幼、臣应该根据孝、恭、听、顺、忠的规范来扮演自身行为，很显然，父、兄、夫、长、君相对于子、弟、妇、幼、臣是处于支配地位。（3）体现了社会稀缺资源的配置模式。包括家庭中的权力、财产、家庭成员的身份地位、婚姻关系都是按照“差序格局”来安排的。血缘关系和地缘关系是差序格局的社会关系的基础。李沛良（1993）说明了“工具性差序格局”这个概念的五个方面的含义。①社会联系是以个人的自我中心建立的。②建立关系是着眼于利益，而不是血缘的亲疏。③越是关系圈内核的，工具性价值越大，依次向外工具价值逐渐降低。④双方互动基础上不断建立亲密关系。⑤关系圈内核的个体，对他人实现目的的用处最大。这就将差序格局的社会关系的社会基础由血缘和地缘关系拓展到功利性的个体之间，对传统的社会关系构建提出了新的研究视角。

关于人际关系的由内及外的圈模式，主要是依据关系强度来进行划分。罗家德和叶勇助（2007）提出中国人人际关系的同心圆模型，以自我为圆心，依次向外扩展到家人关系、熟人关系、弱关系、陌生人。涂乙冬（2009）通过探索性因子分析，发现这种同心圆从内到外包括自我、亲属、熟人、陌生人四个圈，其中亲属圈基于血缘关系，熟人圈基于地缘关系，陌生人圈既非血缘关系，也非地缘关系，因此处于最外层。

亲属圈的对象包括父母亲、家庭其他成员、直属亲属和亲密朋友等，个体与父母亲、家庭其他成员、直属亲属之间存在直接的血缘（如父母亲）和法律（如夫妻、姐夫，Brother-in-law、弟媳，Sister-in-law）关系，他们之间是一种基于血缘或者法律关系的彼此依赖的命运共同体，他们的关系具有先赋性的特点，很难割裂，因此也是中国人最为倚重和信赖的关系，家属是一种天然的“圈内人”。对于“亲密朋友”也被归类为亲属圈，这是“亲密朋友”这种非血缘关系进行拟血缘化的结果（王毅杰 & 周现富，2009）。例如，《水浒传》中的梁山好汉，他们从朋友最后结拜为异姓兄弟，这就从非血缘的朋友关系提升为拟血缘化的关系，而这种拟血缘化的关系是和血缘化一样值得信任的。这个过程使得“外人”能够进入“自己人”的行列，在个人交往网络中取得和一般亲属同样的位置。熟人圈主要包括“一般朋友”、“单位同事”、“同学”、“生意伙伴”、“街坊邻居”。熟人在差序格局中处于重要的过渡位置，因为亲属圈毕竟规模较小，人际关系的外延太窄，因此，熟人圈是亲属圈的重要补充。熟人圈的关系所承载的对象处于“圈内人”和“圈外人”之间，他既可演化为圈内人，如从“一般朋友”到“亲密朋友”，或者通过联姻等方式成为家庭的一员，获得家庭成员身份而成为“圈内人”，也可以从“一般朋友”到“陌生男人”或“陌生女人”，从而变为“圈外人”。陌生圈主要包括“网友”、“陌生男人”、“陌生女人”和“外国人”，由于交往的频率较低和方式（非真实见面交往）较低，因此处于外层，是“圈外人”。

差序格局的社会心理和文化是中国人本土人际关系的一个重要基础。对于不同关系强度的个体，回报规范有所不同，社会交换的方式、内容和特点也是不同的，因此，差序格局是研究中国本土的社会交换的重要基础。

黄光国（1985）在《人情与面子：中国人的权利游戏》一文中，对中国文化中的“报”的规范以及人际关系法则进行了阐述，指出作为社会交换的核心的“报”的规范是具有普适性的。中国文化中的“人情法则”、“需求法则”和“公平法则”都是回报规范在中国文化的衍生，这三种法则对应的是不同亲疏关系中的人际交往法则。他将中国的关系分为情感性关系（Expressive Ties）、工具性关系（Instrumental Ties）和混合性关系（Mix Ties）。情感性关系是一种长期、稳定的人际关系，可以满足个体的安全需要、爱的需要、尊重需要等需求层次，如家庭和朋友圈，特别是存在着血缘关系的家庭成员之间，社会交换和资源分配原则是“各尽所能，各取所需”的“需求法则”，这种“需求法则”是基于家庭内部的情感性（血缘性）关系而进行的，具有鲜明的应用局限性，例如有很多研究都阐述了中国人通常建立基于血缘的信任，而对非血缘的人际关系的信任则非常有限（李伟民 & 梁玉成，2002；福山，2001）。因为在情感性关系中的个体的关系往往是基于血缘的，所以这种关系没有办法像工具性关系那样可以轻易割裂，当发生严重的人际冲突时，就会产生“亲情困境”。“工具性关系”是个体与其他人基于一些工具性目的（物质利益）而建立的人际关系，人与人之间存在着强烈的直接交换色彩。个体发展这种关系的动机就是为了获取有利于自己的物质利益和目标，当物质利益和目标达到以后，这种关系就难以长久和稳定维系。因此，在这种交换的人际关系中，公平就是人与人之间的平衡点，“工具性关系”所适用的人际法则是“公平法则”。“公平法则”下，个体将会比较他的获得和付出，根据这种比较来作出更加理性的决策。公平是这种关系得以发生和维系的基础，一旦公平丧失，那么这种关系就将不复存在。如 Adams（1965）所阐述的那样，个体通过横向、纵向和历史的比较来获得公平感知，当他获得不公平感知后，他会通过公平恢复机制（如更加努力的工作、怠工、离职等）来使收获和付出重新获得公平。混合性关系包含了工具性关系和情感性关系的混合，在中国这种注重人情和社会连带的社会情境，混合性关系是人际关系中最主要的类型。情感性关系由于圈子规模小，工具性关系带有太强的功利主义色彩，都很难成为社会人际关系中的主流。混合性关系的双方或者多方彼此认识并且有一定的情感关系基础，主要对象包括：亲戚①、邻居、师生、同学、同事、同乡等，这些基本属于人际圈中的“熟人圈”中的范畴，主要是基于地缘关系而形成的关系连带，它不如“亲属圈”那样基于血缘和法律关系而形成的稳定和长久的关系，也不像“陌生人圈”那样关系强度和内容都非常低。混合性关系中的多个关系参与者及其所拥有的社会关系网络形成了一个更大的社会关系网，形成了一个更加复杂、更加宽广的人际关系网络。一个人通过另一个人，就可以达到另一个人所拥有的人际关系，这无疑是对个人社会网络的极大扩展。这种网络由于没有天然的血缘和法律联系，因此需要更多的维护，例如加强社会网络中的人与人之间的交往来维持这些关系网络的持续存在。对于混合性关系的双方的行为法则是“人情法则”。

黄光国（1985）将人情定义为三种不同的含义：一是个人在不同生活情境中的情绪反应，如“人情世故”中的“人情”；二是人与人进行社会交换时，用来与对方进行交换的一种资源，如“欠某人人情”、“做人情”等；三是中国社会中人与人之间互动和交换的社会规范。人情的社会规范包括人际间的馈赠、支持以及建立积极的人际关系，也包括帮助其他有困难的人。例如，通常将婚丧嫁娶中的人际间送红包叫做“送人情”。人与人之间的交往规范就是“人情法则”，“人情法则”的回报规范就是“礼尚往来”，这是一种积极的互惠思想，一方给予另一方资源和帮助，而另一方

① 黄光国（1985）将亲戚归类为工具性关系的适用对象，而工具性关系的适用对象既有一定的情感联系基础，又不如“原级团体”那样关系亲密，在中国文化中，“原级团体”实际是以家庭为单位的，“原级团体”的成员才是属于“情感性关系”的范畴。那么亲戚应该指的是除了家庭单位的核心成员以外的其他亲属，在中国文化里，通常描述为“远亲”，而远亲在亲属关系里通常并不非常亲密，由于血缘关系代际之间不断扩散和稀释，远亲之间的关系变得疏远，如谚语里所说的“一辈亲，二辈表，三辈四辈认不到”，表明了三代以后的亲戚关系就非常疏远了，甚至“远亲不如近邻”，亲戚甚至不如邻居的关系亲密。

则有回报的义务，在合适的时机进行回报，这种回报规范使施恩者和受恩者的交易成本最小化。一方面，施恩者在给予帮助和资源分配时能够有明确的期待未来会得到回报；另一方面，受恩者积极的回报思想和行动能够平衡欠下的“人情”。金耀基（2006）认为，人情在社会交换中占中心位置，人情是社会交换的媒介，是社会交换赖以维系的重要联系。人情也具有社会交换的属性，例如，“欠人情”、“还人情”、“人情债”这些都表明人情在人际间具有交换性。人情在中国文化里对人际关系有规范作用，同时在宏观上使社会出现了凝聚力。

文崇一（2006）通过梳理中国历史上的报恩与复仇的历史事件来分析交换行为。他认为，报恩行为包括三个层次：（1）恩惠越大，回报越大；（2）有恩必报，有功必赏；（3）恩惠和回报相对一致或者回报要大于恩惠。而报恩从某种意义上说脱离了简单的回报义务感，而变为一种社会压力——优厚地回报对方会受到社会赞扬，而不回报则会受到社会谴责。同样地，复仇也是可以算做交换行为，如“父母之仇，不共戴天”，复仇作为一种极端的孝道，用有父母之仇的人的性命作为对父母养育之恩的回报，是一种特殊的交换方式。其中，报恩是“以德报德”的交换，复仇是“以怨报怨”的交换。文崇一（2006）通过分析获得了五条结论：（1）报恩与复仇分别遵循着“来而不往，非礼也”和“此仇不报，非君子”的规范来进行交换。（2）报恩与复仇分为个人、家庭和国家层面的交换。（3）报恩与复仇分别强调了礼和孝的伦理价值。（4）报恩与复仇都是有限度的，不会无止境地交换。（5）报恩与复仇会获得社会的承认，获得社会赞扬和鼓励。因此，实际上，这种交换一直以来在中国历史中都存在，是一种几千年传承的文化。

社会交换作为本研究的理论基础，是本研究的理论基石。本研究实际上具有以下前提：①在互惠的规范下，员工-组织间发生着不同程度的社会交换；②在互惠的规范下，员工-领导间发生着不同程度的社会交换；③在互惠的规范下，员工-团队间发生着不同程度的社会交换；④在互惠的规范下，团队-组织间发生着不同程度的社会交换；⑤社会交换是动态的，并不是一成不变的，高等级的社会交换会导致积极的情感产出。上述五点研究的前提基本是从社会交换理论中推论出来的，因此，社会交换是本书的重要理论基石。

2.1.3 社会认同理论

社会认同理论是社会学、心理学领域一个宏大的社会科学理论。宏大的社会科学理论是高度复杂和抽象的系统理论（陈昭全 & 张志学，2008）。社会认同理论的解释框架非常广，是社会科学中运用广泛的主流理论。

个体为什么需要社会认同？可以从两个视角来进行解释：动机视角和功能视角（Eisenbeiss，2004）。动机视角主要基于不确定性减少理论（Uncertainty Reduction Theory，Hogg，2000；Hogg & Abrams，1993；Hogg & Mullin，1999）。不确定性减少理论表明个体的社会认同能够降低不确定性，这是因为个体能够与内群体中的其他人达成社会共识和一致性（Social Consensus and Agreement），内群体成员共享规范、价值和信念，这种共识和一致性也减少了不确定性。功能视角主要基于最大化区分理论（Optimal Distinctiveness Theory）。该理论是由 Brewer（1991，1993）发展的，他认为社会认同有两大基本的需要：社会融入需要（Need for Inclusion）和社会区别需要（Need for Differentiation）。社会融入表明个体有在群体内部被安全包围的需要，社会区别需要表明个体有与其他人保持区隔的需要。最大化区分理论的核心思想是：个体需要在内群体获得最大化融入需要，而在外群体获得最大化区别需要。

社会认同在组织中具有重要功能。Deaux 等人（1999）认为社会认同主要有七大功能：（1）自我审视与自我理解（Self-insight and Understanding）；（2）向下社会比较（Downward Social Comparison）；（3）集体自尊（Collective Self-esteem）；（4）内群体合作（Ingroup Cooperation）；（5）内群体比较和竞争（Intergroup Comparison and Competition）；（6）社会互动（Social Interaction）；（7）浪漫卷入（Romantic Involvement）。

组织认同对于组织和员工具有积极的作用。组织认同与员工的组织公民行为、组织吸引力等有显著正向预测作用，对于员工的离职率等有显著的负相关作用。组织认同的积极作用近年来受到研究者的重视。管理学会评论（Academy of Management Review）和团队与组织期刊（Journal of Group & Organization）专门出特刊来讨论组织认同理论的构建。社会认同视角（social identity approach）包含了社会认同理论（Social Identity Theory，SIT）和社会分类理论（Self-categorization Theory，SCT）两大理论（Haslam，2001/2004；Postmes & Branscombe，2010；Reicher，Spears & Haslam，2010；Steffens，et al.，2014），因此，本书将对这两个理论进行介绍和综述。

1. 社会认同理论

Tajfel（1978）将社会认同定义为个体属于特定社会群体的成员身份驱动的自我概念，并意识到这种群体成员身份带给他的情感和价值意义。

社会认同理论的研究起源于种族中心主义（Ethnocentrism）的研究，Tajfel发现，不同种族之间存在着巨大的隔阂，这种隔阂是以种族，而非个体来进行区分的。种族中心主义的理论又以Sherif的现实冲突理论为解释框架，现实冲突理论认为种族（群体）间冲突的本质是利益冲突，如果两个群体的利益不一致，那么双方的利益就类似“零和游戏”，一方的利益获得是以另一方的利益损失为基础，因此群体双方采取竞争的态度和行为。如果两个群体的利益一致，那么双方的利益就类似“双赢”（非零和），群体双方会采取合作的态度和行为（张莹瑞 & 佐斌，2006）。现实冲突理论可以解释群体间的关系，但是在群体内关系的解释上还不足。

Tajfel（1970，1971）采用了最简群体实验范式（Minimail-group Paradigm）来解释群体内关系。实验表明个体具有两种认同：自我认同（Personal Identity）和社会认同（Social Identity）。自我认同主要是指个体会进行自我定义和自我概念化，社会认同是指个体根据自己的群体属性来定义自我，社会认同实际上会作为自我定义的一部分来区分个体与其他人的差异。

Tajfel（1981）认为社会认同理论具有三项基本假设：①个体

具有追求成就，维持或提高自身价值的积极的自尊需要；②自尊是由社会认同决定的；③社会认同根据群体背景而被积极或消极地加以评估。从过程上看，社会认同需要经过三个阶段：分类（Categorization）、认同（Identification）、比较（Comparison）。分类是将自我与他人、环境进行归类的心理过程。认同是获得和定义个体成员身份的心理过程；比较是通过群体比较来维持积极差异、追求个体积极自尊的心理过程。分类、认同和比较三个过程是一个完整的整体。

社会认同理论对组织内一系列现象提供了强有力的解释框架，如内群体偏私、刻板效应、对内群体和外群体的同质性感知等。社会认同理论是社会学和管理学的主流理论。

2. 自我归类理论

自我归类理论是由一系列有关社会自我概念的功能的假设构成（Turner，Hogg，Oakes，Reicher & Wetherell，1987）。他们认为自我归类理论和社会认同理论是相联系但是有区别的。从核心心理假设上看，社会认同理论是个体积极寻求把自我所属的群体和其他群体区别开来，通过这种群体区别（Intergroup Discrimination）来获得社会认同，而自我归类理论是对比自我和他人直觉中更高层次的抽象的社会认同的性质作出的详细描述。逻辑上看，自我归类理论更具有普遍性。

自我归类理论包括了一系列的假定和假设，其中有 13 个假定和 3 个一般性假设（详见 Turner，et al.，1987）。其中 3 个一般性假设是自我归类理论的核心思想。

在假设 1 中，Turner 等（1987）提出："在自我归类个人水平的显著性和社会水平的显著性之间往往存在着反向的关系。"

Turner 等人（1987）认为社会自我知觉是一个连续体。连续体的一端是把自我知觉为个人，即把个人内部的认同最大化，同时把知觉到的自我和其他群体内成员之间的差异最大化；另一端是把自我知觉视做一个群体内分类，既把与内群体成员之间的相似性最大化，同时把自我（所属群体）与外群体成员之间的差异最大化。Hogg 和 Abrams（1988）认为这种连续体在三个方面完全不一样。

在自我概念上，个人一极是“个人认同”，群体一极是“社会认同”。在个人感知上，个人一极是“体现个人特征的”，而在群体一极上，是“刻板化的（去个性化的）”。在社会行为上，个人一极是“个人的、个体之间的行为”，群体一极是“群际和群内行为”。因此，当个人保持高个人水平的社会自我知觉时，往往能够将个体与其他内群体成员分开，形成自我识别和自我定义，然而，这时他们就无法识别内群体成员，无法与他们达成相似性最大化，也不能与其他外群体成员形成差异最大化。反之，当个人与内群体成员的相似性最大化，个人就很难达到高的社会自我知觉。个体的个人水平的自我归类与社会水平的自我归类是可以同时进行的，但是两者往往是反向相关的。

在假设 2 中，Turner 等人（1987）提出：“提高内群体成员-外群体归类显著性的因素往往增加了在自我与内群体成员之间知觉到的一致性（相似性、等价性、可交换性），同时也增加了知觉到的不同于外群体成员的差异。”

提高内群体-外群体归类显著性的过程实际上是去个性化的过程（Depersonalize Individual Self-perception），也就是自我刻板化（Self-stereotyping）的过程。个体将自我作为一个社会类别中的人，而非一个独立于其他人的个体，当他们通过相似性、等价性和可交换性等因素不断增加与内群体成员之间的一致性感知，就会更好地进行群体归类。同样地，他们也会通过感知到与外群体成员的差异而增加他的群体归类的显著性。也就是说，内群体的一致性促进同一群体成员的群体归类，而外群体的差异性决定了不同群体成员归类的差异。

在假设 3 中，Turner 等人（1987）提出：“自我知觉的去个性化是决定群体现象（社会刻板印象、群体凝聚力、种族中心主义、合作和利他主义、情绪感染和移情、集体行动、共同的规范和社会影响过程等）的基本过程。”

Turner 等人（1987）认为假设 3 概括了自我归类理论的要点。在个体进行去个性化的过程中，群体行为是个体在自我归类的抽象层次上的变化，这种变化将个体看作是某个社会类别中可交换的个体，而不是由不同于他人的个体差异所确定的个体，也就是说，个体变为了社会群体中的有相似性和一致性的个体，而非独立的、差异化的个体。Turner 等人（1987）同时也强调，去个性化并不是失去每个人的特征，也不是失去自我或者把个体淹没在群体中，更不是回归更原始或群体无意识的形式中，而是将个人水平的认同提升到社会水平的认同，这种提升表明个体的自我概念不再是个体区别于其他人的差异，而是在更抽象的水平上进行自我分类和概念定义。这个去个性化的过程被看做是更高水平的认同（社会水平的认同）的获得。个体进行去个性化的过程中，也就是个体融入到社会群体中的过程。个体会从基于自我个人差异的分类转变为基于群体差异的分类，这种转变将个人对自我的认同提升为对社会群体的认同。

自我归类理论是一个中层理论，中层理论虽然不如宏大理论那样包罗万象，但是它对现实具有很好的解释力。

3. 社会认同理论和自我归类理论作为组织内多种认同的理论基础

社会认同理论和自我归类理论都可以用于构建组织认同的理论基础，Pratt（2001）总结了组织认同的理论基础、心理过程、研究情境等问题，较为全面地论述了组织认同的理论基础（详见表2-2 所示）。

从表 2-2 中可以看出，组织认同的理论基础从最初的社会认同理论逐渐转移为社会认同理论和自我归类理论两者兼有，尽管社会认同理论和自我归类理论是一脉相承的，但两者的理论重点是有差异的。

运用社会认同理论和自我归类理论来解释组织中的多重认同也是过去研究中常见的研究逻辑，本书研究组织中的社会交换、社会认同与产出，实际上也包含了组织中的多重认同。在子研究 1 中本书研究了领导认同和职业认同，在子研究 2 中研究了多层次组织认同，这些认同的对象大多是嵌套在社会组织结构中的。

本书将组织认同或者更广义的社会认同作为重要的理论基础之一，本研究实际上具有以下前提假设：（1）员工会对领导产生认

表 2-2 社会认同理论和自我归类理论在组织认同研究上的运用

主题	理论基础	心理过程	情境	代表性研究
组织认同	最初 SIT(Social Identity Theory)	认同	传统组织	Ashforth & Mael, 1989; Dutton, Dukerich & Harquail, 1994; Mael & Ashforth, 1992; Pratt, 1998
		不认同,矛盾的认同(Ambivalent Identification),认同解构(Deidentification)	传统组织(Traditional Organizaiton)	Dukerich, Kramer & Parks, 1998; Elsbach, 1999; Elsbach & Bhattacharya, 2000; Pratt, 2000
		认同	"低贱"的工作(Dirty Work)或不常见组织	Ashforth & Kreiner, 1999
	SIT/SCT	认同/群体内行为	松散团队(虚拟团队)	Brandon & Pratt (1990); Bouas & Arrow, 1996; Wiesenfeld, Raghruam & Garud, 2000;
			多重组织认同环境	Golden-Biddle & Rao, 1997; Pratt & Foreman, 2000; Pratt & Rafaeli, 1997; Scott, 1997; Van Kippenberg, et al., 2000; Van Leeuwen, Van Kippenberg & Ellemers, 2000

资料来源:Pratt(2001)。

同；（2）员工会对组织产生认同；（3）员工会对职业产生认同；（4）员工产生认同是由情感和认知的强化产生的。可见，上述四点研究的前提假设基本是从社会（组织）认同理论和自我归类理论中推论出来的，因此，社会认同理论是本研究的重要理论基石。

综上所述，研究组织中的社会交换、社会认同和产出之间的关系，理论基础建立在互惠理论、社会交换理论、社会认同理论和自我归类理论基础上，上述理论能够为本书理论框架提供充分的解释力，有利于更好地解释员工和团队层面的社会交换、社会认同和产出过程。

2.2 文献综述

2.2.1 领导-部属交换研究评述

Graen 等人（1972）提出的领导-部属交换（Leader-Member Exchange），打破了将焦点集中于领导者、用领导者风格来解释领导有效性的研究传统，而将重点放在了领导和部属的关系上（Wang，Law，Hackett，Wang & Chen，2005）。经过近 40 年的发展，领导-部属交换已成为组织领导领域中探讨领导过程和产出之间关系最令人感兴趣和最有用的研究议题（Gerstenr & Day，1997），成为西方领导研究的前沿（任孝鹏 & 王辉，2005；王辉 & 张翠莲，2012）。

由于领导的时间、资源、精力等有限，领导会和不同的部属发展不同质量的关系，领导-部属交换质量高的部属逐渐发展为“圈内人”，而领导-部属交换质量低的部属发展为“圈外人”（Sparrowe & Liden，1997）。Graen 和 Uhl-Bien（1995）总结这一过程包括四个阶段：第一阶段是在社会化和垂直对偶关系中寻找差异化；第二阶段聚焦于领导-部属交换关系和它的产出上；第三阶段是领导-部属间的伙伴关系的建立；第四阶段是从二元关系的交换拓展到团队和网络水平，形成团队-成员交换关系。通过这四个阶段详细地描述了从一个新的领导-部属关系到一个高质量的领导-部属交换和团队-成员交换的过程。

一般认为，领导-部属交换的研究经历了三个大的阶段。这三个阶段反映了领导-部属交换的发展历程和深化过程。

一是领导风格理论（Average Leadership Style，ALS）。领导风格理论暗含的假设是领导者的品质和行为的有效性能够提升部属和团队的效能（Yukl，2005）。领导有效性是领导风格理论的核心概念，例如，领导通过以身作则、体恤部属等方式来提升部属和团队的产出。领导风格理论将研究的焦点集中于领导者身上。在领导风格理论中，领导和部属的关系被假设为均衡的一对多关系，也就是说，领导对他管理幅度范围内部属实施同质化对待。

二是垂直对偶连接模式（Vertical Dyad Linkage）。垂直对偶连接模式描述的是领导者和员工之间的二元互动过程，垂直对偶连接理论将领导效能关注在领导-员工关系上，而不是像原来领导风格理论一样关注领导品质和行为，该理论认为领导和员工形成了差异性的垂直对偶连接。领导与员工形成差异化的关系，这种差异化的关系可以解释员工效能和产出的差异。垂直对偶连接模式是领导-部属交换理论发展的重要阶段，也是构建领导-部属交换理论的基础。

三是深化和拓展阶段。在前两个阶段，领导-部属交换的理论构建基本完成，在深化和拓展阶段，深化部分主要是以实证研究和元分析等为主，拓展部分主要是以领导-部属交换为基础，发展出很多新的概念，例如，领导-部属交换差异（Leader-Member Exchange Differentiation，LMXD）、团队-成员交换（Team-Member Exchange）和成员-成员交换（Member-Member Exchange 或 Coworker Exchange）等。

深化阶段以实证研究和元分析以及总结性综述为主，表明了一个构念的成熟和获得学术共同体的广泛接受（郑伯壎，2004）。近40年来，领导-部属交换的论文十分繁多，实证研究取得了非常多的成果。同时，元分析论文，如Dulebohn，Bommer，Liden，Brouer和Ferris（2012）对领导-部属交换的前因、后果作了较为全面的分析。总结性综述包括Graen和Uhl-Bien（1995）的论文，该论文对

25 年来领导-部属交换关系的发展历程作了详细的总结性综述。

拓展阶段主要是以拓展概念以及对拓展后的概念的实证研究为主。与领导-部属交换相关，但是不同于领导-部属交换的构念包括：领导-部属交换差异、团队-成员交换、成员-成员交换等。

领导-部属交换差异是指在同一个工作团队内，领导和不同团队成员的关系质量的差异性（Erdogan & Bauer，2010；Henderson，et al.，2009）。领导-部属交换的层次介于个人层次和领导层次之间的垂直关系上，在操作化中一般把领导-部属交换看作是个体层面的变量。领导-部属交换差异是团队中不同成员与领导交换质量的差异性，它本身是一个团队概念。在操作化定义上，通常采用客观合成数据，将传统的领导-部属交换的量表的测量数据的方差或标准差聚合到团队层次来表示领导-部属交换差异（综述详见王震 & 仲理峰，2010）。领导-部属交换和领导-部属交换差异化看似比较类似，但是两个不同的构念，前者关注团队中每个成员与领导的不同的交换质量，后者关注团队中不同成员与领导交换质量的差异，领导-部属交换差异的存在是以领导-部属交换为前提的。因此，可以认为领导-部属交换差异化是领导-部属交换的拓展。

此外，员工在日常工作中除了与领导交换以外，还与同事和团队发生交换，这就分别形成了成员-成员交换和团队-成员交换。团队-成员交换是个体成员与团队以及团队成员之间的整体交换感知（Seers，1989），指团队成员与团队之间在观点表达与反馈、互助等方面形成的互惠关系（Seers，1995）。领导-部属交换与团队-成员交换有一定的相似性：首先，两者都是基于社会交换理论的人际间的互惠关系；其次，两者有着相似的进程，都是以建立积极的人际互惠的互动关系为目的；最后，两者都对员工和团队的产出有积极作用（Cole，Schaninger & Harris，2002；李山根 & 凌文辁，2011）。但两者也有明显的差别：首先，领导-部属关系关注的是领导-部属间的二元人际关系，而团队-成员关系关注的是团队成员与团队以及团队其他成员之间的交换关系，两者在关系指向上并不一致。其次，领导-部属交换的内容包括物质资源和情感资源，而团队-成员交换的内容主要包括情感资源（Liao，Liu & Loi，2010；李

山根 & 凌文辁，2011；邹文篪 & 刘佳，2011）；最后，团队-成员关系和领导-部属交换是两个独立构念，从定义、内涵、测量以及效度等方面都有证据表明他们是独立的变量。

同事交换是指同一领导管理下的员工之间相互尊重、信任和义务的交换关系，同事交换与领导-部属交换有很大的相似的地方。首先，同事交换和领导-部属交换都是一种相互的尊重、信任和义务。其次，同事交换的内容和领导-部属交换的内容比较相近。最后，同事交换的测量也可以采用领导-部属交换的测量量表，不过将量表中的领导的相关表述改为同事相关的表述（Sherony & Green，2002）。可以看出，领导-部属交换和同事交换在本质上是同一类型的交换。但是两者也有不同，首先，交换对象不同，分别是领导和同事。其次，两种交换的方向不同，领导-部属交换是垂直方向上的二元关系，同事交换是水平方向上的二元关系。

由此可以看出，以领导-部属交换为起点，学者们已经发展了多个与之相关的概念，这些概念不仅丰富了对工作场所内的交换关系的认识，而且延伸出来的新的研究领域，成为组织行为学和领导学的研究前沿。

1. 领导-部属交换的理论视角

领导-部属交换最初基于角色理论，认为领导-部属交换质量取决于领导和部属的角色扮演和角色互动。Dienesch 和 Liden（1986）提出了领导-部属交换的发展模式，其核心就是：上下级在相似性的吸引下进行互动（包括部属的积极行为和归因、领导的授权与回应等），并且最终提高交换质量。Bauer 和 Green（1996）总结了角色理论视角的领导-部属交换发展过程，领导-部属交换的角色理论分为三个阶段：角色获得（Role Taking）、角色扮演（Role Making）和角色习惯化（Role Routinization）。在角色获得阶段，上下级之间的人口特征和人格的相似性会使领导和员工产生认知信任（Cognitive Trust），领导和员工双方开始互相进入各自的角色。在角色扮演阶段，领导和员工双方进行“绩效-授权互动”，在初期，由于部属工作表现好、绩效高，领导会更多授权给部属；在后期，领导的授权又会进一步提高员工的绩效。在角色扮演阶段，领导和部属会产生行为信任（Behavioral Trust），经过角色获得和角色扮演阶段，领导和部属会将互动中的规范进一步固化成互动规则，这样就会提高领导-部属交换质量。在角色习惯化阶段，领导和部属会产生情感信任（Affective Trust）。从角色理论视角来看，互动是领导-部属交换过程中最关键的环节，领导-部属交换的互动规范的研究就需要明确。李太等人（2013）认为，领导-部属互动过程中，双方的行为都是在向彼此发送一种信号。这种信号能够使对方知道接下来要发生什么，自己应该如何扮演接下来的场景，而彼此的这种扮演行为又是对对方的信号的回应。因此，通过这种信号使双方的互动得以延续和发展。这种互动还面临着前台（场景）的约束，如公司的组织政策或组织氛围就是一种场景，这种场景所包含的信号能够使员工了解互动中的内涵和规范，从而成为员工和领导的行为规范来指导双方进行互动。

领导-部属交换主流的理论基础是社会交换理论。在社会交换理论视角下，领导-部属交换使双方能够产生情感性连带和行为上互惠。领导-员工之间被认为是一种交换关系，这种交换关系分为两种形式：一种是经济交换；另一种是社会交换。在经济交换中，双方按照劳动契约来进行行为指导，双方的互动和权利责任都以正式的劳动契约为蓝本。在社会交换中，领导和员工双方进行着超出劳动契约以外的情感的和社会的交换。Blau（1964）认为："只有社会交换能够强化人们的使命感、回报感和信任，而纯粹的经济交换则不能。"因此，领导-部属交换的结果是形成了高质量的交换和低质量的交换，分别成为"圈内人"和"圈外人"。由于交换质量不同，部属的回报义务会有所不同，在高质量交换中，交换规范超越了劳动契约，而成为双方的一种互惠的心理契约，而在低质量的交换中，双方的规范仅限于劳动契约的规定。

社会交换视角下的互动规范是互惠规范，交换中的双方应该本着互惠原则进行对等的交换（详细阐述参见第二章的社会交换理论部分）。社会交换中的双方要继续深入交换，一方获得了他人提供的服务，就必须为过去获得的服务履行回报义务，互惠规则是交换双方利益平衡原则（Blau，1964）。这表明，交换的本质是交换的一方在互惠的规范基础上为了获得他人回报或者回报预期而做出的行为。互惠的规范是人类社会普遍通行的法则之一，也是人类社会所共同接受的基本道德信念（黄光国，1985）。

领导-部属交换的理论视角主要有角色理论和社会交换理论，早期的领导-部属交换主要建立在角色理论基础上，中后期的领导-部属交换主要建立在社会交换理论基础上，现在社会交换理论是领导-部属交换领域占统治地位的理论。角色理论在解释领导-部属交换的发展过程方面具有很强的解释力，也就是回答了“如何做”的过程，这在领导-部属交换发展早期是相当重要的一个问题，但是，它并未回答“为什么”的问题，也就是说，领导和员工为什么要进行交换。很显然，领导和员工都不是无目的地进行互动，他们更多地怀着功利主义（Utilitarianism）的目的来进行互动（李燕萍 & 涂乙冬，2012）。社会交换理论很好地解释了领导-部属交换的动机、作用过程和结果之间的逻辑，并成为后续实证研究的主要理论基础。尽管社会交换理论成为解释领导-部属交换的主流理论，但是它只提供了对 LMX 的状态描述和分类的解释，它对领导-部属交换理论发展本身并没有太多的贡献（任孝鹏 & 王辉，2005）。同时，社会交换理论运用在领导-部属交换理论中也有三个方面的局限性（Bauer & Green，1996）。一是经济交换与社会交换之间的不同维度并没有以实证的方式明确。二是经济交换与社会交换之间的实际区别并没有明确阐述为什么社会交换就能够导致信任而经济交换就应该被警惕。三是社会交换和经济交换的区别忽略了当领导或员工处于负面交换关系中的领导-部属关系。

2. 领导-部属交换的结构与测量

领导-部属交换的一个重要命题在于：它是一个多维的变量还是一个单维的变量。尽管没有对错之分，不同研究者对此持有不同观点。它的直接后果是，领导-部属交换的测量工具很多，从 2 条目的单维量表到 5 条目的单维量表一直到 17 条目的单维量表以及 12 条目的多维量表，均在研究中被应用。

单维结构的领导-部属交换研究的历史最为悠久，领导-部属交换理论的核心是工作场所内的领导-部属间的二元人际互动和交换。

早期的研究认为这种工作场所内的二元人际互动应该是单维的（Graen，1976；Graen & Uhl-Bien，1995），但是早期的研究对领导-部属交换的内容还没有达成共识，单维结构的领导-部属交换的内容分歧很大。Graen 和 Uhl-Bien（1995）总结了领导-部属交换的七项内容并得到了后续研究者的广泛认同和接受。Gerstenr 和 Day（1997）的元分析表明，这七项条目是领导-部属交换中的最常用和最有效的内容，Graen 和 Uhl-Bien（1995）总结的量表在研究中一般称为 LMX-7。

另一部分研究学者认为领导-部属交换应该是多维的。从角色理论来看，个体在工作场所内会有多种角色（工作或人际）；从社会交换理论来说，个体在工作场所内也可以进行很多类型的交换（如意见、工作流或友谊等），因此，领导-部属交换应该是多维的。Dienesch 和 Liden（1986）提出领导-部属交换可能存在三种形式：领导行为交换（贡献）、彼此忠诚（忠诚）、彼此喜欢（情感）。Graen 和 Uhl-Bien（1995）也提出了领导-部属交换的三个维度：尊重、信任和义务，但他们并未通过实证的方式开发出量表并进一步验证其有效性。Liden 和 Maslyn（1998）在 Dienesch 和 Liden（1986）的基础上进一步增加了专业尊敬。共形成了四个维度的多维量表（LMX-MDM）：情感交换、忠诚交换、贡献交换和专业尊敬。贡献交换主要是关于每个成员推动二元关系上的工作相关活动的总量、方向和质量的感知（Liden & Maslyn，1998），尽管领导-部属交换中的互动是一种互惠关系，双方都应该有所贡献，贡献交换主要侧重于部属在行为上的产出与贡献。忠诚交换主要是指领导和员工双方公开支持对方行为的程度，忠诚被认为是发展和保持领导-部属交换的重要部分。情感交换被定义为二元关系中的员工与领导所拥有的相互的情感，这种情感是基于人际吸引而非工作或职业价值观。领导和员工间的相互喜爱是领导-部属交换发展的重要因素。专业尊敬是指对于二元关系上的员工在组织内外建立的声誉或者擅长于工作的程度，这种专业尊敬可能来源于历史数据，如个人工作经验和组织内外对员工的评价等。Liden 和 Maslyn（1998）的多维度领导-部属交换具有较好的信度和效度，在实证研究中也发现四个维度是独立维度，在理论上和实证上都获得了学术界认同，在后续研究中也获得了广泛运用，此量表在中国的测量中也显示出较好的信度（王辉，牛雄鹰 & Law，2004；李燕萍 & 涂乙冬，2011）。

领导-部属交换的单维结构和多维结构并不是完全对立的。Graen 和 Uhl-Bien（1995）就认为，领导-部属交换应该是一个多维概念，但是维度之间高度相关，能够被包含到一个维度里①。同时，不同的量表测量的领导-部属交换在实证中对结果变量的作用在统计上并无显著差异。王震，孙健敏和赵一君（2012）的元分析结果表明，LMX7 和 LMX-MDM 与员工产出的关系在统计上并没有显著的区别。Dulebohn 等人（2012）也同样发现，LMX7[b] 和 LMX4，LMX-MDM，LMX17 之间两两比较的结果显示，领导-部属交换的不同量表的可靠性和稳定性是基本接近的，对结果变量的影响在统计上并没有显著不同。

领导-部属交换的发展历程就是领导-部属交换测量工具发展的历程（详细综述见 Schriesheim，Castro & Cogliser，1999；Liden & Maslyn，1998）。领导-部属交换的测量呈现出几个时期特征：

在早期的研究中，领导-部属交换理论还刚起步，定义和内容等都分歧很大。因此，领导-部属交换的测量工具是五花八门。最开始的测量是从其他量表（如 LBDQ 量表）中借鉴一些条目（Graen，Dansereau & Minami，1972），后来不同的研究者开始使用一些新开发的单维量表（Graen & Schiemann，1978；Graen，Novak & Sommerkamp，1982）。

在中期的研究中，学者开发独立的领导-部属交换量表，但是不同研究者在研究中所使用的条目也并不相同。如表 2-3 所示的领导-部属交换的量表，本书只是简单地列举了部分领导-部属交换的量表，Schrieshein，Castro 和 Cogliser（1999）详细列举了从 1970 年到 1999 年实证研究中使用的领导-部属交换量表，共有几十个不

① 这一观点其实同 Liden & Maslyn（1998）的观点是不同的，Liden & Maslyn（1998）认为 LMX 的多维量表的维度之间在理论上和实证上都是相互独立的。

同版本的测量方法。

在后期的研究中，由于理论发展相对成熟，学术界对于领导-部属交换的测量的共识也基本达成，大多数研究采用 LMX7 和 LMX-MDM 的量表，其中 LMX7 是最常用的测量工具。

表 2-3 **常用的领导-部属交换量表**

量表	结构和条目	相关文献
LMX2	单维 2 条目	Dansereau，et al.，1975
LMX4	单维 4 条目	Graen & Schiemann，1978；Liden & Graen，1980
LMX5	单维 5 条目	Graen，Liden & Hoel，1982
LMX7[a]	单维 7 条目	Graen，Novak & Sommerkamp，1982；Seers & Graen，1984
LMX7[b]	单维 7 条目	Graen & Uhl-Bien，1995
LMX10	单维 10 条目	Ridolphi & Seers，1984
LMX12	单维 12 条目	Wakabayashi & Graen，1984
LMX-MDM	四维 12 条目	Liden & Maslyn，1998
LMX14	单维 14 条目	Wakabayashi，Graen & Uhl-Bien，1990；Uhl-Bien，et al.，1990
LMX17	单维 17 条目	Graen & Scandura（1987）

资料来源：根据 Graen & Uhl-Bien（1995）的论述整理。LMX7[a] 和 LMX7[b] 的条目数量均为七个，但是内容不一致，本书前后所指的 LMX7 指 LMX7[b]，除非有标注是 LMX7[a]，LMX7[b] 的条目见附录 2。

3. 领导-部属交换的本土化研究

任真、杨安博和王登峰（2010）认为，本土化的领导-部属交换的研究主要有两个类型：一是片面本土化研究；二是间接本土化研究。片面本土化研究就是指直接引入领导-部属交换的构念和测量方式，只是在中国情境下进行移植、验证和分析。这一方法又包括了“直接沿袭的模式”和“与西方研究互补的模式”。“直接沿袭的模式”就是完全把领导-部属交换完整地移植到中国情境来研究，“与西方研究互补的模式”包括借用西方的研究范式在本土中的研究，如领导-部属关系的研究。间接本土化研究并不全盘引用西方的领导-部属交换的构念，而是在本土情境中研究领导和部属人际互动的“关系”，这种关系更偏重于传统文化和情境特殊性，从中国“差序格局”社会关系网络出发来研究领导-部属之间的互动关系。任真等人（2010）观点的实质认为差序格局的领导-部属关系的研究才是本土化的领导-部属交换。郭晓薇（2011）则认为国内研究中，直接引用西方的领导-部属交换概念在中国情境研究的可称之为“客位取向”的研究，也就是任真，杨安博和王登峰（2010）观点中的“直接沿袭的模式”，而基于中国本土文化下的领导-部属关系的研究可称之为“主位取向”的研究，也就是任真，杨安博和王登峰（2010）观点中的“与西方互补的研究模式”。这种划分框架实际上是根据郑伯壎和姜定宇（2000）关于组织行为学中主位和客位视角来划分的①。郭晓薇（2011）认为，领导-部属交换和领导-部属关系的区别体现在以下几个方面：在关系形态上，西方的领导-部属交换理论是建立在平等互惠原则上的“契约关系”；中国的领导-部属关系理论是建立在上下有别的身份关系形态。在互惠原则上，西方的领导-部属交换理论是建立在公平原则基础上，而中国的领导-部属关系是建立在人情法则基础上。郭晓薇（2011）总结了本土文化中的领导-部属关系研究的三种视角：“关系基础说”、“工具交换说”和“拟似家人说”。三种视角的定义和理论有很大的差异（详见表2-4）。

① 郑伯埙和姜定宇（2000）论述组织行为研究的主位与客位观点时，这样评价道：“在讨论有关文化议题时，组织研究及社会科学的研究中，有两个长存的取径：一个是以民族志的内部观点，以局内人的词语描述某一特定文化现象，成为主位（Emic）研究取径；另一个则是以比较学者的外部观点，试图以一般性、外在的标准，来描述不同文化间的差异，此为客位（Etic）研究取径。主位取径通常是对单一文化现象，做长久、广泛的观察。而客位取径则是对数个文化群，针对相似的文化做比较分析。”郑伯埙和姜定宇（2000）还引用了Morris等（1999）提出的主位与客位研究的综合框架（详见原文69页的图1）。

表 2-4 上下级关系相关理论的繁衍整合关系表

	“关系基础说”	“工具交换说”	“拟似家人说”
分析视角	关系基础	关系功能	
关注点	关系双方的角色义务	关系的工具性	关系的情感性
社会心理学领域对中国人际关系的界定或理论	关系是基于特定规范所形成的“特殊的连带”。决定关系的往往是预先注定的因素，如血缘、亲缘和地缘等。(Jacobs,1979)	关系就是一种持续能够交换好处的友谊。(Fan,2002)	中国人倾向于在家族以外的关系中建立类似于家人的关系，家人化的关系给个体带来一体感、归宿感和安全感。(杨国枢,2004)
		根据对象不同，关系可以是满足情感需要的情感性工具，可以是为获得物质目标而建立的工具性关系，也可以是兼具情感性与工具性的混合性关系。(黄光国 & 胡先缙,2004)	
组织管理学界对中国情境中上下级关系的界定	SSG 指上司与下属之间是否存在共同社会特性或经历，如是否为亲戚、同宗、老同学、前同事等(Farh, Tsui, Xin & Cheng, 1998)	SSG 是上下级双方为实现个人目标而建立的以工具目的为导向的人际关系。(Law, et al., 2000) SSG 是存在于组织中的上下级之间基于相互利益和好处的社会连带(Wong, Ngo & Wong, 2003)	SSG 指上下级关系在多大程度上类似于家人。评价上下级关系可以从感情的深厚性、私人生活卷入程度、下属对上司的服从性方面进行(Chen, et al., 2009)

资料来源：郭晓薇(2011)。

关于领导-部属交换（Leader-member Exchange）与领导-部属关系（Leader-member Guanxi）的区别也引发了较多的讨论。Law等人（2000）认为领导-部属交换关注工作场所内的交换，而领导-部属关系不仅包括工作场所内，而且还包括工作场所以外的社会交换，也就是说，领导-部属关系比领导-部属交换的互动范围和交换范畴更广。但是这种观点显然是不足的，Liden和Maslyn（1998）的多维领导-部属交换就已经将领导-部属交换拓展到工作以外了。Chen等人（2009）认为关系包含三个维度：领导-部属人情、领导-部属生活融入以及对领导的服从。这三个方面与西方的领导-部属交换构念有很大的差异，例如领导-部属人情来源于文化中的“人情”（黄光国，1985），领导-部属生活融入来源于文化中的“私交”文化，对领导的服从来源于文化中的集体主义和权威取向。Chen等人（2009）认为领导-部属关系是一个很贴近本土文化情境的构念。Mao，Peng和Wong（2012）认为关系是一个本土化的概念，与其他文化情境里的人际关系的区别在于：①关系强调了一种义务（Obligations）和社会压力（Social Pressure）。在中国情境中，关系不仅是作为一种人际吸引和人际工具性价值观，也作为一种义务，决定了人们对其他人承担什么样的义务。关系作为一种社会压力或者社会规范，决定了人们在不同关系水平下做出什么行为来履行这种义务。关系作为一种社会规范，意味着人们对其他人做出的行为在他们之间的关系强度上是不是合适的和被接受的。②关系意味着保护关系好的人的利益的巨大压力。费孝通的差序格局理论认为人们对于不同关系的人有差别的对待，中国的关系强调了个体需要为了保护关系好的人的利益，甚至要牺牲关系远的人的利益。不仅如此，而且为了保护关系好的人的利益，甚至会违反法律、法规和伤害公共福利，这也是关系的不道德的一面。例如，“亲亲相隐”的传统刑法原则允许亲属之间有罪可以相互隐瞒，而不必“大义灭亲”来维持社会公义，这种为亲属等关系好的人隐匿罪行，就是为了保护他们的利益而损害了他人及社会公共秩序和福利。③关系强调了主-从关系（Principal-Subordinate Relationships）。关系双方的主-从地位强调了双方的义务是不同的。例如，对于一些以生理为基础的人际关系，如长幼、父子之间的关系，长和父处于主的位置，幼和子处于从的位置。对于不以生理关系为基础的人际关系，如丈夫-妻子、老师-学生之间，丈夫和老师等处于主的位置，妻子和学生都处于从的位置。这表明，关系往往是不平等的，如在组织中的领导-部属之间，他们之间就存在着明显的主-从关系。④建立和改变关系亲密程度的机制不同。与其他社会的建立和改变关系亲密程度的机制不同，中国的这种机制建立在一种“同”（Tong）的概念上，例如同学、同乡和同门等。⑤人们对于不同圈子的关系承担不同的义务。

李太等人（2013）认为领导-部属交换和领导-部属关系是两个针对不同文化情境下对于领导与部属之间互动的不同构念，在解释现象过程中所描述的对象类似，但是两者之间有区别。由于文化背景不同，两种文化情境下的互动规范也完全不同，对双方行为的指导和约束也不同。这就表明在东西方文化下，领导-部属互动的规范、模式和内涵等存在很大的差异，这种规范的差异决定了不同情境中的上下级互动中双方行为的差异。例如，在中国上下级之间存在较大的权力距离，因此这种互动明显具有上下级间的不平等性；而在西方权力距离较小的情境下，这种不平等程度明显要小得多。关于几项本土化领导-部属交换（关系）的测量如表 2-5 所示。

领导-部属交换和领导-部属关系可以认为是两个独立的变量，两者在中国情境下的探索都是有益的，很难直接主观判断孰优孰劣。不能因为领导-部属交换产生于西方情境，就天然地觉得领导-部属交换在中国情境下的研究价值不足或是其研究价值比领导-部属关系要低。Dulebohn 等人（2012）的元分析将文化情境作为影响 LMX 一个调节变量，结果发现权力距离在前因变量与 LMX 间的调节作用不显著，这表明不同的权力距离情境（如中国就属于高权力距离的情境，美国等属于低权力距离国家）并不会显著影响到 LMX 的作用过程。领导-部属交换具有较好的跨文化效度，而领导-部属关系则具有强烈的文化烙印，相对于领导-部属交换浩如烟海的研究还显得不足，因此，进一步研究的空间还非常大。领导-部属交换和领导-部属关系在中国都具有较好的研究前景，是未来

表 2-5 **国内外领导-部属交换(关系)量表的比较**

量 表	操作定义	维度与题数	编制方法	功 用
LMX-7 量表(Graen & Novak, 1982; Graen & Uhl-Bien,1995)	整体的工作关系质量	单维,7 题	不明确	侧重工作有关的内容,强调对整体的测量,简单实用
LMX-MDM 量表(Liden & Maslyn,1998)	不限于工作的、不同维度的关系质量	四维,12 题	归纳法	强调多种角色,对不同校标都有好的预测
LMXS 量表(Bernerth,2007)	工作中的社会交换的质量	单维,8 题	演绎法	与 LMX-7,LMX-MDM 相比,在校标预测上有新的增加
领导-部属关系量表(Law, et al.,2000)	工作之外的关系质量①	单维,6 题	归纳法	测量工作之外质量,与 LMX-7 相互补充
领导-部属关系形式量表(姜定宇,2005)	角色化的情感性、工具性和义务性关系	三维,15 题	演绎法	首次测量了本土化的关系的三种成分
领导-部属交换图式量表(Huang,et al.,2008)	关系图式(角色预期的认知)	四维,16/14 题	归纳法	对领导和部属关系知觉的不一致性有独特作用

资料来源:任真,杨安博和王登峰(2010).

① Law 等人(2000)认为领导-部属关系不仅包括工作内的交换和互动,而且还包括工作外的交换和互动,而不是仅仅是任真,杨安博,王登峰(2010)所指的工作以外的交换和互动。关于领导-部属交换和领导-部属关系的区别,在李太,涂乙冬和李燕萍(2013)一文中有详细论述。

研究的热点。

4. 领导-部属交换的前因与结果

在领导-部属交换研究近40年中，实证取向论文是研究主流。研究主要采用问卷的方式来获得数据，并通过实证研究程序来进一步验证领导-部属交换的前因和后果。单一的实证性论文只关注了领导-部属交换的某一个或几个前因变量、结果变量或情境变量等，而一些综述性论文（元分析）则系统地总结了领导-部属交换的作用过程（详见 Dulebohn, et al., 2012 及 Liden, Sparrowe & Wayne, 1997; Graen & Uhl-Bien, 1995）。

（1）领导-部属交换的前因变量。

影响领导-部属交换的因素总的来说包括三个方面：追随者的特征、领导者的特征、上下级人际关系（Dulebohn, et al., 2012）。追随者特征包括追随者的能力、大五人格（外倾性、神经质、开放性、亲和性、尽责性，Dulebohn, et al., 2012），同时，追随者的积极情绪、消极情绪和控制点也会影响到追随者的领导-部属交换感知。领导者特征对领导-部属交换的影响较大，领导者特征包括领导者对部属的期望、领导者的权变领导行为、变革型领导（Wang, et al., 2005）、道德型领导（涂乙冬等，2014）、领导者的人格，如亲和性和尽责性都能够影响部属的领导-部属交换。在人际关系上，上下级的相似性会影响领导-部属交换，上下级相似性包括价值观的一致性（Ashkanasy & O'Connor, 1997）以及人口特征上的相似性。部属的迎合行为也会影响到领导-部属交换（Wei, Liu, Chen & Wu, 2010）。领导信任也是领导-部属交换的重要前因变量，因为领导-部属交换建立在领导-部属间的相互的信任、尊重与义务基础上，所以领导者的信任在新的领导-部属交换形成过程中十分重要（Bauer & Green, 1996）。

（2）领导-部属交换的结果变量。

领导-部属交换作为一种有效的领导因素，对员工产出有积极影响。例如，员工绩效（Butler & Reese, 1991; Dunegan, Duchon & Uhl-Bien, 1992; Chun & Law, 1999; 王辉，等，2004; Bauer, Erdogan, Liden & Wayne, 2006）、绩效评价（Durante, Goodson &

Klich, 1994; Gerstner & Day, 1997; Kacmar, Witt, Zivnuska & Gully, 2003)、角色内行为（涂乙冬 & 李燕萍, 2012)、组织公民行为（Ilies, et al., 2007; 李燕萍 & 涂乙冬, 2012; Chun & Law, 1999; 汪林 & 储小平, 2009)、安全公民行为（Hofmann, Morgeson & Gerras, 2003)、离职率（Bauer, et al., 2006; Harris, Kacmar & Witt, 2005)、工作满意度（Stepina, Perrewe & Hassell, 1991; 李燕萍, 涂乙冬 & 高婧, 2012)、组织承诺（Nystrom, 1990)、工作氛围（Dunegan, Uhl-Bien & Duchon, 1992)、创新行为（孙锐, 石金涛 & 张体勤, 2009; 涂乙冬 & 李燕萍, 2012)、工作授权（Keller & Dansereau, 1995; Argee & Chen, 2006; 王辉, 张文慧 & 谢红, 2009)、程序公平和分配公平（Erdogan & Bauer, 2010)、职业进程（Graen & Wakabayashi, 1993）和职业成功（Erdogan, Kraimer & Liden, 2004; Breland, Treadway, Duke & Adams, 2007; 李燕萍 & 涂乙冬, 2011)。

Gerstner 和 Day（1997）的元分析研究发现领导-部属交换对双方互评绩效、员工客观绩效、对领导的满意度、整体工作满意度、组织承诺、角色冲突、角色清晰、离职率、离职意向等相关。表明领导-部属交换能够显著提升部属的积极产出。

Dulebohn 等人（2012）的元分析的模型如图 2-2 所示。这项研究既检验了领导-部属交换的前因和结果变量，也检验了一些调节变量，例如，领导-部属交换测量量表、被试者的工作地点差异、工作条件、文化维度（如权力距离）等因素的调节作用。结果发现，领导-部属交换的前因和结果之间的关系基本被验证了，相反的，四个调节变量的作用基本没有被验证。这表明，领导-部属交换与前因变量与结果变量之间的关系在不同情境下的差异并不显著，这进一步说明了在全球不分情境的研究中，领导-部属交换具有很强的解释力和生命力。

Ilies, Nahrgang 和 Morgeson（2007）通过元分析研究了领导-部属交换与员工的组织公民行为之间的联系。在 50 个独立样本（$n=9324$）的基础上，发现领导-部属交换对部属的组织公民行为有显著正向作用（$r=.37$）。组织公民行为的指向有显著差异，领

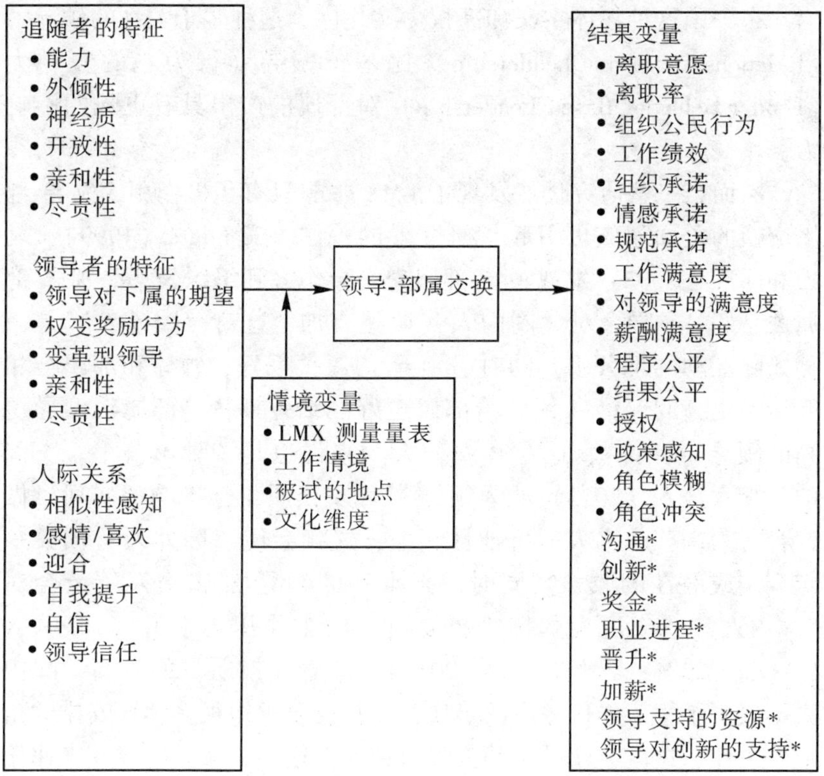

资料来源：Dulebohn, et al. (2012) 及 Liden, et al. (1997), 其中带有 * 的变量来自于 Liden, et al. (1997).

图 2-2 LMX 的前因和结果变量

导-部属交换对指向个人的组织公民行为的作用（$r=.38$）要大于指向组织的组织公民行为的作用（$r=.31$）。这就表明，领导-部属交换作为一种人际交换，自利的作用要大于利他作用，具有一定的功利主义（李燕萍 & 涂乙冬，2012）。

王震等人（2012）的元分析结果表明，领导-部属交换对部属的工作满意度、情感承诺、留职意愿、任务绩效和组织公民行为都有显著的作用，并且在对部属态度的影响上，领导-部属交换的作用要大于变革型领导与破坏性领导的作用。同时，领导-部属交换比变革型领导和破坏性领导更能够提升部属的绩效和组织公民行为。在中国这种集体主义和高权力文化内，这种基于关系的领导力（Relationship Based Leadership）比基于领导（行为）的领导力（Leader Behavior Based Leadership）对部属的产出具有更强的影响力。

然而，一些研究仍然发现了LMX并非只有积极作用，领导-部属交换的负面效应也引起了研究者的关注。Scandura（1999），马力和曲庆（2007）发现领导-部属交换会伤害到组织公平。领导-部属关系好，领导会对“圈内人”照顾有加，这对“圈外人”是一种人际互动的不公平。同时，领导-部属关系好，领导和部属会相互给予更高的评价（领导给部属更好的绩效评价，部属给领导更高的领导力评价），这对“圈外人”来说也是一种不公平。类似的，李太等人（2013）认为领导-部属交换质量会影响部属通过做迎合行为来获取个人的排他性利益，这就会使“圈外人”损失一定现实或潜在的收益。同时，高水平的领导-部属交换质量会对“圈内人”造成巨大的压力，使员工的工作压力上升（Harris & Kacmar，2006；李燕萍，等，2012）。随着交换质量的升高，圈内人不仅要承担工作任务内的工作，而且还要承担很多领导安排的角色外工作，这就会使员工的工作负荷大大增强，从而造成其工作压力上升（李燕萍，等，2012）。实际上，领导-部属交换对整个团队的负面影响远远不止程序不公平、工作压力、绩效不公平等因素，前文所述的高质量的领导-部属交换对“圈内人”的职业收益有显著促进作用；那么反之，这种基于上下级互动关系的部分个体收益实际上是以整个社会的损失为代价的（Fan，et al.，2002；李太，等，2013）。总的来说，领导-部属交换对员工和团队的积极影响被关注地较多，负面产出的作用以及过程机制被关注相对较少（李燕萍，等，2012；李太，等，2013）。

5. 领导-部属交换的未来研究展望

尽管领导-部属交换的研究经过40年的发展，已经取得了巨大成就，获得了较多共识，但是领导-部属交换未来研究还有以下问题需要进一步探索：

(1) 领导-部属交换的分析层次。

研究层次是实证分析组织行为学中的理论构念的前提，只有分清楚构念所反映的现象或对象处于何种层次，才能够对其进行调查和实证分析。分析层次成为早期领导-部属交换的一个难题和重要话题，这是因为领导-部属交换对领导力科学的一大突破就是将原来的领导力解释框架从领导取向（Leader-based Approach）或追随者取向（Follower-based Approach）转移到关系取向（Relationship-based Approach，Graen & Uhl-bien，1995；Wang，et al.，2005），那么在关系取向上的领导-部属交换的分析层次由于其属性，应该位于垂直对偶的二元关系上，这就有别于以往的领导或员工的分析层次。

领导-部属交换的分析层次严格意义上并不是一个新的话题，Schrieshein，Castro 和 Cogliser（1999）就重点论述了领导-部属交换的分析层次。总结了 1970—1995 年的 137 项领导-部属交换的实证研究，发现大多数研究使用的是粗分分析（Raw Score Analyses）和常规粗分分析（Ordinary Row Score Analyses）。

领导-部属交换虽然衡量的是领导和部属之间的关系，但它既不属于第一层次（个人层次），也不属于第二层次（团队层次），而是一对一的关系层级上。已有研究往往为了研究的便利，将领导-部属交换视为一个个人层次的概念，在测量上由每一个部属来报告他们与领导的交换质量，所有的测量结果被视作是个人层次数据，因此在实证研究中将其作为第一层次的变量。Gooty 和 Yammarino（2011）指出，组织研究中的领导-部属交换关系应该使用一对一关系层次研究技术。目前一些领导-部属交换的衍生概念，也积极地将领导-部属交换的相关研究推向多层次取向。例如，领导-部属交换差异化（LMXD），领导-部属交换一致性（Leader-Member Exchange Convergence）。涂乙冬等人（2014）也认为领导-部属交换是同时发生在领导团队中的不同的领导-部属之间的社会交换，员工和领导之间的社会交换不是孤立的，而是在团队内相互联系的，因此，应该从团队层面来考察领导-部属交换。

未来的研究应该将领导-部属交换视为一个团队层次变量来进

行探讨，这种探讨包括理论意义和实证研究上的探讨。将领导-部属交换视作团队层次变量并非是研究方法差异，它更具有显著的理论意义。团队层次的领导-部属交换表明一个领导如何差异化对待不同员工，而非每个员工感知到他和领导不同的关系，这在理论上更好地契合领导-部属交换的内涵。同时，随着多层次研究方法论的成熟，在技术上也进一步推动了领导-部属交换的研究层次提升。

（2）领导-部属交换的跨文化研究。

领导-部属交换的研究早已经跨越了西方的文化情境，在多个文化群落中得到检验和拓展，随着最初的跨文化检验后，不同文化圈内逐步开展领导-部属交换的本土化研究。以中国为例，随着领导-部属交换的研究逐渐深入，本土化的领导-部属交换研究被拓展为领导-部属关系，并在理论上和实证上日趋成熟。

领导-部属交换聚焦于领导和部属间的二元人际关系，这是工作场所内的重要人际关系，但是在不同的文化圈内，文化赋予这种上下级关系不同的内涵。领导-部属交换遇到了情境化的难题，需要追问领导-部属交换是具有普适性还是具有情境性。目前的研究证据表明，领导-部属交换具有一定的普适性，这种普适性表明了领导-部属交换的跨文化适用性，而情境性表明其在不同文化下具有不同的文化内涵。

如前所述，目前领导-部属交换的研究在国内有两种取向：第一种是客位取向，就是将领导-部属交换概念引入国内，并在中国情境下进行移植、验证和拓展，这种取向的研究是目前的主流。第二种研究是主位取向，就是探索中国文化情境下领导-部属交换的内涵、意义、结果与测量以及实证研究等。相关的成果逐渐形成了领导-部属关系这一本土化构念。相对而言，领导-部属关系的研究还较为不足，在未来需要进一步拓展和深化。

（3）领导-部属交换的领导效能。

领导-部属交换的领导效能成为研究者关注的问题。领导-部属交换作为领导-部属间的二元交换关系，其领导效能应该包括三个方面：对员工产出的影响，对领导产出的影响以及对领导-员工二元关系的影响。

领导-部属交换对员工产出的影响的研究非常丰富。多项元分析和文献综述都表明了领导-部属交换能够促进员工的绩效、组织承诺、组织公民行为等。领导-部属交换对员工产出的研究已经成熟。领导-部属交换的对员工产出的研究未来主要致力于以发现不同的调节变量和中介变量，补充作用过程或理论边界的知识。

领导-部属交换对领导产出影响的研究还非常有限，这一领域长期以来被忽略了（Wilson，Sin & Conlon，2010）。领导在领导-部属交换中获得了什么这一话题需要进一步深入研究（涂乙冬，等，2014）。Wilson，Sin 和 Conlon（2010）提出了一个理论框架，认为在不同的情境下领导和部属获得不同资源（详见 Wilson，Sin & Conlon，2010 的图 1）。领导-部属交换是领导-部属间二元的相互尊重、信任与义务，双方在这种关系交换中应该也是各取所需。以往研究大部分关注到对员工的产出的影响，但领导在领导-部属交换中的获得却长期没有得到研究。尽管 Wilson，Sin 和 Conlon（2010）的框架提供了领导-部属交换的另一个研究方向，但是他们也同时指出，领导-部属交换对领导在社会交换中的获得在未来需要进一步的实证研究，需要进行有效探索和分析，领导-部属交换对领导产出的影响的实证研究能够弥补现有研究缺陷（涂乙冬，等，2014）。

在这个社会交换过程中，员工获得了更好的绩效表现、更积极的情感状态，组织获得了更高的员工产出和效益，然而，领导获得了什么，特别是领导获得了什么指向他个人的收益？显然，我们并不能将组织的获得与领导的获得直接等同起来，因为领导在组织中既是组织的代理人，同时也是作为一个独立的个性化的人（Eisenberger，et al.，2010），特别是在所有权和经营权分离的情况下，作为职业经理人（管理者）和组织的整体利益之间的差异十分明显（涂乙冬 & 李燕萍，2012）。那么领导在与员工的社会交换中，又获得了什么专门指向他的回报呢？

领导在领导-部属交换中的获得（产出）在研究层次上应该定位于多层次研究技术。在科层结构中，领导和部属是属于一对多的关系，领导作为组织的代理人，行使组织的权威和权力。研究领导的产出应该将这些产出视做团队层次的产出变量，这就类似研究团队产出，应该将其视为团队层面的结果，未来的有关领导在领导-部属交换中的产出的研究应该采用多层次研究取向来进行研究。

最后，领导-部属交换对领导-部属二元关系的发展和产出的研究较为稀缺。领导-部属交换作为一种相互的交换，在互惠的规范下，领导-部属交换对领导和员工都有积极的作用，但是对于领导-部属关系连带本身的影响却长期以来没有得到关注。作为领导-部属间的交换质量，它对于领导-部属交换的二元关系的发展和产出的作用和作用过程应该在未来被进一步探索。这种产出并不是领导和员工的产出，而是针对关系的产出，例如，领导和部属双方对于这种二元人际关系的满意度、承诺或认同等，在未来需要进一步探索和深化。

总之，对领导-部属交换效能的研究未来应该关注两个方面：一是领导在领导-部属交换中的获得与产出；二是领导-部属交换质量对领导-部属间二元关系的产出的影响和影响过程。

2.2.2 组织支持感研究评述

1. 组织支持感的内涵

组织支持感（Perceived Organizational Support）的研究起源于研究者发现组织过多地要求员工付出，总是强调员工的组织承诺或者忠诚，而忽略了组织管理对员工支持的义务。组织支持感被定义为员工感知到的“组织重视他们的贡献以及关心他们的幸福的程度”（Eisenberger，et al. 1986）。组织支持感建立在社会交换理论基础上，其基本逻辑是当员工感受到组织重视他们对组织的贡献并且关注于他们的幸福时，员工会产生回报义务感（Felt Obligation），从而产生更多积极情感和行为产出。组织支持感代表了员工和组织间的互惠原则（Gouldner，1960；沈伊默，2007；Zhang，Farh & Wang，2012），这种社会交换建立在一定的社会和文化规范基础上。

2. 组织支持感的测量

组织支持感的测量工具主要采用 Eisenberger 等人（1986）的

量表。Eisenberger 等人（1986）经过探索性因子分析和验证性因子分析后发现组织支持感是一个稳定的单维度构念。该量表一共包括 36 个题目，这些题目都共同反映了员工对于组织是否关心他们的贡献与福利、是否很好地对待了他们这些核心内涵的看法。研究表明，36 个条目的组织支持感量表的内部信度很高，是一个有效的测量工具。

在组织支持感的初始量表基础上，研究者又开发和使用了一个简短版本的组织支持感量表（Armeli，Eisenberger，Fasolo & Lynch，1998；Eisenberger，Fasolo & Davis-LaMastro，1990；Lynch，Eisenberger & Armeli，1999；Shore & Tetrick，1991；Shore & Wayne，1993；Eisenberger，Curnmings，Armeli & Lynch，1997）。后续绝大多数研究都使用的是这一简短版本量表，该量表包括八个条目，分别是“组织关注我的意见”，“组织关注我的福利”，“组织考虑到我的目标和价值”，“当我有困难时，组织给我提供帮助”，“组织会原谅我的无心之失”，“如果有机会，则组织会利用我”，“组织对我漠不关心”，“如果我需要，则组织会给我提供帮助”（Eisenberger，et al.，1997）。这八个条目保留了初始量表的核心内容，也具有较好的信度和效度。

本土化的组织支持感研究也基于中国的文化背景开发了组织支持感的量表，主要有三个版本（详见本书的“组织支持感的本土化研究”部分），但这三个版本的量表在目前的研究使用较少，主要有三个方面的原因：一是论文和测量工具发表的时间较短，引用的次数较少；二是这些研究所讨论的组织支持感结构复杂，问卷冗长，在实证研究中不利于操作；三是这些问卷的开发并非完全按照严格的心理计量工具开发程序和规范来进行，因此其信度、效度和统计功效等还需要进一步验证。目前在本土化的研究中，大多数研究还是沿用组织支持感的简短版本测量工具。

3. 组织支持感的前因变量和结果变量

组织支持感的实证研究在西方情境中较为丰富。经过长期的实证研究，组织支持感的理论构念已经在学术界形成了共识，已有数篇理论综述和元分析针对组织支持感的前因和后果变量做了系统的阐述。例如，Rhoades 和 Eisenberger（2002）总结了组织支持感的理论发展以及其效能的元分析。Zhang 等人（2012）也总结了在西方情境下的组织支持感的前因和结果变量。

Rhoades 和 Eisenberger（2002）总结组织支持感的前因变量包括：公平（程序公平、分配公平、互动公平）、领导支持、组织回报和工作条件。Zhang 等人（2012）总结了组织支持感的前因变量除上述四个大因素以外，还包括培训、成长需求、发展体验、正式组织认知、角色清晰/角色冲突、LMX、决策参与、中心化（集权化）、组织依赖性、工作不安全、绩效反馈、利益有用性感知、工作导向支持等因素，具体见表 2-6 所示。

表 2-6　　　　**组织支持感的前因变量**

变　量	相关研究论文出处
领导支持感	Hutchison（1997）；Eisenberger，et al.（2002）；Pack（2005）
程序公正，薪酬满意度	Fasolo（1995）；Moorman，et al.（1998）；Miceli & Mulvey（2000）；Fuller & Hester（2001）；Wayne，et al.（2002）；Ambrose & Schminke（2003）；Pack（2005）
分配公平，回报的公正性，绩效-回报期望	Eisenberger，et al.，（1999）；Fuller & Hester（2001）；Wayne，et al.（2002）；Allen，et al.（2003）；Ambrose & Schminke（2003）；Pack（2005）
人际公平	Ambrose & Schminke（2003）；Pack（2005）
培训	Johlke，et al.（2002）
成长需求，发展体验，正式组织认知	Wayne，et al.（1997）；Johlke，et al.（2002），Allen，et al.（2003）；Pack（2005）
角色清晰/角色冲突	Jones，et al.（1995）；Andrews & Kacmer（2001）

续表

变　量	相关研究论文出处
LMX	Wayne, et al. (1997)
决策参与，中心化(集权化)	Witt (1992), Andrews & Kacmer (2001); Allen, et al. (2003)
组织依赖性	Hutchison (1997)
工作不安全(失去工作的威胁，无权力感)	Armstrong-Stassen (1998)
绩效反馈	Eisenberger, et al. (1999)
工作条件，工作的有利条件(内在和外在方面)	Eisenberger, et al. (1997); Stinglhamber & Vandenberghe (2003)
利益有用性感知	Lambert (2000)
工作导向支持	Guzzo, et al. (1994)
薪酬，薪酬满意度	Eisenberger, et al. (1999); Miceli & Mulvey (2000)

资料来源：Zhang, et al., (2012).

大量的实证研究表明，组织支持感对员工的效能和产出有积极影响。组织支持感在理论上和测量上均较为成熟，是一个被广泛接受的理论概念。组织支持感对组织承诺（Shore & Wayne 1993; Rhoades, Eisenberger & Armeli, 2001; Chen, Aryee & Lee 2005; Lee & Peccei, 2007; Fuller, Hester, Barnett, Frey & Relyea, 2006）、工作相关的情感、工作卷入、绩效（Armeli, Eisenberger, Fasolo & Lynch, 1998; Eisenberger, et al., 2001）有显著正向作用，还对组织公民行为（Moorman, Blakely & Niehoff, 1998）、工作-家庭促进（McNall, Masuda, Shanock & Nicklin, 2011）、对组织的信任和对领导的信任（De Coninck, 2010）、职业满意度和留职意愿（Armstrong-Stassen & Ursel, 2009）、离职意愿（DeConinck

& Johnson，2009；Maertz，Griffeth，Campbell & Allen，2007）、部属的回报义务感（Eisenberger，et al.，2001）等有积极的影响，对工作压力、离职倾向（Chen，et al.，2005）等有负向的影响。

Rhoades 和 Eisenberger（2002）总结了组织支持感对员工产出的潜在的心理作用过程，主要包括三个方面：一是在互惠回报的规范基础上，组织支持感能够使员工产生回报义务感，从而员工会关注组织的福利并且帮助组织达到目标；二是组织支持感所包含的关心、赞赏和尊重能够满足员工的社交需要（Socioemotional Needs），使员工能够将组织成员身份和组织角色地位加入到他们的社会认同中去；三是组织支持感能够强化员工关于组织能够认识并奖励他们绩效的信念（绩效-奖励期望），这使得员工更加努力工作。上述三个视角提供了组织支持感对员工个人产出和组织产出心理作用的解释过程。

4. 组织支持感在中国的情境化研究

沿用前述客位取向和主位取向的情景化研究逻辑，客位取向的组织支持感在中国本土的研究主要是将西方的理论和构念完整地引入进来，在中国文化背景下进行移植、验证，这一部分工作是目前中国研究者最常用的方法，在中国背景下进行了大量研究。

长期以来，组织支持感的中国情境化的研究主要是运用这一构念在中国本土进行移植、验证和深化，并未发展出本土的与此类似的构念。研究者发现，由于文化的差异，造成了社会规范的差异，在不同社会规范下的员工对于组织支持感的认知并不一定相同。因此，通过质性和实证的研究方法来探讨在中国文化背景下组织支持感的内涵、结构和测量等就非常重要。关于组织支持感的本土化研究主要包括三项，其中两项以中文论文发表，一项以英文论文发表。从发表时间来说，都是近年来的一系列探索。

Zhang 等人（2012）开展本土化组织支持感研究。他们认为，大多数组织支持感的研究都是根植于西方文化和情境，但是中国的文化、政治和经济体系都和西方有很大的差异（Shenkar & Von Glinow，1994）。基于以下三个方面的理由，他们认为需要在中国特殊的文化情境下探索组织支持感。

首先，Zhang 等人（2012）认为中国的国有企业制度和家长式领导的管理方式都和西方情境大不相同。中国组织管理中的传统的制度力量和家长式领导的传统文化使组织拥有对待员工的自主权，这种自主权又反过来导致了员工对薪酬、奖金或其他组织行动的高期望。其次，中国的文化下，组织支持感不再像西方情境下仅限于工作场合的支持，而是已经超越了工作场合，延伸到私人范围。例如，国有企业的员工将企业视作家庭的象征，所以企业不得不去照顾员工的个人利益，向他们提供个人的必需品，例如住房、医疗服务等，这样才能使员工感觉被良好地对待了。因此，在中国情境下，一些衍生到个人生活的组织措施是组织支持感的来源。在西方情境下，组织支持感严格限定在工作场所内，避免侵入员工的私人空间。最后，中国的企业，特别是国有企业正在经历一场巨大的历史变革，组织管理和人力资源管理等发生了巨大的变化。例如，从终身雇佣变为功能关系的管理，一部分员工面临下岗和失业等。同时，员工的回报体系也从基于参与变为基于产出，公平代替平等成为新的分配法则。在这种改革的背景下，这些执行的组织管理政策会使员工对组织产生不同的预期。总的来说，基于文化和经济方面的理由，组织支持感的本土化研究具有特殊的理论和实践意义。

Zhang 等人（2012）通过开放式问卷收集了 786 个有效条目，归类为 23 个大的种类。前 5 个分类是：培训项目（Training Opportunities）、员工导向的领导（Employee-oriented Supervision）、其他福利（Other Miscellaneous Benefits，例如午餐和通勤服务）、娱乐性活动（Recreational Activities，例如艺术、娱乐和运动）。根据质性研究结果，他们提炼出组织支持感是一个多维度的理论结构。多维度的组织支持感包括 8 个维度 28 个条目。8 个维度包括：工作培训（Job Training）、职业发展（Career Development）、总体福利（General Benefits）、关心困难员工（Care for Disadvantaged Employees）、关心员工家庭（Care for Employees' Family）、报酬（Pay）、工作匹配（Job Matching）、工作条件（Working Conditions）。

凌文辁，杨海军和方俐洛（2006）在中国情境下开发了组织支持感的量表，发现了一个三维度结构的组织支持感量表：工作支持、员工价值认同、关心利益。工作支持是指组织将员工放在合适的位置，重视员工的工作价值与工作目标，帮助员工解决问题和工作困难，鼓励员工的杰出贡献，让员工更好地实现个人价值和目标。员工价值认同包括以员工为中心的价值导向，如挽留离职员工，不轻易解雇员工，为员工成绩骄傲等。关心利益主要是指关心员工的利益，如关心员工的生活，关心员工的薪资等。其中，关心利益是满足员工的生存需要，价值认同是满足员工的自尊需要，工作支持是满足员工的成长需要。也就是说，组织支持感是一种工作动机，是对工作的激励。

宝贡敏和刘枭（2011）的一项研究也探索了在中国本土情境下组织支持感的维度与结构，他们发现组织支持感包括六个因子：感知组织制度保障、感知组织制度支持、感知主管任务导向型支持、感知主管关系导向型支持、感知同事工作支持和感知同事生活支持。感知到的组织制度保障是指组织从制度上提供员工工作完成所需的各项资源。感知组织制度支持是指组织从制度上提供员工个人发展所需的各项资源。感知主管任务导向型支持是指员工感知到的来自领导的用于完成各项工作的支持。感知主管关系导向型支持是指来自领导的人际性、情感性、社会性的支持。感知同事工作支持是指来自同事的关于工作上的帮助和支持，以更好地完成工作任务。感知同事生活支持是指来自同事的人际的、情感性的帮助和支持。根据这六个维度，他们开发了一个31个条目的量表。但是这个量表缺乏心理测量的必要程序和效度，也未在理论上和实证上进一步讨论和验证，其研究发现还需要进一步被验证。

从上述三个研究可以看出，尽管都是在中国情境下进行组织支持感的研究，但是研究结果却有很大的不同，特别是在组织支持感的结构、内涵和测量上，三项研究的差异非常大。这就表明关于组织支持感的本土化结构和内涵还远远没有达成共识，这对于识别本书文化背景下组织支持感的结构、内涵和测量是非常不利的，也不利于未来的实证研究。

总的来说，组织支持感的本土化研究还处于初期阶段。研究者更多地停留在问卷开发程序上探讨组织支持感的结构的差异以及测量的不同，但是在理论上的探讨并不算深入，特别是两篇中文论文中对于中西两个情境下组织支持感的差异的分析十分薄弱，并且也缺乏后续的研究来证明本土化的组织支持感的信度、效度以及实证效果。因此，不能够简单地将本土化研究理解为本土化量表的修订和开发，而应该将更多的精力用于文化情境下变量的异同的理论讨论，为理论构念的跨文化研究奠定坚实的理论基础。

5. 领导支持感与组织支持感的异同

领导支持感来源于组织支持感的研究（详见李锐 & 凌文辁，2008）。领导是组织的代理人，代表组织对员工进行管理和互动（Farh，et al.，1990；Brown & Treviño，2006）。中国情境中权力距离大，领导比组织更加接近员工（Chen，et al.，2002），领导关爱部属，对部属进行个性化的体恤和照顾，树立领导者权威，在道德上树立楷模，扮演着家庭中“父亲”的形象（Farh & Cheng，2000）。因此，当领导帮助他们的员工解决工作中的问题，关心他们的福利，关心他们的贡献和价值，员工就会感受到领导支持感。当员工感知到领导支持感，他们会对领导产生回报感，进而产生对领导的认同（或情感承诺）以及做出有利于领导的行为（涂乙冬 & 李燕萍，2012）。

可以看出，领导支持感仍然是基于社会交换理论的理论构念。在社会交换意识下，员工和领导之间进行社会交换，这种交换仍然建立在双方的权利义务基础上。这种社会交换的本质和组织支持感的本质是一样的，因此，领导支持感的测量基本是由组织支持感的量表改编，这种测量方式就是建立在这种假设的基础上。两种交换的对象并不一致，组织支持感是代表着员工和组织之间的社会交换，而领导支持感代表着员工和领导之间的社会交换，但是领导在组织中是多重角色的，领导者不仅作为组织的代理人存在，还是一个独立人格的个体存在（Eisenberger，et al.，2010）。因此，Rhoades 和 Eisenberger（2002）认为领导支持感既有员工与组织之间的社会交换，也代表员工与领导个人之间的社会交换。

领导支持感与组织支持感之间仍然有区别。Kottke 和 Sharafinski（1988）认为员工在组织中感受到的领导支持感要大于组织支持感，员工对领导支持的依赖程度也要大于对组织支持的依赖。Eisenberger，Stinglhamber 和 Vandenberghe（2002）为了验证领导支持感和组织支持感的因果关系，在两个时点测量了组织支持感和领导支持感，时点 1 的领导支持感对时点 2 的组织支持感有显著正向影响，而时点 1 的组织支持感对时点 2 的领导支持感没有显著影响，可以认为领导支持感是组织支持感的前因变量（Hutchison，1997；Eisenberger，et al.，2002；Pack，2005）。

领导支持感对员工的产出也有积极影响，例如，员工的工作满意度（Shanock & Eisenberger，2006；Frye & Breaugh，2004；李燕萍，等，2012）、工作绩效（Shanock & Eisenberger，2006）、组织及领导承诺（Eisenberger，Stinglhamber & Vandenberghe，2002）、组织公民行为（李锐 & 凌文辁，2008）、留职（Eisenberger，Stinglhamber & Vandenberghe，2002）。关于领导支持感的效能的研究并不充足，领导支持感与组织支持感之间的效能的比较也相对缺乏（李锐 & 凌文辁，2008）。在中国情境下，由于领导和组织两者对员工来说心理距离不同，造成两种不同的支持感对员工效能的差异及作用机制也没有有效研究。

6. 组织支持感的研究评述与展望

组织支持感的研究持续了 20 多年，其研究取得了很大进展，组织支持感对员工产出的影响得到了验证，但是组织支持感的研究在以下几个方面需要进一步完善：

首先，组织支持感的研究仅仅从员工个体的视角来进行讨论，关于领导感知到的组织支持感的研究还非常欠缺（Bashshur，et al.，2011）。当领导者评价自我的组织支持感时，领导者是代表了个人的感知，鉴于领导者处于组织代理人和独特的个体的双重角色，这种组织支持感既会对领导者自我的工作效能产生作用，也能够对团队产出效能以及员工效能产生影响。然而，当领导感到被支持后，对领导效能产出和员工的产出的影响及影响机制还并不清楚。因此，未来的研究还需要进一步研究领导感知的组织支持感对领导效能、团队效能和员工效能的影响以及影响机制。

其次，团队整体的组织支持感也是未来研究的重要方向。这一研究方向主要得益于多层次技术的发展，研究者可以将原来个体层次的变量提升成组织层次的变量。这种提升并不是简单的数据上的聚合，而是在理论上的重新讨论和定义。很显然，团队层次的共享的组织支持和个人层次的组织支持感的定义和内涵上有差异。组织支持感是属于员工-组织间的社会交换，这实际上是建立在工作设置（Job Setting）以个体的基础上，同时，组织资源和组织分配以及组织管理都是建立在个体的基础上（如传统的薪酬体系就是建立在个人绩效的基础上，传统的工作安排与组织结构也是垂直的科层式结构）。在信息时代，组织结构趋向于扁平化，组织的基本单位从个人逐渐演变为团体，个体的管理逐渐变为团队管理，组织以团队为单位进行绩效考核、资源分配（如团队薪酬分配机制等）。因此，员工的组织支持感应该要聚集在以团队为单位的组织支持感（Bashshru，et al.，2011；El Akremi，et al.，2014）。因此，未来团队层面的组织支持氛围研究应该成为研究的重点和焦点，探索团队整体的支持氛围对团队效能产出以及员工个体产出的影响及其影响机制。

再次，组织支持感的本土化研究需要进一步拓展。组织支持感背后隐含的核心的本质是“互惠规范”，而这种规范显然受到文化的影响（Wu，et al.，2006），尽管互惠规范是全世界通行的法则（黄光国，1985），但是这种规范在不同的文化群落中仍然有差异，例如，Chen 等人（2002）就指出，中国人的情感回报（如忠诚、情感承诺或认同等）优先指向领导而非组织。因此，在本土文化下研究组织支持感就显得十分必要。已有的几项本土化组织支持感的研究结论一致性并不高，这表明需要进一步讨论本土的组织支持感的内涵、结构以及测量等问题，要从理论上去探讨在中国文化背景下的组织支持感与西方文化背景下的组织支持感的异同。

最后，组织支持感与领导支持感的比较研究还需要进一步探索和验证（李锐 & 凌文辁，2008）。特别是在一些特殊的文化情境中，两者对于员工产出的影响可能存在显著的差异。以往组织都关注到组织支持感，而对领导支持感的关注却更少。同时，组织支持感可以通过公司的统一政策或者制度来进行习惯化，最后形成一种共同的文化和认知，而领导支持感更多地依赖于领导行为、领导魅力等因素。很显然，公司内部的管理者在领导行为、领导魅力等方面具有显著的差异，因此，领导支持感更多依赖于领导者本人，这就要求组织要规范领导行为和提高领导力，让员工感受到更高的领导支持感。

2.2.3　组织认同研究评述

组织认同是组织行为学的热门议题，他主要回答了在组织中的个人与组织之间“我是谁”的问题。它是一种内在形成的认知（或情感）。组织认同包括个体的自我定义、自我分类和自我提升。自我定义是将组织特征投射到自我定义和自我形象上；自我分类是将自我归类为组织中的一员，拥有组织成员身份；自我提升是指个体在组织中要为组织奉献，提升自我和组织的价值（涂乙冬 & 李燕萍，2012）。

在组织认同视角下，员工将自己定义为组织的一份子，员工和组织之间的关系被定义为归属感和心理依附（Ashforth & Mael，1989；O'Reilly & Chatman，1986；Dutton，Dukerich & Harquail，1994）。组织认同实际上是员工和组织之间一种社会的和心理的连带关系（Wiesenfeld，Raghuram & Garud，1999），是一种认知和情感导向（Tyler & Blader，2001），简言之，员工和组织之间是情感关系。

1. 组织认同的内涵

Riktta（2005）以及宝贡敏和徐碧祥（2006）将组织认同大致归为三类：认知视角、情感视角以及两者共同的视角。认知视角是指员工通过认知模式的改变而产生的组织认同，Ashforth 和 Mael（1989，1992）从认知视角来研究组织认同，将其看做个体与组织之间关于认知一致性的过程，是个体感受到成员身份和归属感的过程，以达到个人和组织的价值观一致性。情感视角强调了个体与组织之间的情感联系。O'Reilly（1986）从情感视角来定义组织认同，实际上是用组织承诺的视角来看待员工的组织认同，他们将组织认同认为是一种员工和组织之间的情感承诺和心理依附。一般认为，组织认同可以看作是两种视角均有，即从过程上看，员工是从认知视角来产生对组织的认同；从感情联系上看，员工通过建立情感联系来产生对组织的认同。

与此对应的是，长期以来组织认同在研究中有两个倾向：一个倾向是认为社会认同在组织中主要表现为组织认同，组织认同是社会认同的特殊形式。“组织认同是社会认同的一种特殊的形式，是个体根据某一特定的组织成员身份对自我进行定义的一种状态，或是一种归属于群体的知觉”（Mael & Ashforth，1992）。第二个倾向是认为组织认同理论是员工在组织中的心理依附（Psychological Attachment，O'Reilly & Chatman，1986）以及员工的归属感（Sense of Belonging）。其中，第一种倾向在近年来的研究中逐渐成为主流，即认为组织认同是社会认同的一部分，因为各类组织都是社会的一个微小的组成部分，嵌套于整个宏观的社会结构中，因此，组织认同是社会认同的一部分。

从组织认同的概念上，可以看出这两种定义取向在过去研究中的变化，实际上从两个视角来看待组织认同，造成了纷繁复杂的观点，如表 2-7 所示。

表 2-7 **组织认同的定义一览表**

作　者	组织认同的定义
Patchen（1970）	认同是与其他成员有共享目标或经验、有团结感和作为组织一份子的感觉，以及组织成员彼此相互支持与彼此忠诚。
Lee（1971）	组织认同是个人对组织的一种广泛认同的程度，总的来说它意味着一种归属、忠诚或者共有特征的程度。
Cheney（1983）	组织认同是个体主动将自己与社会情境中元素连接的过程，包含了情感依附、对组织的忠诚和组织成员与组织的相似性。

续表

作　者	组织认同的定义
O'Reilly & Chatman (1986)	组织认同是指个人相信并且信服组织的价值观，并且个人会因为成为组织的一份子而感到光荣。
Ashforth & Mael (1989, 1992)	人们以组织成员的身份定义自我的一种状态，或是一种属于群体的知觉。
Aronson (1992)	认同是个体对社会影响的一种反应，而此反应来自于个体想要变得和影响者一样。
Dutton, et al. (1994)	当个体的自我概念中所拥有的特质与其所知觉的组织认定或特质相同时，此种认知的连接称为组织认同。组织认同是组织成员根据他（她）与组织相同的特质来定义自己的程度。
Pratt (1998)	当个体对组织的信念变成自我参照与自我定义时，认同就发生了。
Miller, et al. (2000)	员工是否认为他（她）是组织的一员，是否认同组织的使命、愿景、价值观和目标，决策的时候是否会考虑到组织的利益。
Van Knippenberg & Schie (2000)	个体将自我定义成某一个群体的成员，而且将群体中特有的特征归于自己身上，并将自己与其他群体成员区分开来，认为自己与内群体成员有着共同的特征。
徐玮伶 & 郑伯壎 (2002)	个体定义自我的一种过程与结果，个体借由归属组织的过程，使自我概念与组织认定发生连接，并因而产生了分类效果。
魏钧，陈中原 & 张勉 (2007)	个体源于组织成员身份的一种自我构念，它是个体认知并内化组织价值观的结果，也是个体在归属感、自豪感和忠诚度等方面流露出的情感归依。

资料来源：徐玮伶 & 郑伯壎（2002）及孙健敏 & 姜铠丰（2009）。

那么组织认同和组织承诺究竟有何异同？Riketta（2005）对此作了理论分析。组织承诺包括继续承诺（Continuance Commitment）、情感承诺（Affective Commitment）和规范承诺（Normative Commitment）。继续承诺是指员工为了已有的福利、利益等因素不得不留在企业，本质上并不算一种自愿和积极的情感依附。情感承诺是个人在情感或态度上依附于组织，个人产生与组织的情感联系，因而继续留在组织中。规范承诺是个人认为他（她）有义务留在组织中，是个人对组织规范的依附（Allen & Meyer，1990）。个人和公司间的情感联系实际上主要是个体的情感承诺，因此，情感承诺也被认为是最接近组织认同的构念。

从理论上看，组织认同和情感承诺有很多相似之处。情感承诺被定义为个体对特定组织的情感依附、认同与卷入（Allen & Meyer，1990），它强调了三个方面：（1）个体接受组织的目标和价值观；（2）愿意为组织勤奋工作；（3）有强烈愿望留在组织中。这三点和组织认同的核心概念有较大重合，如接受组织的目标和价值观，就表明个人和组织的目标和价值观形成了一致性，个人有强烈愿望留在组织中表明了个人对组织身份的自我定义。这表明，在理论构念上，组织认同和情感承诺是有重合的。

从测量上看，组织认同和组织承诺也有很大相似之处。以组织承诺（Mowday，et al.，1979）量表和情感承诺（Allen & Meyer，1990）量表为例，两者在测量上都强调了四个主要方面：（1）对组织的情感依附；（2）组织事务卷入；（3）价值观一致性；（4）留在组织的意愿。这三个方面都和组织认同在测量上重合较大，以Mael 和 Asforth（1992）的组织认同量表为例，可以发现组织认同也强调了上述四个方面。

在实证研究上，组织认同和情感承诺也被认为高度相关①，尽管两者被认为是独立的理论构念。数项研究发现组织认同和组织承诺的相关系数超过 0.50，是高度相关的理论构念（Bergami & Ba-

① 也有研究表明两者基本是不相关的（Beerman，1987；Van Dick，Wagner & Gautam，2002；Van Dick，Wagner，Lemmer & BrittLima，2002）。

gozzi, 2000; Gautam, van Dick & Wagner, 2004; Mael & Tetrick, 1992)。

但两者仍有不同，总的来说，情感承诺的范畴要大于组织认同（Ashforth & Mael, 1989）。在个体的情感承诺里，会包含个体对组织的认同（Allen & Meyer, 1990）。

2. 组织认同的测量

组织认同的测量在研究中运用较多，影响力最大的主要有三个量表。这三种测量方法建立在不同的对其定义和结构的界定基础上。

Patchen（1970）认为组织认同包括成员身份（Membership）、忠诚度（Loyalty）和相似性（Similarity）三个维度。Chenney（1983）开发出的组织认同测量问卷，包括25个题目，是目前组织认同较为常用的一个量表。

另一个组织认同常用测量工具是Mael和Asforth（1992）使用的六条目单维量表。这六个条目为“当有人批评我们单位时，我个人觉得被冒犯到了”，“我对其他人怎么看我们单位很在意”，“当我谈论单位时，我经常会说我们而不是他们”，“单位的成功就是我的成功”，“当有人赞扬单位时，我会感觉是个人的赞扬”，“如果媒体上批评我们单位，则我会觉得很尴尬”。这六个条目具有较高的信度和效度。

Gautam, Dick和Wagner（2004）等人借鉴和参考社会认同的维度，将组织认同也分为认知认同（Cognitive Identification）、情感认同（Affective Identification）、评估认同（Evaluative Identification）和行为认同（Behavioral Identification）四个维度。四维度组织认同量表也具有较好的信度和效度。

组织认同也有几项本土测量量表，包括前述的孙健敏和姜铠丰（2009）以及王彦斌（2004）等人的问卷，但是目前国内对组织认同的实证研究的测量主要还是基于Mael和Asforth（1992）使用的六条目单维量表，而对本土开发的量表运用较少。一是这些量表缺乏足够的信度和效度证据；二是这些量表操作性不强，大量的维度和条目在研究中运用并不方便。

3. 组织认同的前因和结果

经过学术界 20 多年的实证研究，组织认同的前因和后果的研究取得了较多的成果。

(1) 组织认同的前因。

组织认同作为个体在组织中的认知和情感产出，组织中的很多因素都能够影响个体的组织认同。总结起来包括：个体因素（人格等）、组织因素（组织特征等）、领导因素（领导行为等），等等，详见表 2-8 所示。

表 2-8　　组织认同的前因变量

因素分类	具体前因变量
个体因素	心理契约（Zagenczyk, et al., 2011）、组织支持感（Zagenczyk, et al., 2011；Ertürk, 2010；沈伊默, 2007）、在组织年限、对组织的满意度、工作经历（Mael & Ashforth, 1992）
组织因素	组织外部声誉（Mael & Ashforth, 1992；Smidts, Pruyn & Van Riel, 2001）、组织沟通氛围（Smidts, Pruyn & Van Riel, 2001）、组织支持、同事关系（Morgan, 2004）、工作自主性、工作效能、职业认同（Bamber & Tlyer, 2002）、员工感知道德（Schrodt, 2002）、组织区分性、组织内竞争、组织间竞争
领导因素	领导-部属交换（Sluss, Klimchak & Holmes, 2008；李燕萍 & 涂乙冬, 2012）、变革型领导/交易型领导（Epitropaki & Martin, 2005；Liu, Zhu & Yang, 2010；曲如杰, 等, 2010）、领导情绪智力（唐春勇, 2010）、导师（Mael & Ashforth, 1992）

资料来源：本书通过文献整理。

个体因素：个体的感知和个体的人格特征等都能够影响员工的组织认同。心理契约（Zagenczyk, Gibney, Few & Scott, 2011）、组织支持感（Zagenczyk, et al., 2011；Ertürk, 2010）、在组织年限、对组织的满意度、工作经历（Mael & Ashforth, 1992）以及个体的性格等因素会影响到个体形成的组织认同的认知。

组织因素：组织因素会影响到员工的组织认同。例如，组织外部声誉（Mael & Ashforth，1992；Smidts，Pruyn & Van Riel，2001）、组织沟通氛围（Smidts，Pruyn & Van Riel，2001）、组织支持、同事关系（Morgan，et al.，2004）、工作自主性、工作效能、职业认同（Bamber & Tlyer，2002）、员工感知道德（Schrodt，2002），这些因素都能够使员工提高组织认同，增加对组织的归属感和一体感。

领导因素：领导作为组织的代理人，领导行为以及领导-部属关系都能够影响员工的组织认同。研究发现，领导-部属交换（Sluss，Klimchak & Holmes，2008；涂乙冬 & 李燕萍，2012）、变革型领导（Epitropaki & Martin，2005；Liu，Zhu & Yang，2010；曲如杰，何小明，高利苹 & 时勘，2010）以及领导情绪智力（唐春勇，2010）都能影响员工的组织认同。

（2）组织认同的结果变量。

组织认同对员工产出和组织产出的研究也取得了丰富的成果。组织认同对员工的个人态度和行为、组织的产出都会有积极的促进作用（如表 2-9 所示）。

表 2-9　　**组织认同的结果变量**

因素分类	具体结果变量
个人产出	工作绩效（Tse，et al.，2011）、组织公民行为、工作满意度、组织承诺、离职率或留职率、建议行为、对同事和领导的喜爱（Liu，Zhu & Yang，2010）
组织产出	绩效（Mael & Ashforth，1992）

资料来源：本书通过文献整理。

组织认同对个人产出的影响包括：工作绩效、角色外行为（绩效）、组织公民行为、工作满意度、组织承诺以及离职率（留职率）等方面。由于组织认同描述的是个体的内在认知，因此以往研究中更多地关注到组织认同对个体的影响，而较少地关注组织认同对组织的影响。仅有的研究主要关注组织认同对组织绩效、员工对组织的支持的作用（Mael & Ashforth，1992）。

4. 组织认同的本土化研究

赖志超，林纯安和黄国隆（2006）认为华人组织认同具有关系主义和泛家族主义两大特色。这两大文化特点使本土的组织认同与西方的组织认同理论显著区别开，这也是组织认同理论本土化的文化驱动力。

关系主义是指华人的自我概念是一个“关系性自我”（Relational Self），这有别于西方的“自我（Self）”概念。西方的自我概念是通过一些可以识别的因素将个体和其他个体、群体等区分开来。也就是说，华人社会的“关系取向”使个体更多地将自我定义在他人的意义中，这种认同取向和西方的“个体取向”的自我认定（Self-identity）有着巨大差别。赖志超等人（2006）认为关系认同是：“依据人际关系的联系来定义自我，此种特性的自我并不强调个人与他人是分割开来的，而强调他人对自己认同的参照价值。华人的社会行为是否合宜，端赖于个人是否能够与人来往关系的特色，是否能够遵从关系的规定。作为一个人，对于和自己不同关系的他人应当采取不同的行动”。这表明，华人的关系认同对组织中其他人的存在是高度敏感的，一些重要的他人（领导、同事、客户等）以及与他们的关系将融入自我概念，成为组织认同的重要组成部分。

泛家族主义是将家庭的伦理、行为准则和人际准则等规范广泛应用到非家庭的社会组织中（杨国枢，1971）。正是这种亲疏有别的“自己人意识”，造成了组织中个体间组织认同的差异。这种泛家族主义实际上将血缘上的亲疏有别拓展到广泛的社会关系网络中，处于不同亲疏关系上的个体的组织认同显然是有差异的。这也表明，泛家族主义会影响到个体的地位感知和成员身份感知，从而会影响个体的组织认同。

孙健敏和姜铠丰（2009）也赞成中西方文化的差异会对组织产生影响，并指出在中国大陆的情境中，一些制度因素也造成了组织认同在本土的特殊含义。例如，由于在计划经济条件下，个体在劳动力市场没有自由选择权，因此，组织身份成为一种强加的身份，组织片面地要求员工对组织的认同以及依附（如以厂为家）。在经济上，组织（单位）满足员工更多的生存需要和安全需要，为员工提供住房、医疗、教育等一系列的公共服务，从而使员工形成对企业的高度依赖。国有企业"单位"既有很强的政治特征和国家权力色彩，它要求员工无条件地服从权威；同时，也是一个市场经济中的经济组织，会使员工对组织的利益和资源产生依赖（李汉林 & 李路路，1999；涂乙冬 & 李燕萍，2012）。由此可见，国企员工对企业的认同是特殊的（孙健敏 & 姜铠丰，2009）。实际上这种组织认同是一种特殊的制度现象，而非普适性的。

孙健敏和姜铠丰（2009）通过质性研究发现了组织认同的九个维度（如表 2-10 所示），其中六个维度和西方情境下发现的内容是一致的（归属感、身份感知、成员相似性、个体与组织的一致性、组织吸引力、组织参与），三个内容是不一致的（感恩和效忠、人际关系、契约关系）。其中，感恩和效忠对应了中国文化里的泛家族主义，人际关系对应了中国文化里的关系取向，契约关系对应了雇佣制度上的情境特殊性。

表 2-10　**组织认同的九个维度及其定义**

维度	定义	中西比较
归属感	能从组织中去寻找一种心灵的慰藉，把组织当成自己避风的港湾，是一种主动的自发的情感，而不是被动地感觉自己被接纳或认可。一种舍我其谁的感觉，把公司的事情当成是自己的事情来做，对于来自公司内外部的批评和表扬都很在意。	西方已有因子
身份感知	由于外部组织的存在而形成的对自己属于某一组织的认知，并以此为基础同组织外的成员进行交往。	西方已有因子

续表

维 度	定 义	中西比较
成员相似性	组织的成员会发现他们在着装、举止、行为方式、处世态度等方面存在着相似的做法，强调个体之间的相似性。	西方已有因子
个体与组织的一致性	个体的目标、信仰、价值观等与组织相一致的程度。	西方已有因子
组织吸引力	和其他组织相比，现在的组织在某些方面对于个体来说是具有吸引力的，这种吸引力能够满足个体的需要，因而个体愿意以此组织的身份来对自己进行定义。	西方已有因子
组织参与	强调了个体对组织活动的参与，而正是这种参与建立了个体与组织之间的连接。	西方已有因子
感恩与效忠	领导对组织成员的信任、关心和帮助，使其对领导感恩和忠诚。	本土特殊因子
人际关系	反映了一种以人际互动和人际关系为基础的组织氛围。这种氛围强调人际关系的和谐与统一，使得个体根据个体与个体之间的关系来对自己进行定义，从而形成对整个组织的认同。	本土特殊因子
契约关系	由正式的劳动契约而带来的身份上的感知。	本土特殊因子

资料来源：孙健敏 & 姜铠丰（2009）。

通过中西比较发现组织认同是部分适用的，特别是一些核心内容上，东西方的差别并不算大。组织认同强调的核心正是归属感和身份认同，这些因子在中国文化情境下仍然适用，不同的是一些独特的文化因子，如人际关系、感恩与效忠和契约关系等。

另一项本土化的组织认同研究是王彦斌（2004）的研究成果。他借鉴 ERG 理论来划分组织认同的类型。ERG 理论认为个体有三种基本和核心的需要：生存需要（Existence Need）、相互关系需要

(Relatedness Need) 和成长发展需要 (Growth Need)。借鉴这种思想，组织认同也可以分为生存性组织认同、归属性组织认同、成功性组织认同三种类型。生存性组织认同是指个体为了生存而依赖于组织资源，对组织产生认同心理。归属性组织认同是指个体为获得组织成员身份的社会需要满足而对组织产生认同的心理。成功性组织认同认为个体有自我提升和自我实现的需要而对组织产生认同的心理。实际上，这种划分方法是根据个体的需求理论来划分其认同类型，尽管王彦斌 (2004) 对此进行了一些实证分析，但是这种划分方法的理论基础仍然不清晰，既缺乏理论基础，也缺乏可操作的测量工具和实证研究，因此，并未引起后续研究者的兴趣。

5. 组织中的多重认同

广义的组织认同导向包括三种视角的认同：一是个体被赋予能够与其他人区别开来的个性和特征，这是对个人的认同；二是将心理依附作为人际关系纽带建立与特殊对象 (领导及同事等) 的人际间二元联系，这是对关系的认同；三是对更大群体的认知，这是对集体的认同 (Brewer & Gardner, 1996; Brickson, 2000, 2005)

由于组织内部也是可以分为不同层级结构的，那么组织认同也可以进一步分解为更小单位的认同。Ashforth 和 Jobnson (2001) 就把组织认同细分为很多嵌套的更小层级的认同 (见图 2-3)，由内到外分别为工作认同、团队认同、部门认同、子公司认同以及组织认同 (涂乙冬 & 李燕萍，2012)。这表明在社会认同框架下，员工在组织内部的认同是一个类似于"同心圆"一样的认同圈。圆心应该是自我认同，在组织中，"自我认同"之外就依次是"工作认同"等，由内到外依次顺序应该是与个体的心理距离呈正比，心理距离越近，认同越处于里层。但也有研究认为，不同的认同并不是嵌套类型，而是有重叠但是又有区别的模型 (Richter, West, van Dick 和 Dawson, 2006)。也就是说，一个人可以既认同一个组织 (团队)，也认同另一个组织 (团队)，两者既有区别也有重叠。

已有研究更多地关注个体单一的身份认同，而忽略了多种认同的相互重叠、交互与干扰 (莫申江 & 王重鸣，2011)。因此，研究组织中的多种认同，比较不同认同的前因和后果成为组织研究中的

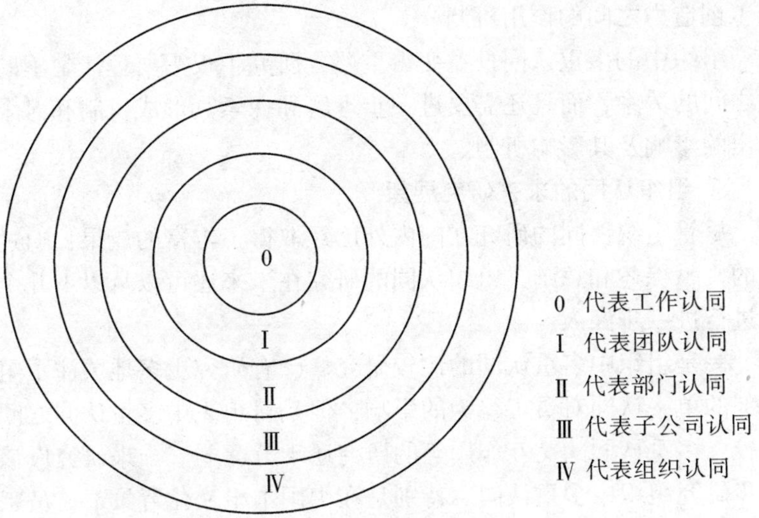

资料来源：Ashforth & Jobnson（2001）.

图 2-3　组织认同的嵌套模型

重要议题（涂乙冬 & 李燕萍，2012）。在已有的数项研究中，多种认同对结果变量具有显著差异。涂乙冬和李燕萍（2012）发现：领导-部属交换可以作为组织认同和领导认同两者共同的前因变量（领导在组织中的双重角色在前文中已述），但领导-部属交换对员工的领导认同作用要远远大于对员工的组织认同的作用。这表明领导-部属交换带来更多的是领导认同，而非组织认同。同时，员工的领导认同对其角色内行为有显著影响，对创新行为没有影响；而员工的组织认同则对员工的角色内行为和创新行为均有显著影响。这表明，基于领导和组织的认同所带来的回报产出仍然是指向特定对象的利益的。Johnson，Morgeson，IIgen，Meyer 和 Lioyd（2006）的研究结果表明，多重认同（职业认同、团队认同、组织认同）对员工的工作满意度的影响具有显著差异。Hillman，Nicholson 和 Shropshire（2008）也发现多重认同（组织认同、对主管职业角色的认同、CEO 职业角色的认同、股东职业角色的认同、利益相关者职业角色的认同）对个体的决策行为有不同影响。曲如杰等人

（2010）研究了多重认同（领导认同与团队认同）在变革型领导与员工创造力之间的作用机制。

组织中的多重认同日益变得重要，研究不仅需要理清楚不同认同之间的关系，而且还需要进一步理解和探索其形成机制和对个体产出的影响及其影响机制。

6. 组织认同的未来研究展望

尽管组织认同的研究在国内外已经取得了丰富的成果，通过以上的文献综述和总结，组织认同的研究在未来还可以从以下几个方面进行进一步深入：

一是组织中多重认同的比较研究。已有研究更多地关注了组织内部的单一认同对员工行为的影响，但是对组织中多重认同之间的比较、多重认同的交互作用等的研究还十分薄弱。未来研究应该进一步研究组织中多重认同。特别是在中国本土文化背景下，员工对于不同对象的心理距离的差距导致他们的认同强度和认同类别有差异。因此，开展多重认同的研究，也是一项情境化贡献显著的议题。

二是组织认同的研究层次问题。组织认同在定义上是一个个体层面的变量，但是在整个组织或团队层面来说，的确存在着一种共享的组织认同（Van Der Vegt & Bunderson，2005），它不同于个体的组织认同，不再是个体的感知，而是一种群体氛围。例如，很多企业都会提倡“以公司为家”。在这种氛围下，员工们都会为自己的公司成员身份而骄傲和自豪，也会维护公司声誉，重视公司目标和价值观。现实的案例表明，组织中的确存在组织认同文化或者组织认同氛围，而目前的理论研究中，组织认同始终停留在个人层次上，因此，未来的研究需要进一步将个人层次的组织认同提升为更高层次的组织认同文化或者组织认同氛围。但需要注意的是，组织认同氛围的产生，还需要进一步的理论讨论和实证研究。这对于丰富我们对不同层次的组织认同的认识有重要意义。

三是组织认同的本土化研究。已有组织认同的本土化研究成果表明在中国本土文化下组织认同的内涵、结果和测量等因素和西方的理论构念有一定的差异，特别是中国本土的组织认同具有一些特殊文化因子。尽管已有的数项研究对本土化的组织认同进行了研究，也发现了一些有趣结论，但是尚没有任何一项研究通过实证研究取向来验证这些研究命题。因此未来的研究应该加强本土文化取向的组织认同的实证研究。

四是研究组织认同形成机制方面的研究仍然需要进一步探索。我们对组织认同的前因、后果、作用机制等因素的探索还需要进一步深入，特别是探索在不同社会规范下，不同群体间的组织认同的差异，能够使我们更加深入地去了解在不同文化下的个体如何对他们的组织产生认同。

2.2.4 领导认同研究评述

领导认同作为员工指向领导者个人的认同（Personal Identification with the Leader），是领导行为与领导效能之间重要的心理机制（Kark，Shamir & Chen，2003）。早期魅力型领导的研究发现，当员工把领导者的魅力型领导方式视做一种归因时（Conger & Kanungo，1998），员工会认为魅力型领导是有魅力的，从内心认同并且内化魅力型领导的价值观、领导行为和领导风格，从而更加愿意追随魅力型领导，作出更多的积极的行为、态度和绩效产出（Kets de Vries，1988）。对领导的认同实际上就是归因视角的魅力型领导的重要心理机制（Kark，Shamir & Chen，2003）。后来，领导认同也被拓展到其他领导力的研究中，例如，Kark，Shamir 和 Chen（2003）以及曲如杰等人（2010）将领导认同作为变革型领导与员工的产出之间的机制，涂乙冬和李燕萍（2012）将领导认同作为领导-部属交换关系与部属的角色内产出和角色外产出之间的心理机制。总的来看，领导认同理论是解释领导行为和领导效能之间重要的心理和情感机制。

1. 领导认同的内涵

Kark，Shamir 和 Chen（2003）认为当个体对领导的信念变为他自我指涉（Self-referential）和自我定义（Self-defining）时就产生了领导认同，也就是说，这一过程包含：（1）领导认同能够引起员工关于他们和领导共享同一价值观的自我概念（Self-concept）

认知；（2）领导认同能够使员工不断提高他们自我概念的渴望，使他们的自我概念中的价值观和信念与领导的越来越相似。

领导认同是员工在组织中多重认同的重要部分。领导在组织中扮演了多重角色，作为组织的正式权力的代理人，他负责管理、指导、考核和奖惩员工（Farh, et al., 1990；Brown & Treviño, 2006），并且在中国情境下，领导者扮演着“父亲”的心理角色，他们坚持道德地领导、仁慈地对待部属及其家人（Farh & Cheng, 2000）。员工很难将虚拟化的组织和工作场所内的真实领导分割开来，员工对组织认同的同时，也会附带对组织的代理人认同（Shamir, Zakay, Breinin & Popper, 1998）。另外，领导作为一个真实的个体，与员工在日常生活中进行频繁的人际互动，与部属进行人际间高质量的社会交换，形成不同质量的领导-部属交换关系，员工对上下级关系的认同，会对领导者进行认同。

不同文化下员工和领导认同的机制是不同的，因此在中国和西方对领导者的认同的研究具有显著的差异。在西方更多的是将对领导者的认同归类为“领导承诺”（Supervisory Commitment），而在中国情境下，对领导认同更多被归类为“对领导者的忠诚”（Loyalty to Supervisor）。例如，Becker, Billings, Eveleth 和 Gilber（1996）定义领导承诺为领导认同（Identification with Supervisor）和领导内化（Internalization with Supervisor），当员工为了将他与领导关联起来而接受领导的态度和行为，他就对领导产生了认同，而当员工认为领导的价值观和他们自己的价值观体系具有一致性而接受领导的态度和行为时，这就产生了对领导者的内化（Kelman, 1958）。Chen 等人（2002）归纳了中国情境下对领导者的忠诚，主要包括对领导者的奉献（Dedication to Supervisor）、对领导者的额外付出（Extra Effort for Supervisor）、对领导者的依附（Attachment to Supervisor）、对领导者的认同（Identification with Supervisor）和对领导者价值观的内化（Internalization of Supervisor's Value）。其中，对领导者的认同维度是引用了 Becker 等人（1996）的定义框架，领导认同被认为是部属尊重领导的成就、并以作为领导团队中的一员产生自豪感（Becker, et al., 1996；Chen, et al., 1998）。

领导认同是员工对领导情感依附的重要内容，在现实的研究中，较少的研究直接关注了领导认同，更多的研究关注领导承诺或者领导忠诚。尽管领导认同的研究较少，但是不能够将领导认同包含到组织认同这一大范畴中去，而应该将领导认同与组织认同视作不同的变量。组织认同和领导认同在中国背景下仍然被认为是有差异的。在西方，对领导的认同、对组织的认同是两种平等的但不同对象的认同。但在中国的高权力距离情境下，员工对领导和组织的认同可能不同，原因包括以下四个方面：

首先，验证性因子分析结果表明领导认同和组织认同是两个不同的理论构念（Becker, et al., 1996）。两者是不同对象的认同，而非包含与被包含的关系。涂乙冬和李燕萍（2012）在作验证性因子分析时也发现，合并领导认同和组织认同两个变量（另有角色内行为和创新行为两个变量）后，模型的拟合变得更差。具体来说，当合并领导-部属交换与领导认同时，四因子模型的拟合度变得较差（$\chi^2=254.3$，$df=29$，CFI=0.875，GFI=0.851，RMR=0.091，RMSEA=0.162），当合并领导-部属交换、领导认同与组织认同时，三因子模型的拟合度变得更差（$\chi^2=467.7$，$df=32$，CFI=0.753，GFI=0.766，RMR=0.103，RMSEA=0.217），可以看出，合并组织认同和领导认同后，两个模型的$\Delta\chi^2=213.4$，而$\triangle df=3$，模型显著变差了，这意味着组织认同和领导认同是不同的理论构念。

其次，中国情境下员工对领导的情感依附优先于对组织的情感依附。郑伯壎和姜定宇（2001）认为在华人文化中个人心理依附的对象首要是直属领导或最高领导，其次才是组织本身，这一点与西方有差别。华人是通过对领导的心理依附来完成对整体的依附，是先产生了对领导的认同与依附，进而产生了组织整体的认同与依附，而西方是强调在组织整体认同下对不同对象的认同与依附，是员工对领导的认同与依附影响了对组织的认同与依附（姜定宇 & 郑伯壎，2003）。

再次，中国情境中组织和领导对员工具有特殊的意义。员工把企业称为“单位”，它是中国社会的特殊结构（孙健敏 & 姜铠丰，

2009)。“单位”不仅要提供相应的工作资源，而且还提供医疗、子女教育、住房等生活资源。对于中国员工，特别是一些国企或事业单位员工来说，他们对企业和组织的认同是特殊的（孙健敏 & 姜铠丰，2009)。

最后，在家长式领导氛围下，领导对部属“恩威兼施”，既像“父亲”一样体恤部属，又会树立权威和威严，员工对家长式领导的认同是有别于对组织的认同的。

2. 领导认同的测量

领导认同的测量分为两种取向：一是直接针对领导认同进行测量；二是从其他量表中采用改编对象的方式来进行测量。

对领导认同的直接测量方式是根据核心涵义开发的专门的测量量表。Shamir，Zakay，Breinin 和 Popper（1998）开发了领导认同的量表，共包括七个条目，举例条目是“我的领导是我追随的模范”等。这一量表的部分内容被引用到 Kark，Shamir 和 Chen (2003）的测量中，Kark 等人（2003）综合 Mael 和 Ashforth (1992）以及 Shamir 等人（1998）的测量量表，形成了一个八条目的测量对领导的认同的量表。Kark 等人（2003）的领导认同量表在后面的研究中也被应用（如曲如杰等，2010；Wang & Rode，2010)。值得注意的是，Shamir 等人（1998）提出的概念本身是对领导的认同和对领导的信任，其条目是从 Multifactor leadership questionnaire（MLQ，Bass，1985）中提取的。Shamir 等人（1998）的七条目测量包含了两个方面（对领导的认同，对领导的信任)，同时，测量并未经过科学的心理测量工具的各项验证。Kark 等人（2003）的测量虽然明确针对领导的认同，但是也没有提供综合两个量表后新量表的心理测量的有效性的细节。而 2 篇论文是发表在《管理学会期刊》（*Academy of Management Journal*）和《应用心理学期刊》（*Journal of Applied Psychology*）上，因此其测量有效性细节并未成为后续研究者质疑的内容。

另一种方法是将领导认同的量表通过改变其他量表中的对象而来，在研究中有以下两种方法：

第一种是使用领导承诺中的领导认同维度的测量量表。由于领导认同常被认为是领导承诺的一部分，而领导承诺是组织内多种承诺的一种，因此，将组织承诺的量表进行修改可以用于领导承诺的测量（O'Reilly & Chatman，1986；Becker，et al.，1996；周明建 & 宝贡敏，2005）。领导认同和领导内化属于领导承诺的两个维度，Becker 等人（1996）测量领导认同的量表，就是来源于领导承诺，而 Chen 等人（2002）的量表的三个条目完全摘自 Becker 等人（1996）的量表。

另一种方法是将组织认同的量表进行改编来获得领导认同的测量。组织中的认同存在着多重对象（Multi-foci）属性，领导认同的测量与组织承诺等有很大的相似性，由于组织中的多种认同都是由组织认同衍生出来的，因此，组织认同的量表也被扩展为领导认同等多种认同方式的测量。通常的做法是将量表中的对象改变为"领导"①。涂乙冬和李燕萍（2012）就是采用这种测量方式，该研究表明，改编后的领导认同的测量信度是 0.88，验证性因子分析结果也表明测量效度是可以接受的②（$\chi^2=22.0$，$df=7$，CFI=0.982，GFI=0.978，RMR=0.028，RMSEA=0.085）。这种取向的测量不会因为指向对象的改变而使量表的信度和效度降低，它背后的假设是领导和组织认同指向不同的对象，因此这种替换是有意义和有效的。

尽管上述两种改编的方法和测量来源不同，但是两种方法在一些测量内容上存在高度的重合。总结 Mael 和 Ashforth（1992）的 6 条目测量量表和 Becker 等人（1996）测量的五个条目的领导认同量表，我们发现其中有四个条目是重合的，"当有人批评我的领导时，我会感到这是对我个人的侮辱"，"当我谈到我的领导时，我经常会说我们而不是他们"，"我的领导的成功就是我的成功"，

---

① 例如，领导支持感是由组织支持感衍生出来（Rhoades，Eisenberger & Armeli，2001；Eisenberger，et al.，2002），对领导的承诺是由组织承诺衍生出来（O'Reilly & Chatman，1986；Becker，1996；周明建 & 宝贡敏，2005）。

② 原研究中并未报告此项数据，为了验证领导认同的有效性，本研究运用该数据来进行专门的验证，获得了验证性因子分析的结构。

“当有人表扬我的领导时，我会感到这像是我个人的荣誉”。这表明两种测量方法存在着高度的重合，这些重合条目也反映了领导认同的核心内容。

应该看到，尽管这种改变对象表述的方式可以较为简便地获得领导认同的测量，但是这并不符合严格的心理学测量程序，特别是前述的在中国情境下，组织和领导在员工心理映射上具有不同的反应。因此，尽管这种方式已经被广泛运用来获得测量，但是其有效性还值得进一步探讨。

比较上述两种取向的测量方式，二者在研究中都获得了较高的测量信度表现（很多研究的测量效度未披露）。刘艳林（2012）认为 Becker 等人（1996）的测量由于条目更少、信度相对较低，所以其科学性不如 Kark 等人的研究（2003），但这种观点并没有科学的证据。首先，没有足够的实证证据来验证上述观点。其次，两种测量都没有经过科学的心理科学测量程序来开发和检验。最后，两种测量在内容上也存在着一定的重合性。因此，可以得到以下结论：就目前的研究现状而言，上述的三种测量方法都是可取的、可信的。未来的研究，应该呼唤经过严格心理测量程序开发的领导认同量表，特别是进行本土化研究的学者，更应该注重本土化的领导认同的结构、内涵和测量的研究。

3. 领导认同的前因和结果

目前，对领导认同的实证研究还较少。总结起来，领导认同的几项实证研究的前因和结果变量包括：

涂乙冬和李燕萍（2012）发现领导认同可以由领导-部属交换质量引起。领导-部属间进行高质量的社会交换，会提升部属对领导的认同。首先，随着领导-部属交换质量从低到高的发展，员工与领导的人际关系和人际互动会更亲密和更稳定，员工和领导之间的人际交往和相互了解会更加深入，员工更清晰地塑造他所感知到的领导的整体心理特征。这些感知到的领导特征能够将自己的领导与组织中其他团队的领导区分开来，员工能够清晰地认识到他们属于哪一个领导的团队，并且为成为他们团队的一员而自豪和骄傲，这就是将领导的特征映射到个人的自我定义上，领导的特征成为个人自我定义的一部分。这表明领导-部属交换质量的提高增强了员工的自我定义。其次，领导-部属交换质量提高能够强化部属的自我归类。上下级之间高质量的社会交换会使部属获得更多正式和非正式的支持。部属会因为与领导交换质量高而感到属于领导的"圈内人"，从而提高内部人身份感知，从而促进了员工的自我归类（汪林 & 储小平，2009）。通过自我分类，员工将自我归类为领导的"人际圈"和"关系圈"，更好地定位自己在领导团队中的角色，认定自我是"某某领导"团队中的一员，这种自我认定实际上就产生了领导认同。再次，领导-部属交换质量越高，部属在领导团队中的自我价值感就会越高。上下级交换质量越高，领导会给部属更多的授权和平台，部属更能够展现自己的能力，在团队中获得更大的影响力（Argee & Chen，2006），员工就会提升他们的自我价值感，从而提高领导认同。涂乙冬和李燕萍（2012）的研究发现，领导认同能够中介领导-部属交换对部属的角色内行为的作用，但却不能够中介领导-部属交换对部属的创新行为的影响。

Shamir 等人（1998）认为变革型领导的三个维度，包括强调意识（Emphasizing Ideology）、强调集体认同（Emphasizing Collective Identity）与展现榜样行为（Displaying Exemplary Behaviors）和部属对领导的认同显著正相关。

曲如杰等人（2010）假设团队认同和领导认同都同时中介了变革型领导对员工创造力的作用。运用多层线性模型分析的结果却发现，只有领导认同中介了变革型领导对员工创造力的作用，而团队认同的中介作用并未被验证。这就验证了团队层次的变革型领导是领导认同的前因变量，同时，员工创造力也是领导认同的重要结果变量。然而，曲如杰等人（2010）并未对相关的假设进行详细的理论假设推理和讨论，仅仅是作了数据上的检验。

周燕和葛建华（2006）通过论述的方式来讨论了在家族企业中的领导行为与员工的领导认同之间的关系。他们借鉴了樊景立和郑伯壎（2000）的家长式领导的理论框架，认为德行领导更容易使员工对领导产生认同与尊敬，当员工认同领导后，更容易服从领导权威。周燕和葛建华（2006）认为家族企业中创始人的领导行为会在宏观上创造一种企业文化，在微观上提升部属的领导认同，从而使部属更好地服从领导权威，服从领导决策。

刘艳林（2012）运用 275 名员工的调查问卷数据来研究领导认同和组织认同在魅力型领导与员工工作投入之间的中介作用。研究发现魅力型领导对员工的领导认同有显著正向影响，领导认同中介了魅力型领导对员工工作投入的影响，同时，领导认同也中介了魅力型领导对员工的组织认同的影响，

路红（2010）研究发现对领导的认同内化在破坏性领导与一系列员工产出之间起着中介作用。领导认同内化完全中介了破坏性领导与员工的忠诚尽责之间的关系，部分中介了破坏性领导与员工工作满意度的关系，完全中介了破坏性领导与部属的离职倾向以及应激反应之间的关系。路红（2010）采用的是郑伯壎和姜定宇（2001）的主管忠诚中的认同内化维度，虽然并不只包括对领导的认同，还包括对领导价值观的内化，但是对领导的认同是内化的基础，内化是认同的深化，因此，这项研究也可以看做是领导认同的实证研究结果。

Kark 等人（2003）发现了领导认同中介了变革型领导与员工对领导的依赖之间的作用。多层线性模型的结果表明，变革型领导是领导认同的前因变量，而领导认同也与员工对领导的依赖显著正相关。

Miao，Newman 和 Lamb（2012）运用制造业员工数据来探讨了领导认同在变革型领导和员工的态度和绩效产出之间的关系。结果发现变革型领导能够显著影响员工的领导认同，领导认同在变革型领导与员工的情感承诺、离职率中起了中介作用，但是领导认同在变革型领导与员工的工作绩效和创新行为间的中介作用没有被验证。

Liu，Zhu 和 Yang（2012）检验了领导认同和社会认同在变革型领导和部属的产出之间的中介机制。研究发现变革型领导与部属的领导认同高度相关，领导认同中介了变革型领导与员工对同事的角色外行为、对领导的角色外行为和对领导的建议行为的关系。

Connaughton 和 Daly（2004）比较了地理分布团队（Geographically Dispersed Teams）中的领导认同及领导-员工关系。他们发现，对于远距离团队和近距离团队来说，领导认同都和对领导信任和对领导的可获得性有显著正向的关系。对于近距离团队来说，领导认同对感知到的领导阻碍有负向作用，而对远距离团队来说，这两者关系却不显著。对远距离团队来说，领导认同对感知到的信息公平阻碍有正向作用，而对近距离团队来说，这两者关系却不显著。

Wang 和 Rode（2010）研究发现了领导认同调节了变革型领导与部属创造力之间的调节作用，并且变革型领导、领导认同与创新氛围形成的三维交互对员工创造力有三维调节效应。

综合上述，领导认同的前因变量和结果变量，本书将其作用过程归纳总结为图 2-4，整合了领导认同在领导力与结果变量之间的

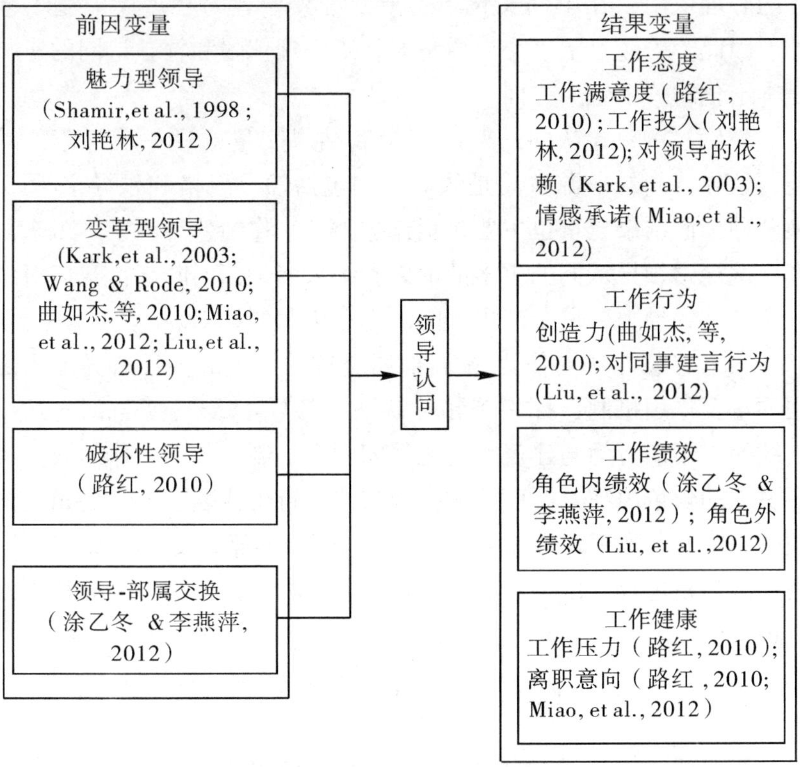

图 2-4 领导认同的前因变量和结果变量的整合框架

心理作用过程。

4. 领导认同的研究评述与展望

综合上述，领导认同的文献，本书认为领导认同在未来的研究应该在以下几个方面进一步深入：

首先，领导认同的测量问题。从领导认同测量部分的回顾可以看出，目前关于领导认同的测量还没有经过严格的心理测量程序来开发和检验。尽管目前的三种测量方式都是可取的，但领导认同作为领导力和领导方式与员工的产出之间的重要心理机制，其测量应该被更加重视。未来的研究应该通过严格的心理测量程序来开发领导认同的测量问卷，并在未来的研究中进一步检验和运用。

其次，领导认同的情境化研究问题。领导认同是员工指向领导者的心理依附，在不同文化下，员工对领导者的心理反应是不同的。因此，关注上下级交换质量对员工心理依附和领导认同的影响是本土化的一个重要方面。

最后，对领导认同的前因变量和结果变量的进一步探索。目前，领导认同的来源主要是领导力，包括领导风格和领导-部属交换两种，而结果变量也主要包括创造力、工作绩效等因素。未来研究应该探索领导认同的更多的前因和结果变量，不断丰富我们对领导认同在领导力和员工产出之间的作用机制的认知。

本书将领导认同作为领导-部属交换和员工的多种行为产出之间的重要作用机制，探索了领导认同在领导-部属交换与部属的工作绩效、帮助行为与建议行为之间的中介机制，其中工作绩效代表了员工的角色内绩效，而帮助行为与建议行为代表了员工的角色外绩效。因此，本书可以解释领导认同在领导-部属交换与员工角色内产出与角色外产出之间的作用机制，这将丰富我们对领导认同的认识。

2.2.5　职业认同研究评述

职业认同是员工在组织中的多重认同的组成部分，每一个员工对于他/她所从事的工作和职业会有心理认知反应，职业认同就是指向它所在的职业和工作本身。严格意义上说，职业认同并不仅限于组织内部，而且针对的是员工的职业本身，职业本身是独立于组织的。从微观的视角来说，职业认同确实是发生在工作场所内员工对他的工作和职业的一种心理情感和认知。

1. 职业认同的内涵

和组织认同一样，职业认同也有很多视角来定义。例如一些研究借鉴承诺来定义职业认同，职业认同是个体对于他所从事的工作的积极评估，对个体的自我定义有着重要作用”（Meyer，Allen & Smith，1993；Geng，Li & Zhou，2011）。还有研究者借鉴组织认同的视角来定义职业认同，认为职业认同是个人用他所从事的工作或者从事这项工作的人所具有的原型特征（Prototypical Characteristics）来定义他自己的程度（Mael & Ashforth，1992；Loi，Ngo & Foley，2004）。

目前，针对职业认同的研究对象往往比较固定。Johnson 等人（2006）总结了职业认同的两类研究对象。一类是他们的组织目标和个体的职业目标有必然的一致性；另一类是个体所工作的组织目标和个体的职业目标没有必然一致性。对于第一类组织，组织成员大多都是职业人员，他们代表组织大多数人的利益，他们的工作内容和组织的目标重合性非常高，如在医药行业（医生）、司法行业（律师）、研究行业（研究员）。第二类组织中，职业人员只占少数，他们只代表组织少数人利益，工作内容和组织的目标重合性也不高，例如在公司或者政府部门中。职业认同的研究通常来说集中在一些职业中，我们通常判断一个工作是不是职业化是根据一系列特征来进行的。Hickson 和 Thomas（1969）开发了 19 个判定工作职业化的指标和特征，其中最显著的特征包括该项工作是否具有一些重要特征：经过特殊的教育、能力测试、行为和伦理规范、基于理论基础的技能等。目前研究中所聚焦的医生（护士）、律师、教师和社工等工作（Johnson，et al.，2006），都是符合上述显著职业化特征的。例如，医生必须要经过特殊的医学教育，必须要通过相应的从医资格考试，必须遵守相应的医疗规范，所拥有的技能都是以医学理论为基础的。同样的，律师和教师等都符合上述要求，这就不难解释为何目前关于职业认同的研究主要集中在上述领域了。本书在中国知网中以“职业认同”为题名①，搜索引用率在10次以上的论文，共找到论文61篇，其中，研究教师的职业认同的44篇，占总数的72.13%，研究护士的职业认同的文章10篇，占总数的16.39%，研究一般对象的职业认同的论文4篇，占总数的6.56%，研究社会工作者的职业认同的文章1篇，占总数的1.64%。从上述数据可以看出，目前，国内关于职业认同的研究，基本还是集中在教育领域和医疗卫生领域，而在其他专业领域的涉及较少，这也印证了上述职业认同的研究主要集中在特定专业领域的论点。

因为职业认同指向的是个体的职业，而职业本身是超出组织范畴的，所以职业认同与组织认同的区别成为一些研究关注的重点。Hekman，Gregory，Bigley和Hereford（2009）就认为，个体的职业认同使个体秉承着高度的职业规范，提高他的职业服务水平，而较少去关注到组织的效能和利润。组织认同会使个体感知到他和组织之间的共同性，它会更多地促进个体考虑组织的利益和效能。因此，组织认同更多地促进了员工对组织有利的积极产出，而职业认同则提高了员工的职业产出，提升了职业服务水平，但对组织有利的产出的作用则为负相关。例如在员工-组织关系上，组织认同会提高员工-组织关系，员工会更加认同同一组织内的其他同事，而职业认同则有可能在同事间造成心理区隔。这是因为：由于社会认同的一个理论基础是自我归类，那么在自我归类理论视角下，职业认同将职业作为自我归类的指标。也就是说，职业认同将从事一定工作的个体与从事其他工作的个体区分开来，个体和其他行业或者工作的个体之间的心理纽带或人际关系会被职业认同区分（Hekman，Gregory，Bigley & Hereford，2009）。因此，职业认同使职业者根据自己的职业来作为归类标准，进而划分“圈内人”还是“圈外人”，影响他们与不同职业从业者之间的人际关系。在组织内部，不同员工之间从事不同工作职务，他们的职业也有不同

① 2013年2月进行搜索，不同时间点的搜索结果有区别。

(例如医院内部的医生属于一个专业行业，而一般的管理者的专业属性则与医生不同)，职业认同使个体能够根据他们的职业来进行人际分割。

2. 职业认同的测量

由于职业认同也是组织中的多种社会认同之一，职业认同的测量也和组织中其他认同具有很大的相似性，总结起来看，职业认同的测量也包括两个取向。

一个是开发职业认同量表来进行测量。有少量研究运用 Tyler 和 McCallum（1998）编制的、蔡嫦娟（2003）修订的 10 条目职业认同量表。这个量表在中国情境下有数项研究，但在国外的研究中反而较少。例如，洪娜（2007）以及 Geng，Li 和 Zhou（2012）都运用这个量表来测量职业认同。这项量表的开发过程、信度效度检验甚至量表全文在 Tyler 和 McCallum（1998）均未被详细披露，在后续研究中也没有详细的检验，因此，尽管洪娜（2007）以及 Geng，Li 和 Zhou（2012）的研究都表明了职业认同具有较高的研究信度，但是其测量有效性有待进一步检验。

二是将组织认同的测量量表改编为职业认同量表来进行测量。这种测量方法是目前职业认同测量的主流方法。具体的改编方法是将 Mael 和 Ashforth（1992）量表中的对象由“组织”改为具体职业，例如被试是医生或者护士，那么就改为医生或护理行业。用职业来代替原先的组织，这一做法和先前所述的领导认同的方法原理是一样的。目前，在研究中运用较多（Hekman，Gregory，Bigley & Hereford，2009；Hekman，Bigley，Steensma & Hereford，2009；Loi，Ngo & Foley，2004）。

比较上述两种测量方法，第二种方法更广泛地被运用，改编法的量表在 AMJ 和 JAP 等高质量的期刊上都发表了相应的论文，这表明这种改编的方法也获得了同行专家的认可。

3. 职业认同的前因和结果

Loi 等人（2004）认为职业认同能够提升员工工作产出。职业价值观已经成为个体自我指涉和自我定义的内容，职业认同能够达成个人的工作价值观和职业价值观之间的一致性（Pratt，1998），因此，个人基于职业的认同可以转化为在工作中的产出。Loi 等人（2004）发现职业认同与员工的工作满意度，组织承诺显著相关，性别调节了职业认同与工作满意度及组织承诺之间的关系，组织年限调节了职业认同与工作满意度及职业满意度之间的关系。

Hekman，Gregory，Bigley 和 Hereford（2009）探讨了职业认同与组织认同两种认同对员工接受主管社会影响力的作用。他们认为，对组织的认同会使员工更多的遵循组织的价值观，追求组织利益最大化原则，而主管就是组织的代理人，负责追求效率和利润以实现组织目标，因此，对组织的认同会使个体更多地接受主管的社会影响力，服从主管的管理。而对职业的认同要求员工秉承最高的职业规范，员工更加关注提供更好的服务，而不是关心组织效能、利润和组织利益，因此员工对职业认同会使员工将职业规范和职业服务放在组织之前，进而就会较少地接受组织及其代理人的影响和管理。因此，职业认同对员工的接受主管社会影响力有负向影响，并且受到来自主管的压力的二维调节，以及组织认同、职业认同、主管压力的三维调节和组织认同、职业认同和主管监视的三维调节。

Hekman，Bigley，Steensma 和 Hereford（2009）探讨了职业认同与组织认同两种认同在员工-组织社会交换（组织支持感和感知的心理契约违背）和员工产出（政策执行和工作产出）之间的调节机制。他们认为，职业认同负向调节了员工-组织社会交换和员工产出，而组织认同正向调节了员工-组织社会交换和员工产出。研究发现，在高组织认同和低职业认同的条件下，组织支持感对员工的工作绩效有最强的正向影响，在低组织认同和高职业认同的条件下，组织支持感对员工的工作绩效有最弱的正向影响。在低组织认同和高职业认同的条件下，感知的心理契约违背对员工工作绩效有最强的负向影响，在高组织认同和低职业认同的条件下，感知的心理契约违背对员工工作绩效有最弱的负向影响。

Hillman，Nicholson 和 Shropshire（2006）论述组织中两种职业角色的职业认同，包括直接领导的职业认同和 CEO 的职业认同，他们认为，直接主管对它职业角色的职业认同对资源供应和监管行为都有积极的作用。CEO 对他职业角色的职业认同对资源供应有积极作用，但是对监管行为有消极作用。

Bamber 和 Iyer（2002）探讨了组织认同和职业认同在审计员的工作和职业感知与离职行为之间的中介作用。研究发现职业形象（Professional Image）和工作自主性（Job Autonomy）对职业认同有显著正向的影响，职业认同对离职意向则没有直接的影响。

Bartels，Peters，de Jong，Pruyn 和 van der Molen（2010）研究横向和纵向沟通对职业认同和组织认同的影响。研究发现组织认同和职业认同是高度相关的，但是纵向沟通更多地对组织认同产生正向影响，而横向沟通更多地对职业认同产生影响。

Geng 等人（2012）发现社工的职业认同在男女性别上没有显著差异，个体具有越高的情绪智商，就会有更高的职业认同，如果有越高的情绪耗竭，就会有越低的职业认同。

4. 职业认同的研究评述与展望

综合职业认同的研究，本书总结出职业认同目前的研究的现状。

首先，国内和国外关于职业认同的研究对象主要集中在一些特定行业，而针对商业组织中职业人员的研究较少。职业认同不仅对一些特定行业的职业从业者有重要作用，而且对一些商业组织中的职业从业者也有重要作用，也是他们在工作岗位上做出更多积极产出的基础。因此，应该从一般意义上探讨职业认同对于商业组织中职业员工的作用机理，这样才能够将职业认同的一些研究发现从特殊性推向普遍性，强化已有研究的一般性属性，具有更好的外部效度。

其次，职业认同的产出主要集中在职业情绪产出，而对职业的行为和绩效产出关注较少。目前职业认同的产出主要集中于职业倦怠、职业耗竭等心理变量上，而对于绩效和行为产出则较少关注和探索（魏淑华，2008）。职业行为和绩效产出是员工获得职业成就和职业发展的重要表现，因此，应该进一步将职业认同的产出从职业心理产出拓展到职业行为和绩效产出。

最后，职业认同与其他认同的比较研究。目前有数项研究将职业认同与组织认同等进行比较研究，获得了一些有价值的发现，但是很少有将职业认同与其他认同，如领导认同、团队认同等认同进行比较研究，因此未来的研究应该更多地关注职业认同和多种认同之间的比较研究。

本书将研究职业认同作为领导-部属交换与员工工作产出之间的中介作用。具体来说，研究职业认同在领导-部属交换与员工的工作绩效、帮助行为和建议行为之间的中介作用，有利于我们进一步了解职业认同与员工的职业产出之间的关系，将职业认同的结果从职业情绪产出拓展到职业行为和绩效产出。同时，原有研究很少将领导力与员工的职业认同联系起来，实际上，领导者可能作为一个职业上的导师，对员工的职业认同产生积极的作用，目前的研究尚未对此有效地探索。我们还进一步将领导认同和职业认同一起作为中介变量来探讨两种认同在领导-部属交换与员工工作绩效、帮助行为和建议行为之间的中介作用。通过上述这些研究，我们可以丰富目前职业认同的研究，填补目前职业认同的理论空白。

第三章 研究方法

研究方法部分主要针对本书的研究程序、研究样本和研究统计技术进行详细阐述。在研究程序部分，主要阐述问卷的翻译、修改、发放、回收程序；在研究样本部分，主要阐述了样本的数量，样本的描述性分析特征；在研究统计技术部分，主要阐述了本书的数理统计方法。

3.1 研究框架

本书的研究框架反映了员工与组织（领导）间的社会交换、社会认同与个体及团队的产出过程。如图 3-1 所示，员工与组织（领导）间的社会交换主要包括组织支持感和领导-部属交换，员工对组织（领导）的社会认同主要包括领导认同、职业认同与组织认同，员工产出包括个人的帮助行为、工作投入、创新行为等，团队产出包括群体公民行为、团队生产率。

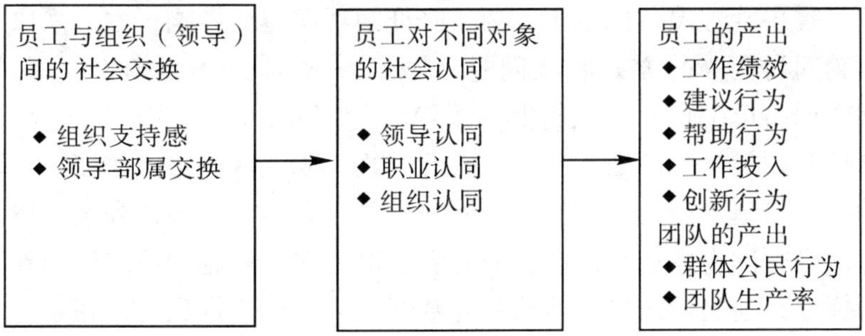

图 3-1 研究框架

3.2 研究样本

为了验证组织中的多种社会交换、社会认同与产出之间的关系，本书在研究上由两个子研究组成。具体来说，首先检验了员工-领导之间的社会交换、员工对领导及职业的认同对员工的角色内和角色外工作绩效的作用过程。在第一个子研究后，本书进行了第二个子研究，探讨了团队和个人层次上的个人-组织之间的社会交换、社会认同与产出过程。两个子研究的内容是不同的，因此，两个子研究运用的样本、研究程序等也是有差别的。

本研究所使用的量表均来源于国际一流期刊，在以往的研究中显示出较高的信度和效度。为了保证跨文化的量表精确性，作者邀请了两位人力资源管理专业的研究生以并行、双向的“翻译-回译”程序来对问卷进行翻译（Brislin，1980），作者还邀请了某企业人力资源部两位主管和四位员工对翻译的问卷进行评论和修改（Aryee & Chen，2006），以使问卷条目的语义和内容更容易被被试理解。

子研究 1 和子研究 2 的所有量表测量变量的具体条目请参见附录 1 和附录 2。

3.2.1　子研究 1 的研究样本

子研究 1 问卷的发放主要集中于武汉、北京等地区的企事业单位的基层管理岗位的员工。为了降低同源误差的影响，本书采取了两轮问卷调查的方式收集问卷（Atwater & Carmeli，2009）。两轮问卷均由员工填写完成，其中，第一轮问卷由员工评价领导-部属交换、领导认同的数据；第二轮问卷收集职业认同、工作绩效、帮助行为与建议行为的数据。本次问卷调查采用方便抽样和滚雪球的方法进行问卷发放和回收，研究者和助理在第一轮和第二轮问卷进行标记，通过标记来进行第一轮数据和第二轮数据配对。在第一轮研究中，每一位参与员工都会收到一个待密封的信封，里面包含一份研究介绍和一份问卷。员工被要求仔细阅读研究介绍并自主决定是否参加问卷调查，所有参加调查的员工在完成后都被要求密封信封以保护他们的隐私。第一轮发放问卷 350 份，回收 310 份问卷，其中，有效问卷 240 份，有效率为 77.42%。在第一轮问卷完成 1 ~ 4 周后，本研究进行了第二轮问卷调查，第二轮问卷调查主要向第一轮问卷调查中的有效问卷的员工定向发放问卷，让他们填写在工作中的职业认同、工作绩效、帮助行为和建议行为，第二轮问卷发放 240 份问卷，回收问卷 206 份，有效问卷 206 份，有效率 100%。将时点 1 和时点 2 的问卷配对后，本研究获得有效问卷 206 份。

子研究 1 样本总体结构分布为：国有企业占 32%，民营企业占 20%，外资企业和合资企业约占 14%，政府机构或事业单位占 19%，其他单位共占 12%。从样本的年龄分布看，年龄最小 20 岁，最大 60 岁，平均年龄 30 岁。从样本的性别看，男性约占 49%，女性约占 47%。从样本受教育的程度看，学历水平为初中或以下的约占 1%，高中或中专以下的占 7%，专科占 10%，本科占 52%，研究生及以上占 27%。被试在组织中工作的年限最短为半年，最长为 40 年，均值为 5 年。跟随领导的工作年限，最短为半年，最长为 32 年，均值为 3 年。整体而言，本书的研究样本的性别分布基本平衡，覆盖了多种组织类型，具有较好的代表性。

3.2.2　子研究 2 的研究样本

子研究 2 的调查问卷主要包括员工问卷和领导问卷，员工问卷主要调查员工在组织中的感知，领导问卷是团队领导对团队的氛围以及团队产出的评价。首先在 2 个大企业人力资源部的协助下，随机挑选出若干个部门，联系他们的主管并且征询他们是否愿意参与这次调研，然后研究人员到愿意参与调研的团队进行问卷发放。因为部门大小的差异，在各部门的问卷数量是不相同的。每个领导团队获得 1 个大的信封，里面包含 10 份左右的员工问卷和 1 份领导问卷（员工问卷的数量在不同团队有所调整）。每一份员工问卷放在一个白色小信封中，员工被要求完成问卷，之后将已完成的问卷放回信封并密封信封，以保证个人隐私得到尊重。领导问卷放在一个黄色小信封中，团队领导打开信封拿出问卷并按要求完成问卷，之后将完成的问卷放回信封并密封信封，在收回领导问卷和员工问卷后，每个团队将大信封密封好，以防止不同领导团队的问卷混淆。然后，返回给研究助理或人力资源部工作人员，并由其转交给研究者。

子研究2向武汉的两家大企业发放了问卷，两家企业都是全球福布斯500强的大企业，一家是大型的汽车制造商，另一家是大型的通信服务商。问卷发放包括400份员工问卷和40个团队问卷。经过发放和回收程序，302份员工问卷和34个团队的问卷被回收。员工层面的问卷回收率为75.5%，团队层面的回收率为85%。在34个团队中，团队规模最小为3人，最大为36人，团队规模的平均值为8.88，标准差为6.48。在员工层面，63.9%的员工为男性，39.1%的员工为女性，大约85%的员工接受了高等教育，员工的平均年龄为31.7岁，标准差为7.32，员工在组织中工作的年限平均值为7.32年，标准差为7.69。

3.3 变量与测量

3.3.1 子研究1的变量与测量

1. 领导-部属交换

如同本书在文献综述部分对领导-部属交换测量的回顾一样，领导-部属交换的量表有几十种之多，其中最常用的两种是“LMX-7量表”和“LMX-12”多维量表。考虑到中国情境下领导-部属交换的多维性，本研究采用的是Liden和Maslyn（1998）的四个维度的量表。量表分为四个维度：贡献交换、情感交换、忠诚交换和专业尊敬，每个维度3个题目，共12个条目。此量表在中国情境下的研究中也显示出较好的信度（王辉，牛雄鹰 & Law，2004；李燕萍 & 涂乙冬，2011），在本研究中该量表的整体信度为0.93。举例条目为“我非常喜欢我的领导的为人”。

2. 领导认同

在子研究1中，领导认同采用Becker等人（1996）编制的量表，本书选择了3个条目来作为领导认同的测量，举例测量条目为“当有人批评我的上级时，我感觉这是对我个人的侮辱”。本书将其中领导认同维度作为领导认同的测量。在本研究中该量表的信度为0.733。

3. 职业认同

职业认同采用Tyler和McCallum（1998）编制、蔡嫦娟（2003）修订的10条目量表，举例测量条目为“我的工作内容符合我的期望”，在本研究中该量表的信度为0.910。

4. 工作绩效

工作绩效采用Tsui等人（1997）的量表，我们从原11个条目中提取了7个条目，举例测量条目为“我的工作成果的数量和质量都高于公司其他人的平均值”，在本研究中该量表的信度为0.841。

5. 帮助行为

帮助行为采用Van Dyne和Lepine（1998）编制的7条目的单维量表，举例测量条目为“我主动自觉地为组织做事情”，在本研究中的信度为0.89。

6. 建议行为

建议行为是出于促进组织发展的目的，员工个体主动向组织中具有权威的人，提出或表达改变组织现状或改进组织效率的意见的行为（Detert & Burris，2007）。建议行为是以组织获益为目标的，挑战现有权威的建议（Van Dyne，et al.，2003），被认为是超过员工角色内要求的额外的行为，是角色外行为或者组织公民行为。Farh等人（2004）的探索性研究提出了中国情境中的改进性谏言和抑制性谏言：前者着眼于提出改进组织效率的建设性意见，后者着眼于阻止对组织不利行为，如对组织有害的行为、无效率的程序、规则或政策。Liang，Frah和Farh（2012）验证了改进性谏言和抑制性谏言的心理机制。他们在计划行为理论（Planning Behavior Theory）的视角下检验两种建议行为的前因变量。本研究中建议行为采用Van Dyne和Lepine（1998）编制的单维量表来测量，举例测量条目为“我能够对影响团队的事务提出可行性的建议”，在本研究中该量表的信度为0.839。

7. 控制变量

研究表明，垂直对偶上的关系质量受到上下级个体人口特征（如性别、种族等）的影响（Tsui，O'Reilly，1989），因此，本研究将性别及年龄（以年为单位）作为控制变量。性别分别以1和2代表男和女，年龄以阿拉伯数字来表示。

3.3.2 子研究2的变量与测量

1. 组织支持感与组织支持氛围

组织支持感使用Eisenberger，Curnmings，Armeli和Lynch（1997）的量表来进行测量。本书从中选择了4个条目来测量，所有条目由员工来进行评价。组织支持感量表的举例条目是“组织关心我的福利”，在本研究中该量表的信度为0.903。

组织支持氛围和组织支持感使用同一量表来源的测量条目，由团队的领导来进行评价，举例测量条目为“公司关心员工们的福利”，在本研究中该量表的信度为0.875。

2. 组织认同与组织认同氛围

组织认同采用Mael和Ashforth（1992）的3条目量表。所有条目由员工来进行评价，举例测量条目为“当谈论到公司时，我经常会说我们，而不是他们”，在本研究中该量表的信度为0.770。

组织认同氛围和组织认同使用同一量表来源的测量条目，由团队的领导来进行评价，举例测量条目是“员工们会认为公司的成功就是他们个人的成功”，在本研究中该量表的信度为0.725。

3. 群体公民行为

群体公民行为的概念来源于组织公民行为，组织公民行为是个体层次上个人自愿做出的不受组织正式奖励系统回报的行为，如利他行为、帮助行为、建议行为等。群体公民行为是在团队中整体的公民行为，它作为团队层面的变量，描述整个团队自愿作出的不受组织正式系统奖励，但是有利于组织的行为。因此，最初的群体公民行为是个人的组织公民行为的聚合，在测量上也是通过测量个体的组织公民行为，然后将其聚合到组织层面，形成群体公民行为

(Chen，Lam，Naumann & Schaubroeck，2010)。

随着研究的深入，研究者发现用聚合的方法获得群体公民行为仍然有一些局限，研究者开始通过质性研究的方法来开发群体公民行为的测量工具。Chen 等人（2010）在中国情境下开发了群体公民行为的量表，群体公民行为作为一个单维变量，共 10 个条目。此外，在不同的文化背景下，对群体公民行为的探索也有所不同。现有研究既有采用测量个体层次的组织公民行为然后聚合到团队层次形成群体公民行为的做法，也有将其作为团队层次变量直接测量的做法，两种操作化定义均是可以接受的。

本书的群体公民行为采用 Chen 等人（2010）的量表来测量。由领导来对整个团队的群体公民行为进行评价。本书选择 3 条目的量表，举例测量条目为“我们团队作为一个整体会帮助其他团队做事情”，在本研究中该量表的信度为 0.800。

4. 团队生产率

团队生产率采用 Fry，Vitucci 和 Cedillo（2005）开发的量表来测量，由领导来对整个团队的生产率进行评价。本书采用 3 个条目来进行测量，举例测量条目为“在工作时，团队里的员工都很忙，很少有空闲时间”，在本研究中该量表的信度为 0.584①。

5. 工作投入

工作投入描述的是一种工作状态（State-like Phenomenon）。在这种状态中，个体在日常工作波折中不断纠正自我角色（Selves-in-Role)，并且将其定义为一种积极的、充实的、与工作相关的以及情感驱动的思想状态（Schaufeli，et al.，2002)，Schaufeli 等人

① 尽管团队生产量的信度系数只有 0.583，低于 0.6 的阈值，本研究仍然接受它的原因包括：第一，0.583 的信度已经非常接近 0.600 的接受标准。第二，尽管 0.6 看上去是一个铁的标准，但是在研究中仍然有少数变量的信度低于 0.6 而同样被接受的。第三，信度系数受到样本量影响非常大，鉴于团队层面样本只有 34 个，本研究认为并不是测量工具本身有问题，而是可能受到样本量影响才导致低于 0.600。本研究在后续的回归分析中也运用了 Bootstrap 来克服团队层面的样本量小的问题。因此，本研究倾向于接受这一信度。

（2002）认为工作投入包括活力、奉献、专注三个维度。根据 Schaufeli 和 Bakker（2004）的研究，活力是指工作时投入的高水平的精力和努力；奉献是指个体在工作中感受到的卷入（Involvement）、工作显著性（Significance）以及激情（Enthusiasm）的程度；专注是指个体全神贯注于工作以至于他很难与工作完全分开。工作投入与组织承诺、工作卷入等概念不同，但它们之间存在着显著的相关。

Sehaufeli 等人（2002）将工作投入视作一个独立的构念。Schaufeli 等人（2002）的框架将工作投入定义为包括活力（Vigor）、奉献（Dedication）和专注（Absorption）三个维度的构念。活力是指个体在工作中具有很高的精力与韧性，保持充足的体力并且愿意为自己的工作付出努力，能够坚韧地面对工作中的困难。奉献是指个体高度卷入他所从事的工作，认为他的工作意义很高并且认为自己很重要，产生了自豪感和被鼓舞的感知。专注是一种全身心投入工作的愉悦状态，个体完全投入到工作状态中，而较少地关注到工作之外的事情。

在 Sehaufeli 等人（2002）的三维度的工作投入基础上，他还开发了工作投入量表（the Utrecht Work Engagement Scale, UWES)，工作投入量表包括 17 个条目（简称 UWES-17)，其中，活力维度包括 6 个条目，奉献维度包括 5 个条目，专注维度包括 6 个条目。该量表在研究应用中有较好的信度和效度表现，逐渐得到学术界的认可。进一步地，Schaufeli 等人（2006）在 UWES 的基础上精简了工作投入测量工具，又开发了 UWES-9 量表，将 UWES-17 在不降低测量的信度和效度、不破坏原有结构的基础上缩减为 UWES-9 量表，UWES-9 量表在后续的研究中也获得了较好的实证表现。

本书的工作投入采用 Schaufeli 等人（2006）开发的 UWES-9 量表来测量，量表包括三个维度 9 个条目：活力、奉献、专注。举例测量条目为“在工作中，我感到自己充满了能量”，“工作激发了我的灵感”，“我为自己所从事的工作感到自豪”，在本研究中该量表的信度为 0. 906。

6. 员工创新行为

员工创新行为采用Scott和Bruce（1994）开发的量表来测量，本书选取了3个条目来进行测量，举例测量条目为“我会在工作中搜寻新技术、新流程或新产品创意”，在本研究中该量表的信度为0.886。

本书的量表有一部分是完全使用完整量表，另一部分是选取部分条目来进行测量。选取条目的指导原则包括以下三个方面：一是在已有研究中，探索性因子分析的结果表明该条目具有较高的因子负荷，能够较好地反映该构念；二是根据两位专家的意见决定该量表中哪些项目更能够在语义上反映构念的核心内涵，同时也有利于中国文化情境下被试的理解；三是邀请五位被试来评论这些量表条目的表达、语义等，保证该条目便于被试理解。

7. 控制变量

由于子研究1研究了领导-员工之间的社会交换（领导-部属交换）和与之对应的认同（领导认同）对员工产出的影响。在子研究2中，为了更进一步地探索员工-组织之间的社会交换和社会认同，本书在第一层次引入员工-组织之间社会交换（组织支持感）时，将领导-部属交换作为控制变量。本书在第一层次引入员工对组织的认同时，将对领导的认同作为控制变量加入到模型中。同时，由于样本的取样中，工作类型主要分类为研发中心和管理部门，因此，本书将工作种类作为第二层次的控制变量（Hofmann，et al.，2003），与之对应个人层次反映工作特征的控制变量是工作特征。

领导-部属交换采用了Graen和Uhl-Bien（1995）的7条目量表。Gerstenr和Day（1997）通过元分析表明这7个条目是领导-部属交换最有效的测量工具，在研究中也使用最多，在中国情境下也有良好的信度和测量有效性（李燕萍，等，2012）。举例测量条目为“我的领导对我的能力有足够的信任”，在本研究中该量表的信度为0.833。

领导认同采用了Mael和Ashforth（1992）的测量量表，本书从中挑选了3个条目，举例测量条目为“当有人批评我的领导时，我会感到很不舒服”，在本研究中该量表的信度为0.820。

工作类型的测量通过虚拟变量编码的方式来进行，将管理部门的团队编码为1，将研发部门的团队编码为0。

工作特征通过Demerouti等人（2001）的量表来测量，本书从中选取了5个条目来进行测量，举例测量条目为“我必须快速工作”，在本研究中该量表的信度为0.830。

3.4　研究统计技术

本书采用实证研究的逻辑来进行研究。在数据收集上，主要是在遵循心理测量的基础上运用问卷法来获得研究数据。问卷法是目前组织行为学和人力资源管理研究中最普遍使用的工具（谢家琳，2008）。在样本1中，本书通过2个时间点来进行问卷调查，较大程度上降低了同源方差的影响；在样本2中，本书通过两个来源、两个层次上进行相应的问卷调查，满足了研究的数据需要，提高了研究数据质量，降低了同源方差，提高了研究的科学性和可信度。

在数据处理上，为了保证实证研究的精确性和有效性，本书采用了一系列的统计技术，主要包括以下五个方法：

（1）描述性统计分析。通过描述性统计分析可以分析样本特征，了解样本的分布情况以及特点。统计性描述主要运用频数和频率分布、平均值和标准差等统计指标来对数据进行分析。

（2）因子分析。因子分析主要包括探索性因子分析和验证性因子分析，探索性因子分析主要运用在理论构念的结构未知的情况下，对理论构念结构和维度进行探索性研究。验证性因子分析主要运用在已知理论构念的结构条件下，对构念的结构效度进行检验。由于采用的是已有量表，因此本书采用验证性因子分析来验证因子结构，通过验证性因子分析，本书可以检验测量工具的区分效度，并且可以检验同源误差的大小。

（3）相关分析。相关分析主要用于检验变量之间的两两相关性，主要用皮尔森相关系数（Pearson Correlation）来表明变量之间的相关联系。尽管相关性不能直接用于假设验证，但是相关性能够提供变量之间的关系，为后续的回归分析奠定了基础。

（4）多元回归。本书在子研究 1 中使用多元回归来进行主效应和中介效应的检验。中介效应采用 Baron 和 Kenny（1986）的四步法：①自变量 X 对因变量 Y 有显著影响；②自变量 X 对中介变量 M 有显著影响；③中介变量 M 对因变量 Y 有显著影响；④当共同放入自变量 X 和中介变量 M 对因变量 Y 进行回归时，这时，X 对 Y 的影响变得不再显著（M 对 Y 的影响仍然显著），表明 M 是完全中介；X 对 Y 的影响仍然显著，但系数变小（M 对 Y 的影响仍然显著），表明 M 为部分中介。

（5）多层线性模型。多层次的技术日渐成熟，成为研究组织问题的重要方法论基础（廖卉 & 庄瑗嘉，2008；张志学，2010）。本书跨越了团队层次和个人层次，属于跨层次直接作用模型。因此，多层线性模型是本书的重要研究方法，主要用于检验个人层次的假设检验和跨团队与个人层次的假设检验。

（6）Bootstrap 技术。Bootstrap 是通过估计统计量方差来进行区间估计的一种重复抽样统计方法。在小样本中特别适合用 Bootstrap 方法进行抽样回归。Bootstrap 的原理是将样本进行有放回的抽样，当抽样规模达到一定数量，就能够提高回归分析的稳定性和有效性。Bootstrap 既可以用于参数估计，也可以用于非参数估计，Bootstrap 的步骤包括：首先，在原始样本容量 n 的基础上，每个样本每次被抽到的概率相等（1/n）的条件下进行有放回的重复抽样，得到 Bootstrap 抽样样本；其次，以 Bootstrap 抽样样本为基础进行回归分析（黎光明 & 张敏强，2012；方杰 & 张敏强，2012）。由于 Bootstrap 在检验中介作用时比 Baron 和 Kenny（1986）的方法有更好的优势，因此我们在子研究 1 的后分析中采用了 Bootstrap 的方法来进一步验证中介效应，同时，本书子研究 2 在团队层面的回归分析因为样本量较少，所以采用 Bootstrap 回归来进行团队层次的假设验证。

与上述统计方法相对应，本书在研究软件上，采用了四种主要的研究软件，其中，描述性统计分析、相关分析和多元回归主要运用 SPSS20.0 来进行运算；验证性因子分析主要运用 AMOS20.0

(结构方程模型) 来进行计算；多层线性模型采用 HLM6.08 来进行多层次的回归分析；Bootstrap 回归采用 STATA10.0 以及 SPSS 来进行抽样回归。

第四章　组织中多重对象、多层次的社会交换、社会认同与产出

4.1 引　言

员工-组织关系长期以来受到研究者的重视，从员工-组织关系的双方主体来划分，员工-组织关系的研究包括以组织为中心的雇佣关系取向的研究和以员工为中心的心理取向研究（Coyle-Shapiro & Shore，2007）。前者主要关注组织的不同雇佣关系（Employment Relationship）对于员工-组织关系中双方的影响，属于中观层面的研究。后者关注在员工-组织关系中员工的心理感知和心理过程，如组织支持感或心理契约等，属于微观层面的研究（Shore & Coyle-Shapiro，2003；Coyle-Shapiro & Shore，2007）。从员工-组织关系的理论框架来看，员工-组织关系的研究主要包括社会交换理论和社会认同理论的研究，单纯以社会交换理论或者社会认同理论来解释员工-组织关系的研究较多，而综合两个理论形成一个整合框架的研究较少（沈伊默，2007；He，et al.，2014）。

员工和组织之间的关系从组织和员工在招聘市场上的相互吸引就开始，正式的员工-组织关系是建立在员工依据劳动契约进入组织的时候。员工-组织关系伴随着员工在组织中的整个职业生涯，是研究员工的组织行为和组织心理的重要内容。良好的员工-组织关系被证明是影响员工在组织中一系列积极行为的前因变量（Coyle-Shapiro & Shore，2007）。

社会交换视角下的员工-组织关系的研究认为，超越了单纯的经济交换后，高层次的社会交换能够在员工与组织以及组织代理人

之间建立积极的社会和心理联系，双方会形成互惠的关系（Sparrow & Liden，1997；Cropanzano & Mitchell，2005）。当员工接受到来自组织或组织代理人“给予”的社会性支持时，就会产生一种回报的义务感，这种义务感使员工通过多种方式在未来某一时点或延续时间段回报组织或组织代理人（Blau，1964）。员工在组织中不是孤立地存在的，他是一个关系网络中的个体，也就是一个“关系性自我”（赖志超，等，2006），他既是组织的一名成员，又是领导的部属，也是他人的同事等。员工几乎都要和组织、领导和同事等互动和社会交换，由此形成了员工在组织中的多对象的社会交换特点。在上述的这些社会交换中，员工-组织交换和员工-领导交换是纵向社会交换，员工-员工交换是横向社会交换。纵向社会交换更多地体现了工具性的社会交换，而横向社会交换更多体现了情感性的社会交换。由于组织和领导掌握了更多的资源、更大的平台和更多的权力，组织中的纵向社会交换长期以来是研究的主流（Settoon，et al.，1997；Hofmann & Morgeson，1997；Wayne，et al.，1997），因此，本书也聚焦于组织中的多种社会交换，主要关注了组织中的领导-部属交换和组织支持感。

组织中一系列变量体现了组织中的纵向社会交换。例如，组织支持感和心理契约体现了员工-组织间的社会交换，领导-部属交换以及很多领导力行为（如变革型领导、交易型领导、道德型领导等）体现了员工-领导间的社会交换（Shore & Coyle-Shapiro，2003）。组织支持感描述了个体感知到的组织重视他们贡献和关心他们福利的程度，它整体上描述了个体对于组织给予的各种工具性和情感性社会支持的心理反应（Eisenberger，et al.，1986）。当个体感受到了组织的重视、关心和支持等，他们会产生积极的回报态度，从而会使他们作出更多亲组织的行为和产出，这一过程实际上是积极的互惠与交换（Rhoades & Eisenberger，2002）。数项研究表明，回报义务感、交换导向和交换意识等是组织支持感与员工产出之间的作用机制，而回报义务感、交换导向和交换意识等都反映了员工-组织之间的社会交换规范和机制。因此，组织支持感可以被认为是员工-组织之间的社会交换（Hekman，et al.，2009；Van

Knippenberg, Van Dick & Tavares, 2007; Settoon, Bennett & Liden, 1997; Hofmann & Morgeson, 1999)。领导-部属交换作为领导与部属之间在组织内的社会交换，甚至比组织支持感这种社会交换方式获得了更多的关注（Settoon, Bennett & Liden, 1997）。社会交换的核心内涵是要求交换的双方互相信任、互惠和回报（Blau, 1964），社会交换的双方都必须要提供在对方看来是有价值的东西，并且双方都要觉得这种交换是公平的（Wayne, et al., 1997）。组织中的上下级垂直关系上，社会交换的核心被很好地反映出来。领导-部属交换理论认为，随着上下级社会互动的逐步深入，领导会区别对待团队内员工，逐步区分为高质量交换和低质量交换（Graen & Uhl-bien, 1995）。高质量社会交换中，领导倾向于给予部属更高授权、更多的晋升甚至回报等（Klein & Kim, 1998）。同时，领导和部属之间有更强烈的互惠意识、相互信任和尊重（Dienesch & Liden, 1986; Graen & Uhl-Bien, 1995），这种相互间的互惠、信任和尊重，反映了领导-部属间的社会交换。

社会认同视角下的员工-组织关系的研究主要回答了组织中的员工如何定义“我是谁”的问题（Mael & Ashforth, 1992）。在社会认同理论框架下，员工借助他所在的组织、团队、领导或职业等外在因素来进行自我定义，因此，组织中存在着多重的社会认同。在自我定义理论框架下，员工需要识别和定义他/她的成员身份来回答他是谁的问题（Steffens, et al., 2014）。在自我归类理论框架下，员工需要将自我和其他人区别开来，他也会借助组织、团队、领导或职业等因素来寻找他属于的群体以及区分他不属于的群体（Steffens, et al., 2014）。员工在组织中拥有多种参照系，一方面，他是组织中的一员，是领导团队的一员；另一方面，他是职业从业人员的一员。员工需要在不同的参照系中定义他自己，因此，组织中的员工嵌套于不同的环境中，他们需要通过多重认同来定义他们自己。员工在组织中的组织认同、领导认同、职业认同是同时存在的，而非时间上的先后因果关系。

员工在组织中从社会交换到社会认同是一个发展过程。员工从正式的经济交换开始，成为组织的一名成员，拥有了组织内部不同坐标系中的不同身份，在这些身份上，他们需要和不同的对象进行社会互动和社会交换。由于社会互动而产生了情感，而认同在本质上是一种情感依附，这表明，组织中的社会交换带来了认同，进而改变了员工的心理和行为，这就解释了员工在组织中的社会交换、社会认同和多种产出之间的关系。

如前所述，员工在组织内部的社会交换和社会认同都是有对象的，因此，不同对象的社会交换可能导致不同类型的社会认同。由于领导者在日常工作中与员工进行工作管理和人际互动，因此，员工与领导者之间的社会交换首先带来的是员工对领导者的认同。同时，在中国的社会中，职业化的管理者不如西方那么普遍，很多管理者是因为技术过硬而走上管理岗位，成为技术型和管理型双肩挑的领导者。领导者在职业的专业上也表现出优秀的能力，作出了积极的模范表率，领导者通常扮演着导师的角色，帮助部属适应职业和工作（Yukl，2005）。因此，员工与领导者的社会交换也会提升他们的职业认同。本书在子研究 1 中，主要研究了员工与领导的社会交换带来的对领导的认同和对职业的认同以及员工的工作绩效、帮助行为和建议行为的影响过程。

在子研究 1 的基础上，本书设计了子研究 2 来进一步研究了员工-组织交换以及由此带来的社会认同及产出的作用机制。员工-组织间的社会交换被操作化定义为组织支持感，来自组织的重视、关心和支持会使员工对组织有更强的情感联系，这种情感联系会强化为依附和认知，从而使员工对组织认同，为组织更加投入工作，做出更多的绩效等。同时，子研究 2 通过多层次的研究设计，不仅在个体层次上探讨组织支持感-组织认同-员工产出之间的作用机制，而且更进一步从团队层次去讨论组织支持氛围-组织认同氛围-群体产出之间的作用机制，以及在这个过程中的跨层次作用关系。

通过两个子研究，本书就可以比较完整地探索组织中多重对象、多层次的社会交换与社会认同以及员工个体和群体产出之间的作用机制，进而探索员工-组织关系的演变过程，丰富员工-组织关系的理论知识和提升员工-组织关系管理。本书首先检验了子研究 1：员工与领导之间的社会交换、社会认同与产出，提出了相关的假设与假设检验结果。其次本书介绍了子研究2：员工与组织之间的社会交换、社会认同与产出，阐述了几个新构念的定义和内涵，提出了相关研究假设与研究结果。最后，本书综合了两个子研究的结果，进行了总体讨论。

4.2　子研究1：员工与领导之间的社会交换、社会认同与产出

作为组织内最直接的社会交换，领导-部属交换在过去的40年中获得了大量的关注（详见Graen & Uhl-Bien，1995；Dulebohn，et al.，2012）。在工作场所内，领导者负责部属的工作安排、绩效考核、监督与管理等，与部属有着密切的人际互动（Farh，et al.，1990；Brown & Treviño，2006）。特别是在中国文化情境下，个体具有较高的权力距离和集体主义倾向，员工更加依赖于领导，因此，领导-员工之间的社会交换成为员工在组织中社会交换的最重要的组成部分，对员工的产出有重要的影响。

经过了约40年的发展，领导-部属交换已经被证明和员工的积极产出相关。例如，一系列实证研究表明领导-部属交换能够提升员工的工作绩效（Butler & Reese，1991；Dunegan，Duchon & Uhl-Bien，1992；Chun & Law，1999；王辉，牛雄鹰 & Law，2004；Bauer，Erdogan，Liden & Wayne，2006）和帮助行为（Van Dyne，Kamdar & Joireman，2008；Kamdar & Van Dyne，2007）。在社会交换理论框架下，领导-部属交换给予员工高度的信任、尊重和各种支持，使员工感受到高度的回报义务感，在这种义务感的驱动下，员工会做出一系列的回报行为（Graen & Uhl-Bien，1995）。他们更好地完成工作，以更高的工作绩效来回报领导的各种支持（Gerstner & Day，1997）。不仅如此，而且他们还会做一系列的超出角色要求的产出来回报领导，例如，员工会帮助团队中的他人更好地适应工作，员工会提出更多有利于改善团队效能的创新建议和表现出更多组织公民行为等角色外行为（李燕萍 & 涂乙冬，2012；涂乙冬 & 李燕萍，2012）。领导-部属交换与员工角色

内的工作绩效和角色外的帮助和建议行为之间是一种互惠的过程。

然而，正如 Tyler 和 Blader（2001）所说，"与社会交换相比，社会认同理论描绘出了一幅更加不同的关于理解社会本质的核心要素的图画"。如何在社会认同的视角下，重新认识领导-部属交换与工作产出之间的关系，是理解领导-部属关系的重要过程（涂乙冬 & 李燕萍，2012）。因此，本项研究将社会认同理论作为领导-部属交换与员工产出之间的中介机制，有利于从主动奉献的视角来解释领导-部属交换与员工产出之间的关系，从而在交换视角的基础上，以一种更加积极的社会心理机制来审视领导-部属之间的情感和互动关系。

同时，由于领导者和个体在组织中往往都扮演着多重角色，例如，领导者可能扮演着领导、专业技术人才、部属的导师等多重角色，而员工可能扮演着职业人才、部属等角色，由此看来，员工对领导的认同有可能是基于其多重组织角色的。一方面，领导者作为管理者，在日常工作中与部属进行工作合作与人际互动，员工会作为部属对领导者产生领导认同；另一方面，领导者作为专业技术的导师，在日常工作中对部属进行业务指导和业务训练，使员工成为一个职业人才，增强其对职业的认同。因此，员工作为部属而产生的对领导的认同和作为一个职业从业人员而产生的职业认同是员工的社会认同的重要组成部分。探索多重认同在领导-部属交换与员工产出之间新的解释机制不仅有利于我们更深刻地了解社会本质的核心要素，而且有利于我们发现领导-部属的关系是如何变化并且作用于产出的，这将促进我们对于员工-组织关系或员工-领导关系的认识。

本研究结合了社会交换理论和社会认同理论，探索了领导-部属交换与部属的工作绩效、帮助行为和建议行为之间的作用机制。本书首先提出了研究假设，然后介绍了假设验证和研究结果，最后在本章的总体讨论部分对发现和结果进行了理论上的讨论。子研究 1 的研究模型见图 4-1。

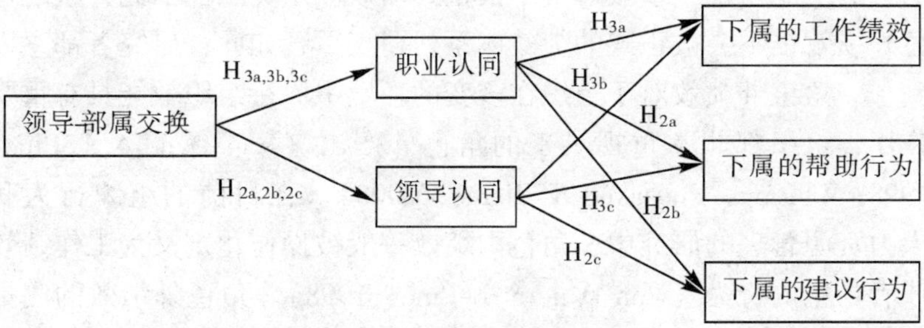

图 4-1 子研究 1 的研究模型

4.2.1 研究假设

1. 领导-部属交换与员工工作绩效

领导-部属交换理论经过近 40 年的发展，已成为西方领导力研究领域的主流和前沿（王辉，张文慧 & 谢红，2009）。该理论认为，在时间和资源的限制下，领导会和不同的部属发展不同的交换关系，逐渐形成“高质量交换”和“低质量交换”，根据交换质量不同，部属相应地被分为“圈内人”和“圈外人”。在高质量交换中，领导给部属更多物质上和精神上的支持和帮助，而在低质量的交换中，部属获得的支持则较少（Dienesch & Liden，1986；Graen & Uhl-Bien，1995）。基于社会交换的视角，由于领导给予部属的支持不同，部属的回报义务感会有所不同，在高质量交换中，交换规范超越了劳动契约，而成为双方的一种互惠的心理契约，而在低质量的交换中，双方的规范仅限于劳动契约的规定。因此，不同领导-部属交换质量所产生的员工的回报规范和回报行为强度不同。

员工在组织中的绩效产出长期以来是组织关心的重要内容。员工的绩效可以分类为角色内绩效和角色外绩效（Eisenberger，et al.，2010），其中角色内绩效是员工被组织要求或者期望完成的工作质量或工作数量，如果不能够完成基于角色或期望的要求，那么个体可能失去相应的报酬，获得一定的惩罚。角色外绩效是超出了组织要求员工自愿完成的额外工作，也是超出组织绩效奖励体系的，员工的角色外绩效通常不被正式绩效体系奖励，因此，缺乏角色外绩效也不会被正式的绩效体系处罚。尽管如此，研究者都意识到了，角色外绩效对于组织在多变的环境中保持组织效能具有重要作用，组织都非常重视员工的角色外产出（Van Dyne & LePine, 1998; Whiting, Podsakoff & Pierce, 2008）。在目前的组织行为和人力资源管理的研究中，角色内绩效一般被操作化定义为工作绩效或者角色内行为（Van Dyne & LePine, 1998）。角色外绩效的测量和操作则是多种多样，主要包括：角色外行为、组织公民行为、帮助行为（Van Dyne & LePine, 1998）、建议行为（Organ, et al., 2006; Van Dyne & LePine, 1998）等。总的来看，组织着眼于组织的效率和利润，首先强调员工的绩效产出，因此，员工工作绩效成为组织行为研究最关注的结果变量。

领导-部属交换能够影响部属的工作绩效，这是因为：首先，随着领导-部属交换质量的提高，领导给予圈内的员工更多的授权、资源等，这些工具性支持有利于员工做出更高的工作绩效（Argee & Chen, 2006）。其次，在中国关系文化背景下，与领导关系好意味着员工可以从领导那里获得更多非正式的资源和支持，这也是员工能够做好他们工作的重要资源（李燕萍 & 涂乙冬，2011）。最后，领导-部属交换质量的提高，会给领导和部属之间带来一种相互的义务感，领导认为有义务帮助和支持员工更好地完成工作，而员工认为有义务通过做好本职工作、提高工作绩效来回报领导以及他所代表的组织（Graen & Uhl-bien, 1995）。在这种互惠思想下，领导-部属交换带来了领导和员工之间的高度信任、尊重与互利，员工有更多的资源、更强的动机去做好工作绩效。因此提出假设：

假设 1a：领导-部属交换与部属的工作绩效显著正向相关

2. 领导-部属交换与员工帮助行为

帮助行为是“自愿帮助他人或防止工作相关问题发生”（Podsakoff, et al., 2000）。帮助行为是一种人际互助行为，有利于表达亲和性的情感，因此经常带来人际和谐（Van Dyne & LePine, 1998; 涂乙冬，2013）。与建议行为更多指向领导等有权力或权威的个体不同，帮助行为并没有强调指向领导或者指向员工，而是笼统地指向了同一工作场所内的人际连接的个体。帮助行为通常被归类为人际指向的组织公民行为（OCBI; Williams & Anderson，1991）。

领导-部属交换对员工帮助行为的作用在西方情境中已经得到了直接的验证（Kamdar & Van Dyne，2007；Van Dyne，Kamdar & Joireman，2008）。中国情境中的领导-部属交换与帮助行为的研究却较为贫乏，特别是中国具有较为特殊的文化情境，如上下级之间的集体主义、权力距离、关系文化等，都导致了在中国研究领导-部属交换和帮助行为具有特殊的情境意义（涂乙冬，2013）。领导-部属交换质量越高，领导会给部属更多的尊重、人际信任、工作授权、工作资源等，部属具有更多的回报义务感，更有动机在团队里做出亲社会行为，包括做指向个人和组织的组织公民行为（Ilies，et al.，2007），其中，指向个体的组织公民行为通常就是帮助他人的行为（Farh，et al.，2007）。帮助行为属于角色外行为，并不属于正式的回报系统，但人际间的帮助行为仍然有利于提高团队的绩效和团队内的凝聚力等，帮助行为也是部属回报领导的一种积极行为。而且，中国是以"人情"连带的社会结构，接受了他人的给予就会回报他人的文化是一种共同的的社会规范（黄光国，1985；王震，等，2012），组织中的上下级之间也广泛存在交换与回报，在此文化情境下，上下级交换关系越高，部属的帮助行为也就越多。因此，提出假设如下：

假设1b：领导-部属交换与部属的帮助行为显著正向相关

3. 领导-部属交换与员工行为建议

在高度竞争的商业环境中，建议行为被认为是改变现状并且提升组织效能的重要手段（Van Dyne & LePine，1998；LePine & Van Dyne，2001；Detert & Burris，2007）。根据建议对象不同，建议行为被划分为很多类型（Gao，Janssen & Shi，2011），包括对同事的建议（Edmondson，1999，2003；Liu，Zhu & Yang，2010），对领导的建议（Detert & Burris，2007；Dutton & Ashford，1993）以及对领导和同事的建议（Van Dyne & LePine，1998；LePine & Van Dyne，2001；Walumbwa & Schaubroeck，2009）。建议行为是一种

“为了提升而提出的建设性而非仅仅是批判性的建议的主动行为”（Van Dyne & LePine，1998）。Liang 等人（2012）进一步将这种主动建议行为分为促进性谏言与抑制性谏言，其中，促进性建议主要着眼于提升组织效率而提出的改进性的建议；抑制性建议是员工对工作中已经存在或潜在的问题，如对组织有害的行为、无效率的程序、规则或政策直言不讳地提出建议。

Detert 和 Burris（2007）强调了建议行为的几个重要核心：第一，建议行为是一种自愿提供信息的主动行为；第二，建议行为的目的是改善组织功能，着眼于组织利益；第三，建议的对象是组织内部有权威或权力的人；第四，建议行为通常会改变目前组织的现状或者权力拥有者的利益，因此，要求员工要更看重建议对组织福利的促进，而不是更看重建议行为带来的风险。正因为如此，很多研究都表明，心理安全是员工建议行为的重要前因变量，心理安全能够免去员工建议行为的后顾之忧（Walumbwa & Schaubroeck，2009）。

在中国的高权力距离和高集体主义情境中，领导者作为组织代理人，享有绝对的权威和权力（Cheng，et al.，2004；Chen，et al.，2014）。员工的新想法、新流程等要向上级建议，才会更有可能被采纳和运用，从而提升组织效能。在中国情境下的研究也表明，道德型领导通过塑造团队公平氛围，能够有效地提升部属的建议行为（郭玮 & 涂乙冬，2013）。Tu 和 Lu（2013）也印证了道德型领导能够提升部属的建议行为，同时，组织的程序公平也能够替代领导力来促进员工的建议行为。

领导-部属交换能够提升部属的建议行为，主要原因包括：首先，领导-部属交换质量越高，部属和领导的互动就越频繁，部属有更多的机会向领导者提出建议。其次，领导-部属交换质量越高，上下级关系越好，会使员工在评估建议行为的风险与获得时，由高质量的领导-部属交换获得更高的心理安全，从而使他们更多地提出建议。最后，领导-部属交换质量越高，部属就有更高的义务感去回报领导，建议行为着眼于组织或团队的整体效能和利益，而领导者的产出的衡量标准之一就是组织或团队的绩效产出（涂乙冬，等，2014），也就是说，建议行为本身也会使领导所管理的团队或组织获得更高的效能和产出（Van Dyne & LePine，1998；Detert & Burris，2007），因此建议行为成为部属回报领导的一项积极行为。综上所述，提出研究假设：

假设1c：领导-部属交换与部属的建议行为显著正向相关

4. 领导认同的中介作用

组织中的认同包括三种视角的认同：一是个体被赋予能够与其他人区别开来的个性和特征，这是对个人的认同；二是将心理依附作为人际关系纽带建立与特殊对象（领导及同事等）的人际间二元联系，这是对关系的认同；三是对更大群体的认知，这是对集体的认同（Brewer & Gardner，1996；Brickson，2000，2005）。这表明，组织中的认同是多重的（莫申江 & 王重鸣，2011），不仅有组织认同，而且还有针对特定人际对象的认同，甚至还有针对群体，如团队、部门和子公司的认同等（Ashforth & Jobnson，2001）。领导作为组织中的代理人，在日常工作中考核、评估和指导员工，因此，员工对领导认同是组织中的社会认同的重要部分。

社会认同视角包含了社会认同理论和自我归类理论（Haslam，2001/2004；Postmes & Branscombe，2010；Reicher，Spears & Haslam，2010；Steffens，et al.，2014），社会认同理论主要关注个体的团队身份作为自我的定义的过程，自我归类理论主要是通过刻板效应和去人格化，将自我知觉视做一个群体内分类，既把与内群体成员之间的相似性最大化，也把自我（所属群体）与外群体成员之间的差异化最大化（Turner，et al.，1987）。当他们通过相似性、等价性和可交换性等因素不断增加与内群体成员之间的一致性感知时，就会更好地进行群体归类。同样地，他们也会通过感知到与外群体成员的差异而增加他们的群体归类的显著性。Turner等人（1987）认为："自我知觉的去个性化（自我归类）是决定群体现象（社会刻板印象、群体凝聚力、种族中心主义、合作和利他主义、情绪感染和移情、集体行动、共同的规范和社会影响过程等）的基本过程。"这表明，自我归类理论对于解释组织中的员工的自我定义与自我分类以及他们的行为有很强的解释力。

Rhoades 和 Eisenberger（2002）分析了员工-组织间交换与员工产出之间机制的三种潜在作用过程，其中第一种和第三种都是基于交换的视角，认为员工-组织间的交换能够引起员工的回报义务感，从而使员工做出具体的回报行为。第二种是基于认同的视角，认为员工-组织间的交换所包含的关心、赞赏和尊重能够满足员工的社交需要，使员工能够将组织成员身份和组织角色地位加入到他们的社会认同中去。这一过程仍然可以应用在领导-部属交换以及员工行为的产出之间，这表明对交换来源对象的认同在交换与产出之间扮演着重要的中介作用角色。

领导-部属交换的内容主要包括：信任、授权、尊重、关心、赞赏等因素，这些能够满足员工社交需要和尊重需要，使个体感受到更强烈的组织成员身份，将集体身份定义到个人自我定义和自我概念中。Steffens 等人（2014）也发现，领导者展现出对集体利益的追求、关心团队的共同目标、凸显团队成员身份的重要性、在团队中创造一种团队身份的共同感这些行为，会显著提升员工对领导和团队的认同。当员工感知到这种组织身份时，作为组织的一员，他的目标、价值观和组织的目标和价值观具有高度一致性，他愿意为组织的利益而奉献自己的努力，这种奉献不仅体现在做好角色内行为，而且还应包括角色外行为，如组织公民行为等（汪林 & 储小平，2009）。在中国情境下，如果部属认同领导，那么他会主动考虑领导的利益，将领导的利益放在个人利益之上，给领导提供业务上所需的知识和帮助，协助领导做好工作（郑伯壎，2004），为领导付出额外的努力（Chen，et al.，2002），做出持续的奉献（姜定宇，郑伯壎，郑纪莹 & 周丽芳，2007），甚至愿意为领导牺牲自己的利益，以增强领导的福利（Chen，et al.，2002）。在这种情况下，员工会有更强的义务感和自觉性来完成自己的本质工作，提升工作绩效，从而提高整个领导管理团队的团队绩效（涂乙冬 & 李燕萍，2012）。员工会帮助团队里的其他同事，觉得他有义务为主管去帮助其他工作效率低的员工或者新员工，以增强团队的工作效率，提高领导的管理效能（Van Dyne，Kamdar & Joireman，2008）。员工还可以帮助工作繁忙的领导，为其分担相应的工作，辅助领导工作。同时，员工还可能会更多地做出建议行为，改善工作流程，提出变革创意，阻止损失发生，提升组织或领导团队的效能。因此，对领导的认同越高，员工在组织中的产出也会越多，其中也包括更多的工作绩效、帮助行为和建议行为等利他行为（Cheng，Jiang & Riley，2003；姜定宇 & 郑伯壎，等，2005）。由此，提出假设如下：

假设2a：领导认同在领导-部属交换与员工工作绩效间起着中介作用

假设2b：领导认同在领导-部属交换与员工帮助行为间起着中介作用

假设2c：领导认同在领导-部属交换与员工建议行为间起着中介作用

5. 职业认同的中介作用

领导者在组织中不仅作为管理者，负责员工的日常管理与评价，而且还作为一个指导者，是员工在组织中的导师（Yukl，2005）。领导者的这种导师角色通常隐含在各种领导力的定义或行为里，成为领导力的重要组成部分。例如，变革型领导通过不断地改变部属来使他们有更令人满意的表现（如更高的绩效），在这一过程中变革型领导投入自己的资源、时间、知识和经验（Scandura & Schriesheim，1994），扮演着教练、老师和导师的角色（Yukl，2005）。在社会学习理论视角下，领导者作为部属的榜样，部属通过对领导的观察来追随领导者的作用（Bandura，1977），道德型领导的研究也表明，领导者在道德标准、信念和行为上也是部属的表率（Li，Xu，Tu & Lu，2014）。在社会学习的理论框架下，道德型领导作为部属的学习对象，他的道德型领导行为会促使部属学习的道德产出和道德追随行为，以更高的道德标准来要求自己，做出更多道德行为，减少不道德行为（Brown，et al.，2005）。家长式领导理论也表明，领导作为一个道德和仁慈的形象，会对部属起着表率作用，从而使部属有更亲和的追随行为（Farh & Cheng，2000）。Pratt，Rockmann 和 Kaufmann（2006）的研究论述了医生通过观察和学习他们内科和外科的主管医生（领导），将他们视做一种角色模范，这有助于部属获得职业认同。这些领导力的研究都表明，领导者在组织中从来不是只有严格的管理者这一个形象，而是有多个形象（Sluss & Thompson，2012），一方面他们负有管理者的职责；另一方面，他们也负有教练、老师和导师的角色模范职责。

领导-部属交换描述领导和部属之间的人际互动与社会交换过程，而对领导在这个人际互动和社会认同过程中对部属在职业上的情感、认知和产出的研究相对较少。近年来，开始有研究在探讨领导-部属交换对部属的职业产出的影响，例如，李燕萍和涂乙冬（2011）研究了领导-部属交换如何促进部属的职业成功，Sluss 和 Thompson（2012）认为领导-部属交换中介了组织社会化与职业认同之间的关系。总的来说，领导-部属交换与部属的职业认同的关系在理论上和实证上都需要进一步探索。本书认为领导-部属交换会显著提升部属的职业认同。首先，领导者作为部属职业上的教练、老师和导师，随着领导-部属交换质量的不断提高，上下级人际互动的不断提升，意味着领导者的这种导师角色必然卷入更深。领导会在职业上对部属有更多地指导和帮助，使部属更加了解职业内容，更加熟悉职业技能，有更大的职业平台，使部属更清楚地了解他们的职业对于他们自己的意义、重要性，这使部属能够降低职业发展中的不确定性，并且能够提升他们在职业中的发展。社会认同理论认为自我提升和不确定性降低是社会认同的两大基本动机（Hogg & Terry，2000；Liu，Lam & Loi，2014），因此领导者在社会交换中给予部属的职业指导和职业帮助能够增强部属对他们职业的认同。其次，随着领导-部属交换质量的提高，部属会获得更多的资源、授权、信任和尊重等，也更能够获得更多的职业成功（李燕萍 & 涂乙冬，2011），这种职业上的成就会使个体重新定义他们对职业的情感和认知，当他们在职业上获得积极反馈时，他们会更加倾向于认同他们所从事的职业。最后，对领导-部属交换的双方来说，领导者是组织中的一个富有工作经验的老员工，通常他经历过部属目前所从事的工作，他能够给予部属更多的建议、指导和角色模范，从而使部属有更好的职业表现，提升部属在职业上的认同（Pratt，Rockmann & Kaufmann，2006；Sluss & Thompson，2012）。

由此，本书认为领导-部属交换能够显著提升部属的职业认同。

另外，当个体呈现出高的职业认同，将职业视为他个人自我定义的一部分时，他会对自己的职业和工作有更高的情感连接，从而更多地投入到职业工作中，有更好的工作和职业产出。本书认为职业认同对员工的工作产出有积极作用，这是因为：首先，职业认同高的个体对他/她从事的职业有更积极的情感连接，会更加从内心里喜欢这份工作，这就能够提升他们对工作和职业的内在动机，使他们更好地做出角色内产出和角色外产出，包括做更多的工作绩效，更多的帮助行为和建议行为等。其次，职业认同高的个体会有更强的职业上的自我提升动机（Hogg & Terry，2000），他们更加渴望在职业上获得更大的成就，获得更多的职业成功，因此，他们会做更多的角色内绩效和角色外绩效来确保他们能够有更大的职业产出（Hui，Lam & Law，2000），这其中就包括工作绩效、帮助行为和建议行为。最后，职业认同能够使部属更加忠诚于他/她所从事的职业，以更高的职业标准来要求自己的行为和规范，在职业上寻求更高的绩效产出（Hekman，Gregory，Bigley & Hereford，2009），以更好地与自我的职业认同保持一致。在职业上做出更多工作绩效、帮助行为和建议行为都是个体在寻求情感和行为的一致性。由此，提出职业认同与部属的工作绩效、帮助行为和建议行为显著正相关。综合上述领导-部属交换与部属的职业认同的关系以及上述职业认同与部属的工作产出的关系，本书提出如下假设：

假设 3a：职业认同在领导-部属交换与员工工作绩效间起着中介作用

假设 3b：职业认同在领导-部属交换与员工帮助行为间起着中介作用

假设 3c：职业认同在领导-部属交换与员工建议行为间起着中介作用

4.2.2 研究结果

1. 变量区分效度及同源误差的检验

领导-部属交换为多维构念，其他变量均为单维构念，因此，在验证性因子分析时，领导-部属交换的每一维度视作一个显变量。领导认同包含三个条目，每个条目视作一个显变量。职业认同、工作绩效、帮助行为及建议行为按照 Mathieu 和 Farr（1991）建议的方法将每个变量的条目打包为两个因子。具体的方法为：将单维度的变量进行探索性因子分析，所有测量条目负荷在一个因子上，得到各测量条目由低到高的因子负荷，将若干个最高的条目和最低的条目取平均值组合一个因子，将若干个负荷值位于中间的条目组合为另一个因子，然后进行验证性因子分析。如表 4-1 所示，6 因子模型到 1 因子模型是领导-部属交换、领导认同、职业认同、工作绩效、帮助行为及建议行为六个变量的验证性因子分析结果，通过比较，其中 6 因子模型拟合效果最好（$\chi^2 = 126.483$，$df = 75$，CFI = 0.970，GFI = 0.920，NFI = 0.931，RMSEA = 0.058），各项指标拟合均处于一个较好的可接受值范围内（Medsker, Williams & Holahan, 1994; Kelloway, 1998），因此认为它具有较好的区分效度。

尽管本研究采用了两轮数据收集的办法用于降低同源误差，但是由于数据来源单一，仍然不能够完全排除同源误差的干扰。为了检测本研究是否存在足够大的同源误差影响本书的假设检验，本研究采用了三个办法来降低或检测同源误差问题。一是事前研究设计程序以降低同源误差。在收集数据的时候，将不同变量分为两个时间点来进行数据收集，间隔大约为 1 周到 1 个月之间（平均为 2 周），这就能够在很大程度上避免同一时点收集数据带来的同源方差问题。二是采用了两种广泛运用的同源误差检测方法用于评估同源方差：一种是 Harman's 单因子检验（Harman's One Factor Test）；另一种是“不可测量潜在方法因子检验（Controlling for the Effects of a Single Unmeasured Latent Method Factor）”（Podsakoff, MacKenzie, Lee & Podsakoff, 2003; Malhotra, Kim & Agarwal, 2006; 周浩 & 龙立荣, 2004）。Dulac, Coyle-Shapiro, Henderson 和 Wayne（2008）以及涂乙冬等人（2014）也是采用这两种方法来进行同源方差检验，Tu 和 Lu（2013）在研究中，也采用了这两种方法来检验同源方差。这些研究都表明，这两种方法用于同源方差检验是被广泛接受的。

Harman's 单因子检验（Harman's One Factor Test）是四种常用的检测同源误差的方法之一。Harman's 单因子检验可以通过验证性因子分析（CFA）和探索性因子分析来检验。本书通过验证性因子分析来检验同源误差，其基本思想是：通过合并理论构念来检验合并后的模型的拟合程度变化，如果随着模型一步步合并，其拟合指标显著变差，则表明同源方差不严重；反之，则表明同源方差可能严重。从表 4-1 中的 6 因子模型到 1 因子模型可以看出，当合并理论构念时，因子模型拟合度显著变差，这表明同源方差对本研究的影响较小。

“不可测量潜在方法因子检验”是另一种行之有效的检测同源方差的方法，其原理是在理论构念的基础上增加一个潜变量（命名为“同源方差”），前述六个理论变量的所有显变量全部负荷在同源方差潜变量上（同时，这些显变量仍然分别负荷在各自的理论变量上）。相当于在原来的模型上增加了一个负荷所有显变量的潜因子，如果存在严重的同源方差，所有的显变量应该是共同负荷在同源方差上，那么这个新模型的拟合性应该更优。同时，可以根据这些显变量负荷在“同源方差”潜变量上的值来算出平均方差抽取量（Average Variance Extracted），用以检验同源方差的严重性。本研究表 4-1 中 6 因子模型和 7 因子模型就是“不可测量潜在方法因子检验”的结果，可以看出，7 因子模型也具有很好的拟合效果（$\chi^2 = 81.004$，$df = 60$，$CFI = 0.988$，$GFI = 0.948$，$NFI = 0.956$，$RMSEA = 0.041$），通过比较 6 因子模型和 7 因子模型，尽管 7 因子模型相对来说拟合度更好，但是它改善 6 因子模型的幅度过小（李锐，凌文辁 & 柳士顺，2012；涂乙冬，等，2014）。本书也计算了 7 因子模型中同源误差作为一个潜变量的平均方差抽取量，同源误差的平均方差抽取量为 0.391，低于判别标准的 0.5 的阈值（Dulac，et al.，2008），因此，“不可测量潜在方法因子检验”的结果表明，尽管同源方差的影响可能存在，但是并不严重，对研究的干扰较小。

表 4-1　　**子研究 1 六个变量的验证性因子分析**

模型	χ^2	*df*	χ^2/df	CFI	GFI	NFI	RMSEA	AIC
7 因子模型	81.004	60	1.350	0.988	0.948	0.956	0.041	201.004
6 因子模型	126.483	75	1.686	0.970	0.920	0.931	0.058	216.483
5 因子模型	185.166	80	2.315	0.939	0.879	0.898	0.080	265.166
4 因子模型	433.271	84	5.518	0.797	0.787	0.762	0.142	505.271
3 因子模型	657.681	87	7.560	0.668	0.688	0.639	0.179	723.681
2 因子模型	866.928	89	9.741	0.547	0.586	0.524	0.206	928.928
1 因子模型	945.661	90	10.507	0.502	0.548	0.481	0.215	1005.661

注：$n=206$，LMX 代表领导-部属交换，SI 代表领导认同，PI 代表职业认同，JP 代表绩效，HB 代表帮助行为，VB 代表建议行为。

Chi-suquar，χ^2，卡方值；Degree of Freedom，df，自由度；Comparative Fit Index，CFI，比较适合度指标；Goodness of Fit Index，GFI，模型拟合度指标；Normed Fit Index，NFI，基准化适合度指标；Root Mean Wquare Residual，RMSEA，平均平方误差平方根；Akaike's Informanion Criterion，AIC，赤池信息标准。

7 因子模型 LMX，SI，PI，JP，HB，VB，CMV　　6 因子模型 LMX，SI，PI，JP，HB，VB

5 因子模型 LMX+SI，PI，JP，HB，VB　　4 因子模型 LMX+SI+ PI，JP，HB，VB

3 因子模型 LMX+SI+PI+JP，HB，VB　　2 因子模型 LMX+SI+PI+ JP+ HB，VB

1 因子模型 LMX+SI+PI+JP+ HB+VB

2. 变量的描述性统计分析

表4-2显示了领导-部属交换、领导认同、职业认同、工作绩效、帮助行为、建议行为的均值、标准差以及相关系数。从表4-2可以看出，领导-部属交换与员工的领导认同（$r=0.577$，$p<0.001$）、职业认同（$r=0.365$，$p<0.001$）、工作绩效（$r=0.174$，$p<0.05$）、帮助行为（$r=0.332$，$p<0.001$）和建议行为（$r=0.178$，$p<0.05$）均显著正相关，领导认同与员工的工作绩效（$r=0.204$，$p<0.01$）、帮助行为（$r=0.330$，$p<0.001$）和建议行为（$r=0.255$，$p<0.001$）均显著正相关，员工的职业认同与工作绩效（$r=0.375$，$p<0.001$）、帮助行为（$r=0.478$，$p<0.001$）和建议行为（$r=0.392$，$p<0.001$）均显著正相关。各项相关系数较好地与假设保持一致。

3. 中介效应检验

根据Borny和Kenney（1986）推荐的检验中介变量的程序，本书采用多元线性回归的方法来检验领导认同和职业认同在领导-部属交换与员工绩效、帮助行为和建议行为间的中介作用。其中，员工的性别和年龄作为控制变量，性别用二分变量表示，年龄用阿拉伯数字表示，两者均未进行中心化。其他变量领导-部属交换、领导认同、职业认同、工作绩效、帮助行为及建议行为都进行总均值中心化。如表4-3模型2所示，在加入了控制变量后，领导-部属交换对下属的工作绩效影响显著（$\beta=0.171$，$p<0.05$），由此验证了假设1a成立。如表4-4模型2所示，领导-部属交换对下属帮助行为影响显著（$\beta=0.237$，$p<0.001$），由此验证了假设1b成立。如表4-5模型2所示，领导-部属交换对下属建议行为影响显著（$\beta=0.149$，$p<0.05$），由此验证了假设1c成立。

本书首先检验了领导-部属交换对员工的领导认同和职业认同的影响。如表4-6的模型2所示，领导-部属交换对部属的领导认同有显著正向影响（$\beta=0.638$，$p<0.001$）；如表4-6的模型4所示，领导-部属交换对部属的职业认同有显著正向影响（$\beta=0.340$，$p<0.001$）。

表 4-2　　相关变量的平均值、标准差、信度系数以及相关系数

变　量	*Mean*	*SD*	1	2	3	4	5	6	7	8
性别	1. 490	0. 501	1							
年龄	30. 250	8. 372	-0. 057	1						
领导-部属交换	3. 507	0. 768	0. 023	0. 045	1(0. 932)					
领导认同	2. 979	0. 864	-0. 044	-0. 013	0. 577***	1(0. 733)				
职业认同	3. 105	0. 723	0. 009	0. 187**	0. 365***	0. 437***	1(0. 910)			
工作绩效	3. 653	0. 526	-0. 007	0. 158*	0. 174*	0. 204**	0. 375***	1(0. 841)		
帮助行为	3. 683	0. 587	0. 154*	0. 102	0. 332***	0. 330***	0. 478***	0. 415***	1(0. 890)	
建议行为	4. 190	0. 695	0. 054	0. 163*	0. 178*	0. 255***	0. 392***	0. 641***	0. 647***	1(0. 833)

注：对角线括号里表示该变量的信度；　$^{*}p<0.05$，$^{**}p<0.01$，$^{***}p<0.001$，$n=206$.

表 4-3 **领导认同和职业认同在领导-部属交换与员工工作绩效间的中介效应**

变量	下属的工作绩效			
	M1	M2	M3	M4
截距	4.292(0.258)***	4.326(0.249)***	4.282(0.239)***	4.536(0.222)***
性别	0.015(0.007)*	0.015(0.006)*	0.015(0.006)*	0.008(0.006)
年龄	0.039(0.096)	0.030(0.095)	0.043(0.095)	0.019(0.082)
领导-部属交换		0.171(0.072)*	0.056(0.051)	0.024(0.067)
领导认同			0.179(0.072)*	
职业认同				0.432(0.066)***
R^2	0.034	0.069	0.103	0.250

注：$n=206$, Bootstrap $n=1000$, * $p<0.05$, ** $p<0.01$, *** $p<0.001$, 2-tailed.

表 4-4 领导认同和职业认同在领导-部属交换与员工帮助行为间的中介效应

变量	下属的帮助行为			
	M1	M2	M3	M4
截距	3.179(0.202)***	3.226(0.186)***	3.190(0.195)***	3.379(0.166)***
性别	0.007(0.006)	0.006(0.005)	0.007(0.005)	0.001(0.005)
年龄	0.208(0.079)**	0.195(0.074)**	0.206(0.075)**	0.187(0.069)**
领导-部属交换		0.237(0.051)***	0.144(0.059)*	0.130(0.055)*
领导认同			0.146(0.053)**	
职业认同				0.316(0.050)***
R^2	0.041	0.143	0.175	0.285

注：$n=206$, Bootstrap $n=1000$, * $p<0.05$, ** $p<0.01$, *** $p<0.001$, 2-tailed.

表 4-5 **领导认同和职业认同在领导-部属交换与员工建议行为间的中介效应**

变　量	下属的建议行为			
	M1	M2	M3	M4
截距	3.610(0.262)***	3.639(0.267)***	3.595(0.248)***	3.803(0.234)***
性别	0.014(0.007)+	0.014(0.007)+	0.014(0.007)	0.009(0.007)
年龄	0.116(0.102)	0.108(0.097)	0.121(0.097)	0.010(0.092)
领导-部属交换		0.149(0.068)*	0.036(0.075)	0.034(0.068)
领导认同			0.177(0.074)*	
职业认同				0.339(0.068)***
R^2	0.034	0.061	0.094	0.172

注：$n=206$，Bootstrap $n=1000$，+ $p<0.1$，* $p<0.05$，** $p<0.01$，*** $p<0.001$，2-tailed.

表 4-6 领导-部属交换对员工领导认同和职业认同的直接效应

变 量	领导认同		职业认同	
	M1	M2	M3	M4
截距	0.120(0.344)	0.245(0.258)	−0.553(0.263)*	−0.487(0.228)*
性别	−0.002(0.010)	−0.004(0.007)	0.016(0.006)	0.015(0.006)**
年龄	−0.041(0.120)	−0.076(0.105)	0.044(0.106)	0.026(0.099)
领导-部属交换		0.638(0.069)***		0.340(0.066)***
R^2	0.001	0.325	0.033	0.156

注：n = 206, Bootstrap n = 1000, * $p<0.05$, ** $p<0.01$, *** $p<0.001$, 2-tailed.

如表 4-3 模型 3 所示，在加入领导认同以后，领导-部属交换对员工工作绩效的作用变得不显著（$\beta=0.056$，*n.s*），领导认同对员工工作绩效的作用是显著正向的（$\beta=0.179$，$p<0.05$）。这表明领导认同在领导-部属交换与员工工作绩效之间起着完全中介的作用，由此证明了假设 2a 成立。如表 4-4 模型 3 所示，在加入领导认同以后，领导-部属交换对员工帮助行为作用降低（$\beta=0.144$，$p<0.05$），领导认同对员工帮助行为的作用也是显著正向的（$\beta=0.146$，$p<0.01$）。这表明领导认同在领导-部属交换与员工帮助行为之间起着部分中介，由此证明了假设 2b 成立。如表 4-5 模型 3 所示，在加入领导认同以后，领导-部属交换对员工建议行为变得不显著（$\beta=0.036$，*n.s*），但领导认同对员工建议行为的作用是显著正向的（$\beta=0.177$，$p<0.05$）。这表明领导认同在领导-部属交换与员工建议行为之间起着完全中介，证明了假设 2c 成立。

如表 4-3 模型 4 所示，在加入职业认同以后，领导-部属交换对员工工作绩效的影响变得不显著（$\beta=0.024$，*n.s*），职业认同对员工工作绩效的作用是显著正向的（$\beta=0.432$，$p<0.001$）。这表明职业认同在领导-部属交换与员工工作绩效之间起着完全中介的作用，由此证明了假设 3a 成立。如表 4-4 模型 4 所示，在加入职业认同以后，领导-部属交换对员工帮助行为作用降低（$\beta=0.130$，$p<0.05$），但职业认同对员工帮助行为的作用是显著正向的（$\beta=0.316$，$p<0.001$）。这表明职业认同在领导-部属交换与员工帮助行为之间起着部分中介的作用，由此证明了假设 3b 成立。如表 4-5 模型 4 所示，在加入职业认同以后，领导-部属交换对员工建议行为的作用变得不显著（$\beta=0.034$，*n.s*），但职业认同对员工建议行为的作用是显著正向的（$\beta=0.339$，$p<0.001$）。这表明职业认同在领导-部属交换与员工建议行为之间起着完全中介的作用，由此证明了假设 3c 成立。

本书还采用了乘积法和 MCMAM 法来检验中介效应（方杰 & 张敏强，2012）。乘积法中介效应的检验结果在表 4-7 中，主要采用 Sobel 检验计算中介效应及其显著性。MCMAM 法的结果如表 4-8

所示，并进一步将间接效应的分布频次表现在图 4-2 至图 4-7 中。

Sobel 检验（Sobel test）采用 Preacher 和 Hayes（2008）的程序来进行计算，从表 4-7 中可以看出，“领导-部属交换—领导认同—工作绩效”模型的间接效应为 0.114（$p<0.01$，$t=2.401$），“领导-部属交换—领导认同—帮助行为”模型的间接效应为 0.093（$p<0.01$，$t=2.640$），“领导-部属交换—领导认同—建议行为”模型的间接效应为 0.113（$p<0.01$，$t=2.316$）。“领导-部属交换—职业认同—工作绩效”模型的间接效应为 0.147（$p<0.001$，$t=4.048$），“领导-部属交换—职业认同—帮助行为”模型的间接效应为 0.107（$p<0.001$，$t=3.993$），“领导-部属交换—职业认同—建议行为”模型的间接效应为 0.115（$p<0.001$，$t=3.582$），上述运用 Sobel 检验的结果表明，各中介模型的间接效应为正向并在统计上显著，从而进一步验证了各项中介假设成立。

MCMAM 法采用 Selig 和 Preacher（2008）的程序来进行计算。通过计算中介效应在 95%置信区间的中介效应量的分布状况来检验中介效应的大小。Selig 和 Preacher（2008）的程序通过 20000 次的抽样，从大样本中计算中介效应的分布区间和分布频次。如表 4-8 就列明了中介效应在 95%置信区间（也就是 $p<0.05$ 的概率）的最低值和最高值。“领导-部属交换—领导认同—工作绩效”模型的间接效应分布区间为［0.024，0.212］，“领导-部属交换—领导认同—帮助行为”模型的间接效应分布区间为［0.026，0.167］，“领导-部属交换—领导认同—建议行为”模型的间接效应分布区间为［0.020，0.212］。“领导-部属交换—职业认同—工作绩效”模型的间接效应分布区间为［0.082，0.224］，“领导-部属交换—职业认同—帮助行为”模型的间接效应分布区间为［0.060，0.165］，“领导-部属交换—职业认同—建议行为”模型的间接效应分布区间为［0.058，0.185］。

在图 4-2 至图 4-7 中进一步画出了在这些区间内，间接效应分布在各值的频次，这样就能很清楚地看出中介效应的分布范围和分布的众数等。

表4-7　**子研究1的间接效应的Sobel检验**

中介模型	r_a	r_b	s_a	s_b	ab	t	p-value
领导-部属交换—领导认同—工作绩效	0.638	0.179	0.069	0.072	0.114	2.401	$p<0.01$
领导-部属交换—领导认同—帮助行为	0.638	0.146	0.069	0.053	0.093	2.640	$p<0.01$
领导-部属交换—领导认同—建议行为	0.638	0.177	0.069	0.074	0.113	2.316	$p<0.01$
领导-部属交换—职业认同—工作绩效	0.340	0.432	0.066	0.066	0.147	4.048	$p<0.001$
领导-部属交换—职业认同—帮助行为	0.340	0.316	0.066	0.050	0.107	3.993	$p<0.001$
领导-部属交换—职业认同—建议行为	0.340	0.339	0.066	0.068	0.115	3.582	$p<0.001$

注：** $p<0.01$，*** $p<0.001$，2-tailed.

表 4-8　**子研究 1 的间接效应的 MCMAM 检验**

序号	中介模型	r_a	r_b	s_a	s_b	95% *CI*	
						lower	*upper*
1	领导-部属交换—领导认同—工作绩效	0.638	0.179	0.069	0.072	0.024	0.212
2	领导-部属交换—领导认同—帮助行为	0.638	0.146	0.069	0.053	0.026	0.167
3	领导-部属交换—领导认同—建议行为	0.638	0.177	0.069	0.074	0.020	0.212
4	领导-部属交换—职业认同—工作绩效	0.340	0.432	0.066	0.066	0.082	0.224
5	领导-部属交换—职业认同—帮助行为	0.340	0.316	0.066	0.050	0.060	0.165
6	领导-部属交换—职业认同—建议行为	0.340	0.339	0.066	0.068	0.058	0.185

注：Monte Carlo Method for Assessing Mediation(MCMAM)；95%CI 代表 95%的置信区间；bootstrap $n=20000$.

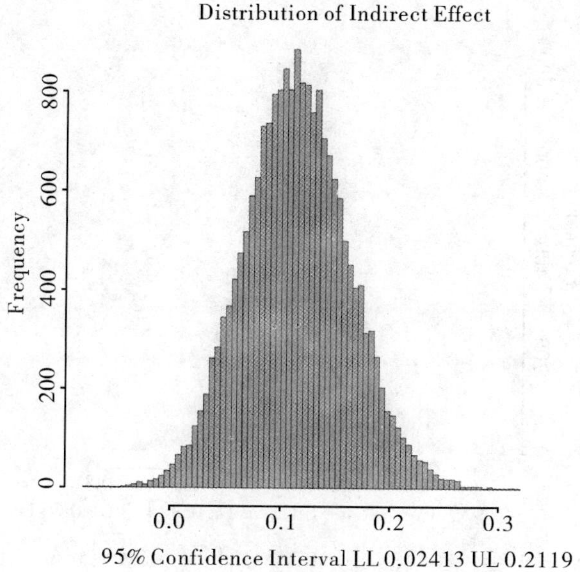

图 4-2 模型 1 运用 MCMAM 计算的间接效应分布

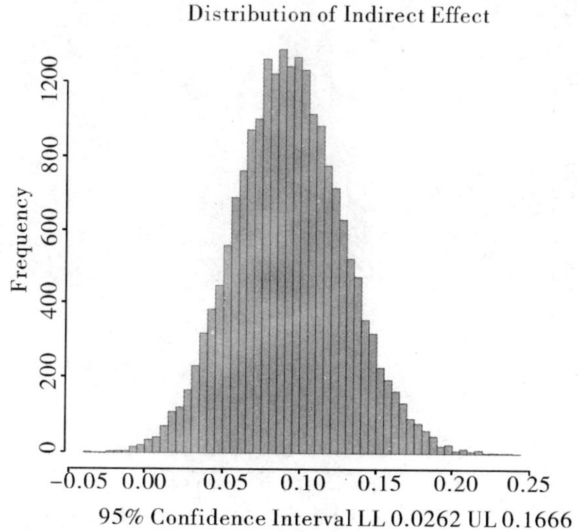

图 4-3 模型 2 运用 MCMAM 计算间接效应分布

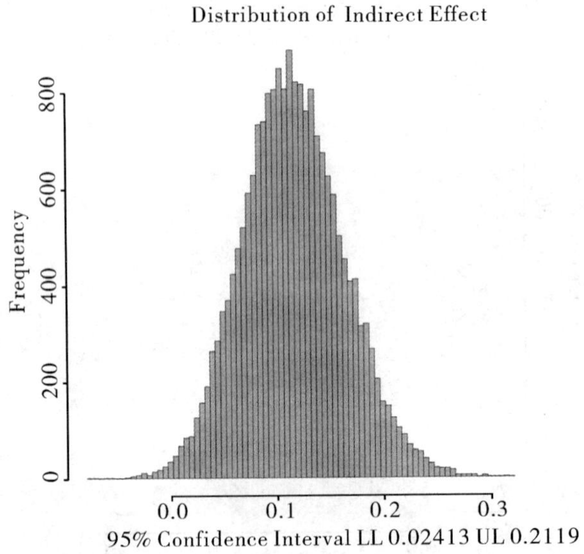

图 4-4　模型 3 运用 MCMAM 计算间接效应分布

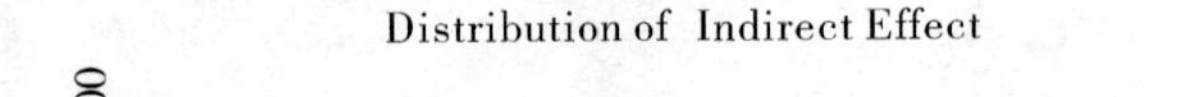

图 4-5　模型 4 运用 MCMAM 计算间接效应分布

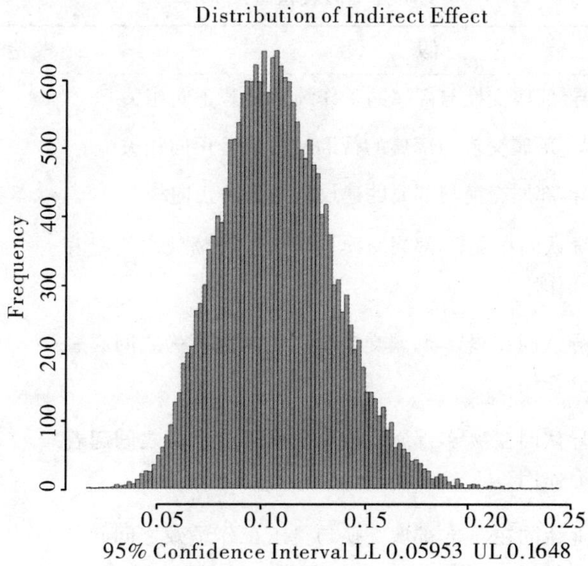

图4-6 模型5运用MCMAM计算间接效应分布

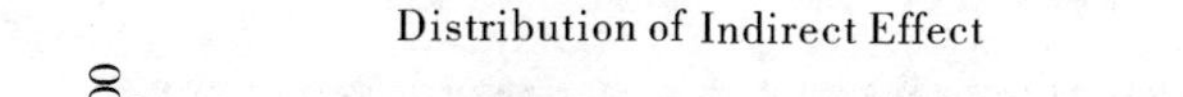

图4-7 模型6运用MCMAM计算间接效应分布

表 4-9 **子研究 1 假设检验结果**

假　　设	检验结果
假设 1a：领导-部属交换与部属的工作绩效显著正向相关	支持
假设 1b：领导-部属交换与部属的帮助行为显著正向相关	支持
假设 1c：领导-部属交换与部属的建议行为显著正向相关	支持
假设 2a：领导认同在领导-部属交换与员工工作绩效之间起着中介作用	支持
假设 2b：领导认同在领导-部属交换与员工帮助行为之间起着中介作用	支持
假设 2c：领导认同在领导-部属交换与员工建议行为之间起着中介作用	支持
假设 3a：职业认同在领导-部属交换与员工工作绩效之间起着中介作用	支持
假设 3b：职业认同在领导-部属交换与员工帮助行为之间起着中介作用	支持
假设 3c：职业认同在领导-部属交换与员工建议行为之间起着中介作用	支持

注：假设 2b 和假设 3b 被验证为部分中介，假设 2a，假设 2c，假设 3a，假设 3c 被验证为完全中介。

4.2.3 后分析

在上一部分的中介效应中，我们采用了 Baron 和 Kenny (1986) 的程序来进行中介效应的检验，也采用了 Sobel test 和 MC-MAM 方法来检验中介效应，进一步证实了中介效应。因为 Sobel test 假设中介效应 *ab* 满足正态分布的假设，但实际上 *ab* 不一定满足此项假设（MacKinnon，Lockwood & Williams，2004；Preacher & Hayes，2008；Shrout & Bolger，2002，Loi，Chan & Lam，2014），因此，Sobel test 来检验中介效应通常有明显的局限性。使用 Bootstrap方法进行非参数估计成为估计中介效应更为理想的办法（Shrout and Bolger，2002），虽然在上一部分中的MCMAM也采用Bootstrap的方式来估计中介效应 *ab* 在95%置信区间的分布区间，但Selig和Preacher（2008）认为，在数据不可得的情况下使用MCMAM是非常有用的工具；当数据可得时，推荐使用Preacher和Hayes（2004）的SPSS程序的间接效应的宏来计算间接效应的分布区间。因此，我们通过Preacher and Hayes（2004）的SPSS的间接效应的宏来进行Bootstrap方法的中介效应检验作为后分析。

Preacher和Hayes（2004）的分析整合了Baron和Kenny（1986）的程序和MacKinnon，Lockwood和Williams（2004）的Bootstrap方法，因此，它既提供Baron和Kenny（1986）程序的参数估计，*a* 代表自变量对中介变量的作用，*b* 代表中介变量对因变量的作用，*c* 代表自变量对因变量的作用，*c*' 代表控制了中介变量的情况下自变量对因变量的作用，同时也提供Bootstrap方法在95%置信区间下的中介效应的分布。

如表4-10所示，在95%的置信区间条件下①，“领导-部属交换—领导认同—工作绩效”模型的间接效应分布区间为［0.021，0.203］，“领导-部属交换—领导认同—帮助行为”模型的间接效应分布区间为［0.030，0.170］，“领导-部属交换—领导认同—建议行为”模型的间接效应分布区间为［0.033，0.211］。“领导-部属交换—职业认同—工作绩效”模型的间接效应分布区间为［0.079，0.229］，“领导-部属交换—职业认同—帮助行为”模型的间接效应分布区间为［0.058，0.171］，“领导-部属交换—职业认同—建议行为”模型的间接效应分布区间为［0.063，0.198］。根据Shrout和Bolger（2002）的分类，这属于近端中介效应（Mediation of Proximal Effect），后分析结果也完全支持了子研究1的6个假设。

---

① 比较表4-10中Bootstrapping法检验中介效应的结果和前述的Baron和Kenny（1986）的方法的OLS回归结果，二者大致相同，基本在千分位上有细微差别，可以忽略不计。

表 4-10 **基于 Bootstrap 的子研究 1 的中介效应检验**

序号	中介模型	Model fit	*a*	*b*	*c*	*c'*	*ab*	95% *CI* *lower*	95% *CI* *upper*
1	领导-部属交换—领导认同—工作绩效	$R^2=0.103$, $F=5.333$, $p<0.001$	0.638 (0.067)***	0.179 (0.068)**	0.171 (0.064)**	0.056 (0.076)	0.115 (0.046)	0.021	0.203
2	领导-部属交换—领导认同—帮助行为	$R^2=0.176$, $F=9.921$, $p<0.001$	0.638 (0.067)***	0.147 (0.54)**	0.237 (0.050)***	0.144 (0.060)*	0.094 (0.034)	0.030	0.170
3	领导-部属交换—领导认同—建议行为	$R^2=0.094$, $F=4.818$, $p<0.001$	0.638 (0.067)***	0.178 (0.069)*	0.149 (0.064)*	0.036 (0.077)	0.114 (0.046)	0.033	0.211
4	领导-部属交换—职业认同—工作绩效	$R^2=0.250$, $F=15.518$, $p<0.001$	0.340 (0.065)***	0.432 (0.065)***	0.171 (0.064)**	0.024 (0.061)	0.147 (0.039)	0.079	0.229
5	领导-部属交换—职业认同—帮助行为	$R^2=0.285$, $F=18.535$, $p<0.001$	0.340 (0.065)***	0.315 (0.052)***	0.237 (0.050)***	0.130 (0.049)**	0.107 (0.028)	0.058	0.171
6	领导-部属交换—职业认同—建议行为	$R^2=0.285$, $F=18.535$, $p<0.001$	0.340 (0.065)***	0.339 (0.068)***	0.149 (0.064)*	0.034 (0.065)	0.115 (0.033)	0.063	0.198

注:95%CI 代表 95%的置信区间; bootstrap $n=1000$,控制变量:性别,年龄,* $p<0.05$,** $p<0.01$,*** $p<0.001$,2-tailed.

4.3 子研究 2：员工-组织间的社会交换、社会认同与产出

子研究 1 验证了员工与领导之间的社会交换、社会认同与产出的作用机制，这一过程使研究者了解了在组织情境中的员工与领导之间的社会交换、社会认同与产出过程。然而，员工在组织中的交换和认同都是多种类型的，员工在组织中同时与领导以及整体的组织发生着社会交换和社会认同。例如，中国人在介绍自己的时候，一般都会自报家门，出自何处，师承何人。这表明，个体这种“关系性自我”包含着他所在的组织以及他的领导，因此，在子研究 1 的基础上，有必要继续探索员工-组织间的社会交换、社会认同与产出过程。

近年来，员工-组织间的交换与认同关系以及其产出效益引起了学者的兴趣（Zagenczyk, et al., 2011；Ertürk, 2010；Sluss, Klimchak & Holmes, 2008；涂乙冬 & 李燕萍，2012）。研究者发现，来源于组织的关心和重视，能够有效地提升个体的认同感（Sluss, et al., 2008；涂乙冬 & 李燕萍，2012；沈伊默，2007），并且使个体更加努力地工作进行回报。但是，现有研究对组织中的社会交换、社会认同与产出的探索仍然不足，在以下三个方面需要加强。

首先，组织支持和组织认同的概念都来源于个体的内在认知或情感，是一个个体层次的构念，那么存在不存在团队层次或者组织层次的组织支持及组织认同呢？在团队或组织层面的组织支持或组织认同应该如何定义和操作？在团队或组织层面的组织支持或组织认同与个人层次的组织支持和组织认同有何区别和联系，两者之间又是什么关系？这些理论问题尚没有答案。

其次，已有研究主要是基于个体感知到的个人-组织之间的社会交换、组织认同和员工产出（绩效、组织公民行为等）进行研究，而缺乏对团队或组织层面的组织支持、组织认同和团队产出的研究（El Akremi, et al., 2014；Bashshur, et al., 2011）。随着工

作特征逐渐从以个人为单位转变为以团队为单位（Choi，2007），团队化管理成为组织管理的基本单元（Balkundi & Harrison，2006；Wageman & Baker，1997），组织的资源分配、绩效评价以及管理单元都是以团队为主，团队层面的组织支持和组织认同对团队产出有何影响？现有研究尚没有探索这一问题。

最后，尽管员工视角的社会交换、社会认同与产出间的作用得到验证，但这一过程嵌套在团队结构中的作用机制还不足，也就是团队层次的组织支持氛围及组织认同氛围是如何影响到部属的社会交换、社会认同和产出过程尚需进一步验证。在一个多层次的模型中，组织的氛围、文化、政策等因素都会影响到微观的员工的认知、态度或行为。团队层次的组织支持氛围和组织认同氛围分别对员工认知的组织支持和组织认同的影响如何？组织或团队的组织支持氛围和组织认同氛围对员工的组织支持感、组织认同以及员工产出的影响是什么？组织或团队的组织支持氛围和组织认同氛围会通过中介还是调节作用来影响个体层次的社会交换、社会认同与产出过程？这一部分知识尚未被探索，仍然没有现成的答案。

为了解决上述问题，子研究 2 构建了一个团队和个体多重层次的模型来研究组织支持、组织认同与团队及员工产出的作用过程。本书的研究模型如图 4-8 所示。本书的研究目的包括：（1）在理论上讨论组织支持氛围和组织认同氛围作为团队或组织层次变量的理论构建以及操作化定义，构建团队层面的组织支持氛围和组织认同氛围的构念。（2）验证团队层次的组织支持氛围、组织认同氛围以及团队产出的作用过程。（3）检验在个人层次的组织支持感、

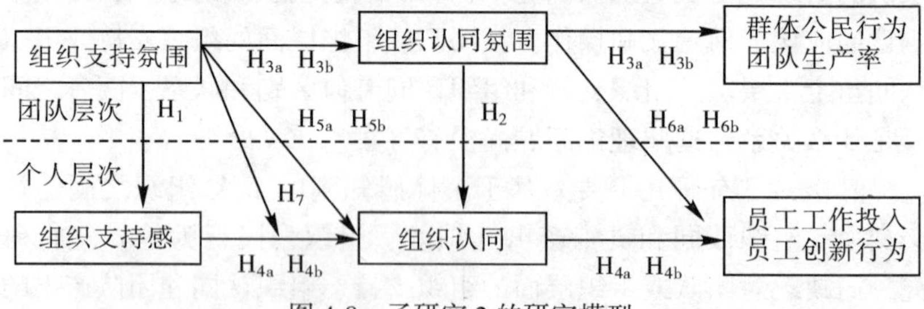

图 4-8　子研究 2 的研究模型

组织认同与员工的工作投入和创新行为的作用机制。（4）验证团队层次的组织支持氛围和组织认同氛围对员工层次的组织支持-组织认同-员工产出的调节和中介作用作用。总的来说，本书是从团队和个人双重层次来研究员工与组织交换-组织认同与团队及员工的产出。

本书首先在理论上讨论了团队层次的组织支持氛围及组织认同氛围的定义、内涵等，并在理论上阐述了个人层次的组织支持感和组织认同与团队层次的组织支持氛围及组织认同氛围的区别。然后，对研究假设逻辑推理和理论论述，接着报告了实证研究的结果。最后，在下一节结合子研究1的结果进行了总体讨论与发现。

4.3.1 概念定义

1. 组织支持氛围

传统的组织支持感的研究都聚焦在个体层面，最近的几项研究开始拓展个体的组织支持感到团队层次的集体的组织支持感（Bashshur, et al., 2011; El Akremi, et al., 2014; Kim, 2014; Tu & Lu, 2013）。Kim（2014）认为，组织中的员工不仅会感受到他们的组织对他们的关心、支持、重视等，而且会在团队内部通过社会比较、理解、学习和分析等过程来建立集体的、共享的组织支持氛围。Bashshur等人（2011）将组织支持氛围定义为："团队成员共享的组织重视他们的贡献，支持他们，重视他们的利益，考虑他们的需求的程度。"研究者们认为支持以团队为基础的组织支持氛围主要基于两个原因：第一，由于团队成员面临着同样的组织内部环境，对于组织如何对他们团队有着共同的感知，团队成员对于他们组织对他们团队的支持、关心、重视等有着很高的共识，因此，同一团队内的团队成员对基于团队的组织支持氛围有很高的一致性。第二，随着团队成为基本的工作单元，团队也成为组织分配物质、经济和情感资源的基本单元，因此，团队之间获得的组织的各种资源分配呈现着巨大的差别，不同团队成员对于他们团队的组织支持氛围有着巨大的共享感知差别，这种团队内部一致性高、团队之间的差异性大是形成团队氛围的条件（Bashshur, et al. 2011; El

Akremi，et al.，2014）。因此，本书认为构建团队层次的组织支持氛围是合适的。

相对于个人感知的组织支持而言，组织支持氛围是团队成员对组织已存在的在重视员工贡献和关心员工幸福的制度和氛围方面的共同感知和共享观念（Bashshur，et al.，2011；El Akremi，et al.，2014；Kim，2014；Tu & Lu，2013）。组织支持氛围应该包括以下三个方面的含义：首先，组织支持氛围是组织重视员工贡献的文化或氛围。另外，组织支持氛围是组织关心员工幸福的文化或氛围，组织文化是以人为本、以员工利益为导向的。最后，组织为员工的工作提供了足够的支持去帮助员工完成工作和个人发展，组织认为它有责任去帮助员工更好地完成工作任务和实现个人发展。组织支持氛围表明，组织在文化上或者在制度上重视员工的贡献，关心员工的福利和利益，为员工提供必要的帮助，考虑员工的需求，帮助员工实现个人发展。

2. 组织认同氛围

Ashforth 和 Mael（1989，1992）将组织认同定义为："个体以组织成员的身份定义自我的一种状态，或是一种属于群体的知觉。"尽管组织认同是从个体内心的一种情感和认知，但它仍然可以形成团队层面共享的心理属性，如与集体共享的组织认同相接近的概念——集体的组织承诺，已经在数项研究中进行理论讨论和实证研究（El Akremi，et al.，2014；Chun，Shin，Choi & Kim，2013）。个体的社会认同最初定义时是个人层次的构念，但是有研究已经开始探索团队层面的集体认同（Van Der Vegt & Bunderson，2005；Carmeli，Gelbard & Goldriech，2011；Schaeffner，et al.，2014）和团队内部的认同扩散（Kraus，Ahearne，Lam & Wieseke，2012）。例如，Van der Vegt 和 Bunderson（2005）认为集体的团队认同是团队成员的团队身份带给他们的共享的情感意义，Carmeli 等人（2011）强调了这种集体共享认同的认知和情感成分。Schaeffner 等人（2014）强调了集体认同是针对团队整体，而不是团队内部的子团队的共享情感依附和团队归属感。Kraus 等人（2012）研究了团队内的领导与部属、同事之间的组织认同扩散过程。个体和集体层面的组织认同的最大区别在于，集体层面的认同强调了共享的成员身份，而个体的认同则关注个体的成员身份（Van Der Vegt & Bunderson，2005；Carmeli，et al.，2011）。

尽管已有数项研究开始关注集体的认同，但是对于团队层面共享的组织认同的研究还非常缺乏，借鉴 Van Der Vegt & Bunderson（2005）对集体的团队认同的定义，本书将集体的组织认同认为是一种组织认同的氛围，组织认同氛围是团队成员共享团队身份，并以团队身份来进行归类的程度。这种基于集体身份认知的氛围凸显了团队成员整体将他们的团队身份作为自我定义和自我归类的共识。

组织认同氛围是一种共享的身份认知和共同的自我归类，是团队中的个体通过去人格化过程，逐渐将自我身份认知变为集体身份认知的一种共同氛围。因为个体的组织认同是由个体内心激发的一种自我定义和自我分类，所以，组织认同氛围也呈现出一种共享的心理属性，它不是外部强加的。尽管组织也可能会加强员工归属感和认同感的建设，期望通过组织文化和组织管理来提高员工的组织认同，但是在组织中存在的组织认同氛围是组织中员工自发形成的一种氛围。这种氛围应该包括以下三个方面：第一，团队成员都会以团队来定义他们个人，团队的信念、价值观、目标等特征都会成为团队成员的集体自我概念。例如，他们会在介绍自己的时候以团队的工作和团队的特征、价值观等因素来进行自我特征描述。第二，团队成员都会自我归类为某一团队的人，这是一种群体共同意识的自我归类行为，而非个体的无意识的自我归类过程。例如，他们会认为我是某某团队的员工，为某某团队赢得利益（包括经济收益或名誉等）。第三，同一组织中的成员共享着共同的价值观、信念和目标等，他们的这些共享观念明显地区别于其他组织或团队。

组织支持氛围和组织认同氛围都是组织中存在的一种氛围，它既区别于组织的管理行为和管理实践，也区别于组织正式的管理制度和管理规范。李太等人（2013）认为，团队氛围是所有团队成员应该接受的一种共同的隐性认知，虽然它并不像正式制度一样受到组织强制力的保证而使成员必须接受的显性的共同认知，但它也能够对成员的行为方式产生影响。氛围可以理解为是组织制度不完善或组织制度无法管理到个体的领域时制度的替代。组织支持氛围作为一种氛围，它既不是组织做出的具体的支持行为，也不是组织通过正式制度来确认的管理规则和行为规范，团队的组织支持氛围可以看做一种非正式的文化导向。组织认同氛围是组织中成员共同感知到的、自发形成的一种成员感、荣誉感和归属感的感知。

同质性多层次模型是多层次理论中较为特殊的一种模型，在多个层面的数据是由同一的变量构成的，但是同一变量在不同层次上的内涵和定义又不相同（Tu & Lu，2013；Choi，2007；Klein & Kozlowski，2000；El Akremi，et al.，2014；DeShon，et al.，2004）。同质性多层次模型存在有两个基本的假设（El Akremi，et al.，2014）：第一，该模型在理论和功能两个层次上都呈现出相似性（Bliese，2000；Kozlowski & Klein，2000）；第二，在上下两个层次上的平行构念存在相似的关系（Morgeson & Hofmann，1999）。本书的模型也属于同质性多层次模型，团队层次的组织支持氛围和个体层次的员工组织支持是不同层次上的组织支持，团队层次的组织认同氛围和员工层次的组织认同是不同层次上的组织认同，不管是团队还是个人层次，都遵循了社会交换-社会认同-产出的作用机制。

4.3.2　研究假设

个体层次的组织支持感被定义为“组织重视他们的贡献以及关心他们的幸福的程度”（Eisenberger，et al.，1986），它是员工的一种主观认知。当团队内的员工集体感知到组织关心他们的意见、目标和价值，关心他们的福利和个人利益，帮助他们发展时，团队内就形成了组织支持氛围。组织支持氛围意味着组织的氛围或组织制度都是以人为本、以员工为导向的。在组织支持氛围高的条件下，组织的政策、管理和资源分配等都会分配给团队，满足员工的需要，重视员工的贡献和利益，帮助员工解决工作中和生活中的问题，帮助员工在职业上获得更大的成就（Bashshur，et al.，

2011；El Akremi，et al.，2014；Kim，2014）。特别是在中国传统的企业背景里，企业不仅要在工作中为员工提供优厚的工作条件、工作支持和工作回报，而且要提供支持来满足员工的住房、子女教育、医疗、娱乐等生活需求（Zhang，et al.，2012）。可以看出，组织支持氛围能够使员工感知到更高的组织支持。另外，组织支持氛围高，意味着团队内的成员普遍共享了高的组织支持，团队成员之间的人际传染过程也会使共享的感知影响他人的观点和态度（Sy，Choi & Johnson，2013），员工会比较、理解、学习和分析组织支持的信息（Kim，2014），个体在高组织支持氛围环境下，也会更多接收到高的组织支持感信息。由此提出假设：

H1：团队的组织支持氛围与员工的组织支持感显著正相关

Ashforth 和 Mael（1989，1992）将组织认同定义为个体以组织成员的身份定义自我。而集体的认同氛围定义为团队成员共享的团队身份和归属感（Van Der Vegt & Bunderson，2005；Carmeli，et al.，2011；Schaeffner，et al.，2014），团队中的组织认同氛围意味着团队中共享了成员对组织的认同。Bashshur 等人（2011）认为共享团队氛围能够让个体以相似的方式理解这些共享的重要信息。当团队中存在共享的组织认同氛围时，意味着团队成员共同把集体身份作为自我身份认知，而团队成员，不论是普通成员还是领导者的集体的身份认知都能够扩散到员工的组织认同感知（Kraus，et al.，2012）。因此提出假设：

H2：团队的组织认同氛围与员工的组织认同显著正相关

组织中的社会交换可以发生在个体、群体或组织层面。组织支持氛围表明在团队中存在着支持员工、以员工为核心利益考虑的价值导向和文化氛围。作为团队层次的价值导向，组织支持氛围能够在管理实践中重视员工幸福、关心员工福利并为员工提供工作资源和帮助（Bashshur，et al.，2011；El Akremi，et al.，2014；Kim，2014）。在群体社会交换的视角下，这些团队层次的社会支持会让团队成员群体产生更多的回报义务感，群体成员会做出更多的帮助行为来回报团队和组织（Wayne，et al.，1997；涂乙冬，等，2014）。其中群体公民行为是团队成员做出的超出团队要求的产出，可以视作群体的角色外行为（Bateman & Organ，1983；Organ，1990；Choi，2007；Chen，et al.，2010），团队生产率是团队成员做出的团队的本职工作，是反映团队绩效的重要指标（Fry，Vitucci & Cedillo，2005）。当团队中有更高的共享的组织支持氛围，团队员工共同感知到了组织支持，这种群体的社会交换能够引起员工的集体的回报感，从而使员工更多地做出包括群体公民行为和团队生产率等团队层面的角色内和角色外绩效。这表明组织支持氛围对团队的群体公民行为和团队生产率有显著正向的影响。

组织支持氛围在文化层为员工提供各种支持、关爱和信任等，团队成员会感受到作为集体成员的福利与关爱，这种集体认知会影响到团队成员的自我身份认定，而这种身份认定使群体成员都将团队特征定义为自我定义和自我概念，团队成员会感知到团队成员身份，这表明组织支持氛围能够提高组织认同氛围。当在团队中具有组织认同氛围时，团队成员将集体特征作为自我概念和自我定义，将集体身份作为自我归类，这时团队成员和团队已经紧密地连接在一起，团队和团队成员成为一体。研究者发现，组织认同越高，团队成员越可能把集体的利益放在心中并在行动中维护集体的利益（Ashforth & Mael，1989；Dutton，Dukerick & Harquail，1994；Coyle-Shapiro & Shore，2007）。团队成员将组织的战略、目标和价值观等都内化为团队成员群体的目标（Miller，et al.，2000），他们会把团队的利益记在心里，为了群体共同的目标和利益，他们会提高团队生产率来提高团队的工作绩效，增加群体公民行为来提高团队的额外绩效。由此提出假设：

H3：组织认同氛围中介了组织支持氛围与群体公民行为（H3a）、团队生产率（H3b）的关系

组织支持氛围对员工的工作投入和创新行为有显著影响。在高组织支持感下，个体能够从组织和团队获得更多的工作资源用来改进工作，丰富的工作资源有利于员工更多的创新行为（De Jonge，et al.，2012），同时，基于工作要求-资源理论（Job Demand Resource Model；JD-R），工作资源越多，员工更容易有更高的工作投入（Bakker，et al.，2007；陆欣欣 & 涂乙冬，2015）。另外，在高

组织支持感下，团队员工会产生群体的回报义务感，在“回报”的规范下，员工会更好地完成自己的工作（Wayne，et al.，1997；Rhoades & Eisenberger，2002）。工作投入是员工沉浸于工作中的一种状态（Schaufeli，Salanova，González-Romá & Bakker，2002），员工的工作投入与员工的工作绩效和工作态度是显著正向相关的（Bakker & Bal，2010）。员工的工作投入也可以看做是员工对组织的积极回报。同样地，创新也对组织绩效和组织竞争力有积极影响（Tu & Lu，2013），创新行为是可以提高组织绩效的利组织行为。因此，在高的组织支持氛围下，员工在组织中的工作投入和创新行为都是组织支持氛围的回报。

首先，当感受到更多的组织支持时，员工能够获得更多关于组织的使命、文化和价值观等信息，将组织的使命、文化、价值观内化为自己的目标、价值观，从而更好地定义自己属于组织的一员（Miller，et al.，2000；涂乙冬 & 李燕萍，2012）。其次，员工得到更多的组织支持，从而将自我归类为组织的一员，更好地进行组织身份的自我归类。个体的组织认同建立在他（她）的自我认同基础上（Ashforth & Mael，1989；Foreman & Whetten，2002），个人对组织身份的认同会提高他的组织认同（Sluss，Klimchak & Holmes，2008）。最后，组织支持感越高，组织给员工的支持越多，员工就越能够在组织中发挥他的才能，提高他的影响力，获得更多的成就感，从而增加自我价值和自我提升感（涂乙冬 & 李燕萍，2012）。

员工感知到组织的支持会让他们将其归因为作为组织成员的连带，而这种归因会使员工将组织定义到自我概念和自我定义中（Ashforth & Mael，1989），将组织的目标、价值观等内化为个人的目标和价值观，这就使员工和组织之间有更好的目标一致性和价值观一致性（Miller，et al.，2000），员工就会更加投入地工作并且在工作中勇于创新，也会显著提高员工的工作投入和创新行为，由此提出假设：

H4：组织认同中介了组织支持感与员工的工作投入（H4a）、创新行为（H4b）的关系

当团队的员工都共享组织支持氛围时，他们会集体感知到组织

重视员工的贡献和价值、关注员工的福利和需要、解决员工的问题和帮助员工。组织的一种重视、关心、支持、爱护员工的氛围有利于提升员工的组织认同。在这种支持氛围下，员工作为个体会感知到组织对他们的重视、关心和帮助，这有助于他们对团队成员身份的认知，增强他们的归属感，使他们认知自我作为团队的一员，这就使员工产生组织认同（Mael & Ashforth，1992）。当员工产生组织认同以后，员工和组织之间就会形成高度的一体感，员工愿意为组织的目标和利益付出（涂乙冬，李燕萍，2012；李燕萍 & 涂乙冬，2012），因此，员工愿意提高工作投入和创新行为来回报组织。由此提出假设：

H5：组织认同中介了组织支持氛围与员工的工作投入（H5a）、创新行为（H5b）的关系

如假设3所述，团队的组织支持氛围能够提升团队的组织认同氛围，团队的组织认同作为一种集体身份认知，是团队中的群体共享到的组织成员身份（Van Der Vegt & Bunderson，2005；Carmeli，et al.，2011；Schaeffner，et al.，2014）。组织认同氛围会让团队中的群体成员接受群体成员身份并且对这种身份所赋予的权利和义务进行确认。因此，当组织支持氛围积极正向地影响组织认同氛围后，个体会在这种集体的认同氛围下，被高度地卷入到团队的集体场景中。在这种集体场景中，个体普遍认为他们和团队、集体存在紧密的情感和心理连带（涂乙冬 & 李燕萍，2012；Wiesenfeld，Raghuram & Garud，1999），他们是集体不可分离的一部分，他们与集体之间在价值观、目标和利益方面呈现高度一致性（Miller，et al.，2000）。当团队中的员工都认同他们的团队身份时，他们就会认同团队并愿意为团队和集体奉献，也更愿意去有更高的工作投入或者做出创新行为。由此提出假设：

H6：组织认同氛围中介了组织支持氛围与员工的工作投入（H6a）、创新行为（H6b）的关系

组织支持氛围作为团队层次的共享文化，可能是一个影响个体的组织支持感以及个体产出机制的情境变量（El Akremi，et al.，2014；Gonza´lez-Roma´，Fortes-Ferreira，Peiro，2009）。Tu 和 Lu

（2013）探讨了团队的组织支持氛围在道德型领导与员工的建议行为之间的起着替代的调节作用。组织支持氛围作为一种团队层面存在的支持员工的文化或氛围，会影响到个体的微观心理过程。这是因为：首先，组织支持氛围作为团队内共享的一种支持员工的信念，它渗透到正式的团队文化或非正式的传统中，当个体所处的环境是高的组织支持氛围，该个体又感受到了很高的组织支持感，那么他更可能以组织身份来定义他自己，建立他属于这个组织的归属感。这就表明，高的组织支持氛围强化了个体的组织支持感对组织认同的认知过程。其次，组织支持氛围作为一种文化或氛围，它能够使部属置身于一种被关怀和重视的状态，部属能够获得积极的自尊和自我效能。当部属处于一种积极的心理状态时，他更容易归类自己是组织的一员，他内心的社会交换到社会认同的认知过程就会被更好地强化。最后，在组织支持氛围和高的组织支持感的交互下，个体更容易获得更多的发展机会和发展资源，有利于降低在工作中的不确定性和提高个体的自我发展，从而加强了个体对组织进行认同的动机（Hogg & Terry，2000；Liu，Lam & Loi，2014）。因此，团队层面的组织支持氛围会影响个体心理层面的组织支持感对组织认同的作用过程。基于以上三个理由，提出假设：

H7：组织支持氛围调节了组织支持感与组织认同的关系：与低组织支持氛围相比，高的组织支持氛围强化了组织支持感对员工组织认同的关系。

4.3.3　研究结果

1. 同源方差的检验

本书的数据收集来源于两个层次：第一层的数据来自于员工自我评价，第二层的数据来自于领导评价，但在第一层或第二层的自变量、中介变量和结果变量之间仍然是同源评价。因此，假设1到假设4的主效应和中介效应检验可能受到同源误差的干扰。为了检验潜在的同源误差，本书通过被广泛运用的检测同源误差的方法来进行检验：Harman's 单因子检验，它是四种常用的检测同源误差的方法之一（Podsakoff，et al.，2003；Malhotra，Kim & Patil，

2006)。通过验证性因子分析（CFA）来实现 Harman's 单因子检验的方法，通过合并理论构念来检验模型的拟合程度的变化，如果模型拟合显著变差，则表明同源方差不严重；反之，则表明同源方差可能严重。值得说明的是，上述方法虽然能够有效地检验同源误差对因果推断的干扰的大小，但是并不能够消除或者降低这种干扰，因此，同源误差仍然存在。

本书的同源误差的检验结果如表 4-11 所示，5 因子模型到 1 因子模型是 Harman's 单因子检验的模型的结果。Harman's 单因子检验的结果表明，5 因子模型的结果最优（$\chi^2=228.2$，$df=125$，CFI = 0.966，GFI = 0.924，NFI = 0.928，RMSEA = 0.052，AIC = 320.2)，这也表明 5 个理论构念具有良好的区分效度。

2. 假设检验

（1）相关系数。

个人层次和团队层次的变量的平均值、标准差以及各层次内的变量的相关系数如表 4-12 所示，在个人层次，各理论构念之间的相关系数均符合假设，在团队层次，各变量的相关系数较好地符合了假设，但组织支持氛围与群体公民行为的相关系数与假设不一致（$r=0.279$，$p=0.11$)，但表现出很强的正相关趋势。

（2）分析策略。

由于本书从员工和团队两个层次来研究员工-组织间的社会交换、社会认同和产出，适用多层线性模型来研究。本书采用多层线性模型（Hierarchical Linear Modeling，HLM，Bryk & Raudenbush，1992）来进行假设检验。假设 1 和假设 2 属于简单的跨层次回归，假设 3a 和假设 3b、假设 4a 和假设 4b 属于第一层次内和第二层次内的中介效应，其中假设 3a 和假设 3b 属于 2-2-2 模型，本书采用 SPSS 的多元回归来进行验证。中介检验程序依据 Baron 和 Kenny（1986）的程序。假设 4a 和假设 4b 是“低层级中介模型”（Lower-level Mediation)，简称 1-1-1 模型。假设 5a 和假设 5b 属于跨层级中介效应低层中介变量模型（Cross-level Mediation-lower Mediator)，简称 2-1-1 模型。假设 6a 和假设 6b 属于跨层级中介效应高层中介变量模型（Cross-Level Mediation-upper Mediator)，简称 2-2-1 模型

表 4-11 **个人层次变量的验证性因子分析结果表**

模　型	χ^2	df	χ^2/df	CFI	GFI	NFI	RMSEA	AIC
5 因子模型	228.2	125	1.826	0.966	0.924	0.928	0.052	320.2
4 因子模型	743.988	129	5.767	0.796	0.720	0.765	0.126	827.988
3 因子模型	918.177	132	6.956	0.739	0.681	0.710	0.141	996.177
2 因子模型	1257.061	134	9.381	0.627	0.609	0.603	0.167	1331.061
1 因子模型	1642.144	135	12.164	0.499	0.563	0.481	0.193	1714.144

注：$n=302$，Chi-suquar，χ^2，卡方值；Degree of Freedom，df，自由度；Comparative Fit Index，CFI，比较适合度指标；Goodness of Fit Index，模型拟合度指标；Normed Fit Index，NFI，基准化适合度指标；Root Mean Wquare Residual，RMSEA，平均平方误差平方根；Akaike's Informanion Criterion，AIC，赤池信息标准.

5 因子模型包括：工作要求、组织支持感、组织认同、工作投入、创新行为.

4 因子模型包括：工作要求+组织支持感、组织认同、工作投入、创新行为.

3 因子模型包括：工作要求+组织支持感+组织认同、工作投入、创新行为.

2 因子模型包括：工作要求+组织支持感+组织认同+工作投入、创新行为.

1 因子模型包括：工作要求+组织支持感+组织认同+工作投入+创新行为.

表 4-12　**个人层次和团队层次变量的相关分析**

变　量	Mean	Std	1	2	3	4	5
个人层次(n =302)							
工作要求	3.655	0.685	1				
组织支持	3.052	0.913	0.253**	1			
组织认同	3.684	0.851	0.265**	0.482**	1		
工作投入	3.470	0.708	0.484**	0.447**	0.449**	1	
创新行为	3.835	0.701	0.314**	0.258**	0.280**	0.435**	1
团队层次(n=34)							
工作种类	0.471	0.507	1				
组织支持氛围	3.794	0.786	0.099	1			
组织认同氛围	4.069	0.587	0.160	0.736**	1		
团队生产率	4.092	0.609	−0.033	0.576**	0.572**	1	
群体公民行为	4.088	0.435	−0.194	0.279	0.403*	0.268	1

注：$n_{LEVEL1}=302$，$n_{LEVEL2}=34$，* $p<0.05$，** $p<0.01$，*** $p<0.001$.

（Krull & Mackinnon，2001；Mathieu & Tayor，2007；Zhang，Zyphur & Preacher，2009；方杰，张敏强 & 邱皓政，2010）。假设7属于跨层次调节效应，本书采用Hofmann，Morgeson和Gerras（2003）的程序来进行检验，采用“截距和斜率作为结果的模型”（Intercepts-and Slopes-as-outcomes Model）来估计调节效应的跨层次模型。所有的跨层次计算中（包括跨层中介效应和跨层调节效应），作者依据Zhang，Zyphur和Preacher（2009）的建议，将个人层次的所有变量采用组均值中心化，同时将组平均值加入到第二层截距方程中（“Group-mean Centering and Adding the Group Mean at Level 2”）；所有的第二层次变量采用总体平均值中心化（Grand-mean Centering）。所有的参数估计都是在最大似然法（Full Maximum Likelihood）的条件下进行估计。

（3）假设检验。

假设1和假设2的验证结果如表4-13所示，假设3a和假设3b的验证结果如表4-14所示，假设4a和假设4b的验证结果如表4-15所示，假设5a和假设5b、假设6a和假设6b的验证结果如表4-16所示，中介模型的间接效应计算结果如表4-17和表4-18所示，其中，Sobel检验的结果如表4-17所示，MCMAM检验的结果如表4-18所示，MCMAM计算的中介效应分布图如图4-9至图4-12所示，假设7的验证结果如表4-19所示，调节效应图如图4-13所示。

假设1假设组织支持氛围与组织支持感显著正向相关，在表4-13的M0到M2验证了这一假设，结果表明，当控制了第一层的领导-部属交换和第二层的工作设置以后①，组织支持氛围对组织支持感有显著正向的影响（$\gamma=0.214$，$p<0.01$），这就支持了假设1成立。假设2假设组织认同氛围与组织认同显著正向相关，在表4-13的M00，M3和M4中验证了这一假设，结果表明，当控制了第一

① 在后续的HLM回归中，第一层的控制变量通常是工作要求，但是这里的控制变量变为领导-部属交换，是因为在子研究1中表明来自领导的社会交换通常会使员工有更强的被支持的感觉，会强化社会交换过程，因此本研究在假设1的验证中特别增加了领导-部属交换作为控制变量。

表 4-13　**组织支持氛围、组织认同氛围对组织支持感及组织认同的主效应**

变　量	组织支持感			组织认同		
	M0	M1	M2	M00	M3	M4
LEVEL1						
领导-部属交换		0. 569(0. 067) ***	0. 557(0. 066) ***			
领导认同					0. 524(0. 069) ***	0. 522(0. 071) ***
组织支持感					0. 274(0. 051) ***	0. 274(0. 052) ***
LEVEL2						
截距	3. 095(0. 072) ***	3. 078(0. 055) ***	3. 100(0. 049) ***	3. 716(0. 060) ***	3. 722(0. 047) ***	3. 723(0. 047) ***
工作种类		−0. 173(0. 107)	−0. 136(0. 090)		−0. 015(0. 099)	−0. 008((0. 098)
组织支持氛围			0. 214(0. 045) **		−0. 065(0. 052)	−0. 100(0. 070)
组织认同氛围						0. 069(0. 099)
σ^2	0. 744	0. 587	0. 583	0. 678	0. 392	0. 392
τ	0. 080	0. 035	0. 008	0. 038	0. 014	0. 012
R^2		0. 563	0. 900		0. 632	0. 684
Deviance(*df*)	789. 15(33)	711. 97(31)	701. 06(30)	743. 66(32)	583. 32(28)	582. 97(27)

注：$n_{LEVEL1}=302$，* $p<0.05$，** $p<0.01$，*** $p<0.001$.

表 4-14　　**组织认同氛围在组织支持氛围与群体公民行为及团队生产率间的中介作用**

变量	群体公民行为				团队生产率			
	M1	M2	M3	M4	M5	M6	M7	M8
LEVEL2								
截距	4. 074 (0. 107) ***	3. 297 (0. 336) ***	2. 634 (0. 581) ***	2. 629 (0. 551) ***	4. 167 (0. 084) ***	3. 547 (0. 334) ***	2. 849 (0. 513) ***	2. 854 (0. 512) ***
工作种类	0. 188 (0. 156)	0. 156 (0. 142)	0. 121 (0. 146)	0. 121 (0. 144)	−0. 167 (0. 149)	−0. 192 (0. 146)	−0. 228 (0. 145) +	−0. 228 (0. 145)
组织支持氛围		0. 209 (0. 082) *	0. 025 (0. 125)			0. 167 (0. 094) +	−0. 027 (0. 139)	
组织认同氛围			0. 338 (0. 183) +	0. 363 (0. 129) **			0. 356 (0. 178) *	0. 330 (0. 134) **
R^2	0. 041	0. 161	0. 241	0. 240	0. 038	0. 128	0. 232	0. 231

注：$n_{LEVEL2}=34$，$^{*}p<0.05$，$^{**}p<0.01$，$^{***}p<0.001$.

表 4-15　**组织认同在组织支持感与员工工作投入及创新行为间的中介作用**

变量	员工工作投入				员工创新行为			
	M0	M1	M2	M3	M00	M4	M5	M6
LEVEL1								
工作要求		0.450 (0.069)***	0.376 (0.061)***	0.341 (0.064)***		0.278 (0.059)***	0.250 (0.062)**	0.198 (0.065)***
组织支持感			0.323 (0.058)***	0.223 (0.058)**			0.131 (0.047)*	0.051 (0.055)
组织认同				0.210 (0.045)***				0.194 (0.058)**
LEVEL2								
截距	3.485 (0.048)***	3.475 (0.039)***	3.485 (0.031)***	3.495 (0.031)***	3.849 (0.054)***	3.855 (0.050)***	3.861 (0.046)***	3.860 (0.046)***
工作种类		−0.122 (0.072)	−0.073 (0.057)	−0.062 (0.053)		0.013 (0.096)	0.055 (0.093)	0.024 (0.090)
σ^2	0.478	0.365	0.280	0.252	0.447	0.411	0.391	0.361
τ	0.021	0.000	0.003	0.006	0.041	0.020	0.018	0.023
R^2		0.236	0.414	0.473		0.081	0.125	0.192
Deviance(*df*)	644.80(33)	560.85(31)	500.18(30)	473.00(28)	632.94(33)	601.42(31)	590.89(30)	567.32(28)

注：$N_{LEVEL1}=302$，$N_{LEVEL2}=34$，* $p<0.05$，** $p<0.01$，*** $p<0.001$.

表 4-16 组织认同和组织认同氛围在组织支持氛围与员工工作投入及创新行为间的中介作用

变量	员工工作投入					员工创新行为				
	M0	M1	M2	M3	M4	M00	M5	M6	M7	M8
LEVEL 1										
工作要求		0.450 (0.069)***	0.447 (0.070)***	0.346 (0.073)***	0.447 (0.070)***		0.278 (0.059)***	0.268 (0.059)***	0.200 (0.055)**	0.258 (0.060)***
组织认同				0.313 (0.052)***					0.211 (0.048)***	
LEVEL 2										
截距	3.485 (0.048)***	3.475 (0.039)***	3.489 (0.036)***	3.491 (0.036)***	3.489 (0.037)***	3.849 (0.054)***	3.855 (0.050)***	3.856 (0.048)***	3.857 (0.047)***	3.853 (0.047)***
工作种类		−0.122 (0.072)	−0.100 (0.070)	−0.068 (0.066)	−0.101 (0.072)	0.013	0.013 (0.096)	0.012 (0.097)	−0.011 (0.084)	0.006 (0.094)
组织支持氛围			0.056 (0.202)	0.067 (0.052)	0.058 (0.065)			0.018 (0.060)	0.013 (0.055)	0.082 (0.073)
组织认同氛围					−0.059 (0.065)					−0.119 (0.102)
σ^2	0.478	0.365	0.365	0.294	0.365	0.447	0.411	0.414	0.372	0.412
τ	0.021	0.000	0.000	0.007	0.003	0.041	0.020	0.020	0.026	0.017
R^2		0.236	0.236	0.385	0.236		0.081	0.074	0.168	0.078
Deviance (*df*)	644.80(33)	560.85(31)	553.90(29)	507.52(28)	553.89(28)	632.94(33)	601.42(31)	594.50(29)	571.13(28)	593.47(28)

注：$n_{LEVEL1}=302$，$n_{LEVEL2}=34$，$^{*}p<0.05$，$^{**}p<0.01$，$^{***}p<0.001$.

层的组织支持感、领导认同和第二层的工作设置以及组织支持氛围以后①，组织认同氛围对组织认同没有显著正向影响（$\gamma=0.069$，$n.s$），这表明假设 2 不成立。

假设 3a 和假设 3b 假设组织认同氛围中介了组织支持氛围与群体公民行为及团队生产率间的作用，本书依据 Baron 和 Kenny（1986）的中介效应的检验方法来进行。在表 4-14 中列出了运用 SPSS 的多元回归的检验结果，M2 的结果表明组织支持氛围对群体公民行为有显著正向作用（$\beta=0.209$，$p<0.05$），M4 的结果表明组织认同氛围对群体公民行为有显著正向作用（$\beta=0.363$，$p<0.01$），当在 M3 中加入中介变量组织认同氛围后，组织支持氛围对群体公民行为的作用消失了（$\beta=0.025$，$n.s$），同时，组织认同氛围对群体公民行为的作用边沿显著（$\beta=0.338$，$p<0.1$），这表明组织认同氛围的中介作用边沿成立，由此基本支持了假设 3a 成立。M6 的结果表明组织支持氛围对团队生产率有正向作用且边沿显著（$\beta=0.167$，$p<0.1$），M8 的结果表明组织认同氛围对团队生产率有显著正向作用（$\beta=0.330$，$p<0.01$），当在 M7 中加入中介变量组织认同氛围后，组织支持氛围对团队生产率的作用消失了（$\beta=-0.027$，$n.s$），同时，组织认同氛围对团队生产率的作用显著（$\beta=0.356$，$p<0.05$），这表明组织认同氛围的中介作用基本成立，由此基本支持了假设 3b 成立。综上所述，组织认同氛围完全中介了组织支持氛围与群体公民行为和团队生产率间的作用。

假设 4a 和假设 4b 假设组织认同在组织支持感与员工工作投入及创新行为中起着中介作用。在表 4-15 中列出了 HLM 的多层次回归结果，M2 的结果表明，控制了工作要求的作用以后，组织支持感对员工工作投入有显著正向作用（$\gamma=0.323$，$p<0.001$）。进一

① 这里的控制变量主要考虑到本研究模型中，个体的组织认同受到多方面（组织支持氛围、组织支持感和组织认同氛围）的影响，因为要检验组织认同氛围对组织认同的影响，本研究就要控制另外两个的影响。同样的道理，为了控制员工对领导的认同影响组织认同之间的主效应，本研究也特意增加了领导认同作为控制变量。

步地，当在 M3 中加入中介变量组织认同后，组织支持感对员工工作投入的作用降低了（从 $\gamma=0.323$，$p<0.001$ 降为 $\gamma=0.223$，$p<0.01$）。同时，组织认同显著正向影响员工工作投入（$\gamma=0.210$，$p<0.001$），这表明组织认同的中介作用成立，由此支持了假设 4a 成立。M5 的结果表明，控制了工作要求的作用以后，组织支持感对员工创新行为有显著正向作用（$\gamma=0.131$，$p<0.05$），进一步地，当在 M6 中加入中介变量组织认同后，组织支持感对员工创新行为的作用消失了（从 $\gamma=0.131$，$p<0.05$ 变为 $\gamma=0.051$，*n. s*），同时，组织认同显著正向影响员工创新行为（$\gamma=0.194$，$p<0.01$），这表明组织认同的中介作用成立，由此支持了假设 4b 成立。从上述结果可以看出，组织认同在组织支持感与员工工作投入及创新行为间的中介作用得到支持，不过组织认同在组织支持感与员工工作投入间起着部分中介作用，在组织支持感与员工创新行为间起着完全中介作用。

假设 5a 和 5b 假设组织认同在组织支持氛围与员工工作投入及创新行为中起着中介作用。假设 6b 和 6b 假设组织认同氛围在组织支持氛围与员工工作投入及创新行为中起着中介作用。表 4-16 报告了组织认同和组织认同氛围在组织支持氛围与员工工作投入及创新行为间的中介作用效应的结果。M0，M1，M2，M3 表示的是组织支持氛围通过组织认同影响员工工作投入的模型（2-1-1 模型），M0，M1，M2，M4 表示的是组织支持氛围通过组织认同氛围影响员工工作投入的模型（2-2-1 模型），M00，M5，M6，M7 表示的是组织支持氛围通过组织认同影响员工创新行为的模型（2-1-1 模型），M00，M5，M6，M8 表示的是组织支持氛围通过组织认同氛围影响员工创新行为的模型（2-2-1 模型）。从 M2 和 M6 的结果可以看出，组织支持氛围对员工工作投入和创新行为的作用均不显著，同时，从 M4 和 M8 的结果可以看出，组织认同氛围对员工工作投入和创新行为的作用也均不显著。因此，假设 5a、假设 5b、假设 6a、假设 6b 均不成立。

和子研究 1 一样，本书仍然采用了乘积法和 MCMAM 法来检验子研究 2 的中介效应（方杰 & 张敏强，2012）。乘积法中介效应的检验结果在表 4-17 中，主要采用 Sobel 检验计算中介效应及其显著性。MCMAM 法的结果如表 4-18 所示，并进一步将间接效应的分布频次表现在图 4-9 至图 4-12 中。

Sobel 检验采用 Preacher 和 Hayes（2008）的程序来进行计算，从表 4-17 中可以看出“组织支持氛围—组织认同氛围—团队生产率”间接效应为 0.193（$t=1.915$，$p<0.1$）。“组织支持氛围—组织认同氛围—群体公民行为”间接效应为 0.184（$t=1.779$，$p<0.1$）。“组织支持感—组织认同—工作投入”间接效应为 0.058（$t=3.523$，$p<0.001$）。“组织支持感—组织认同—创新行为”间接效应为 0.053（$t=2.839$，$p<0.01$）。上述运用 Sobel 检验结果表明，各中介模型的间接效应为正向并在统计上显著，从而进一步验证了各项中介假设成立。

MCMAM 法采用 Selig 和 Preacher（2008）的程序来进行计算。通过计算中介效应在 95%置信区间效应量的分布状况来检验中介效应范围。表 4-18 列明了中介效应在 95%置信区间（也就是 $p<0.05$ 的概率）的最低值和最高值。从表 4-18 可以看出，“组织支持氛围—组织认同氛围—团队生产率”间接效应分布区间为［0.004，0.404］。“组织支持氛围—组织认同氛围—群体公民行为”间接效应分布区间为［-0.009，0.398］①。“组织支持感—组织认同—工作投入”间接效应分布区间为［0.029，0.092］。“组织支持感—组织认同—创新行为”间接效应分布区间为［0.020，0.094］。本书还在图 4-9 至图 4-12 中进一步画出了中介效应的分布状况。

---

① 这里的最低值和最高值分别位于 0 的两边，从严格意义上来讲，这表明 95%置信区间下中介效应不成立。在前述检验中介效应时，中介就是边沿显著，超出了 $p<0.05$，在 Sobel 检验中也是位于 $p<0.1$ 的区间，因此在 MCMAM 法中的分布上最低值和最高值分别位于 0 的两边。如果用 MCMAM 方法在 90%置信区间下（$p<0.1$）检测中介效应，则中介效应为［0.019，0.361］，这表明该中介效应在 $p<0.1$ 的水平下显著。

表 4-17　　**子研究 2 的间接效应的 Sobel 检验**

模　　型	r_a	r_b	s_a	s_b	*ab*	*t*	*p- value*
组织支持氛围—组织认同氛围—团队生产率	0. 543	0. 356	0. 082	0. 178	0. 193	1. 915	$p<0.1$
组织支持氛围—组织认同氛围—群体公民行为	0. 543	0. 338	0. 082	0. 183	0. 184	1. 779	$p<0.1$
组织支持感—组织认同—工作投入	0. 274	0. 210	0. 051	0. 045	0. 058	3. 523	$p<0.001$
组织支持感—组织认同—创新行为	0. 274	0. 194	0. 051	0. 058	0. 053	2. 839	$p<0.01$

Note：+ $p<0.1$，* $p<0.05$，** $p<0.01$，*** $p<0.001$. 2-tailed.

表 4-18　　**子研究 2 的间接效应的 MCMAM 检验**

序号	中 介 模 型	r_a	r_b	s_a	s_b	95% *CI*	
						lower	*uper*
7	组织支持氛围—组织认同氛围—团队生产率	0. 543	0. 356	0. 082	0. 178	0. 004	0. 404
8	组织支持氛围—组织认同氛围—群体公民行为	0. 543	0. 338	0. 082	0. 183	-0. 009	0. 398
9	组织支持感—组织认同—工作投入	0. 274	0. 210	0. 051	0. 045	0. 029	0. 092
10	组织支持感—组织认同—创新行为	0. 274	0. 194	0. 051	0. 058	0. 020	0. 094

注：Monte Carlo Method for Assessing Mediation（MCMAM），95%CI 代表 95%的置信区间，$n=20000$.

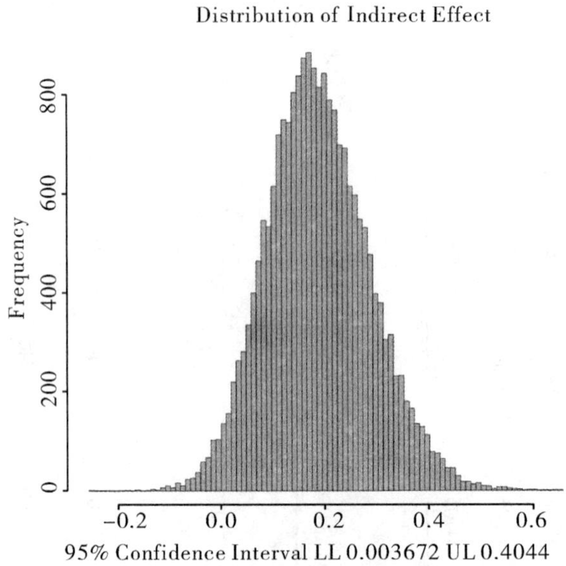

图 4-9　模型 7 运用 MCMAM 计算的间接效应分布

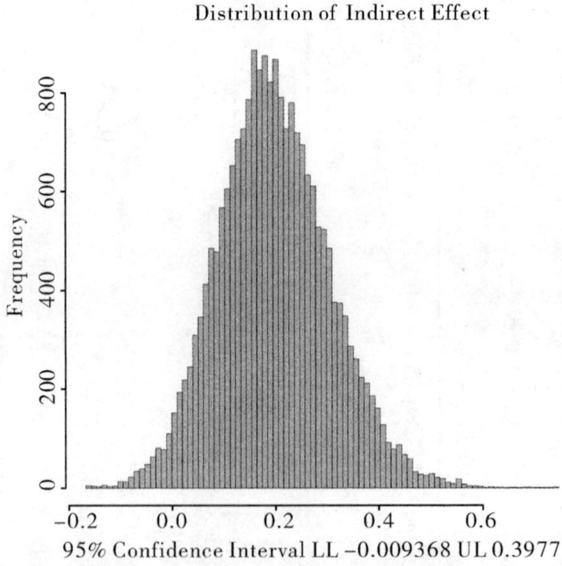

图 4-10　模型 8 运用 MCMAM 计算的间接效应分布

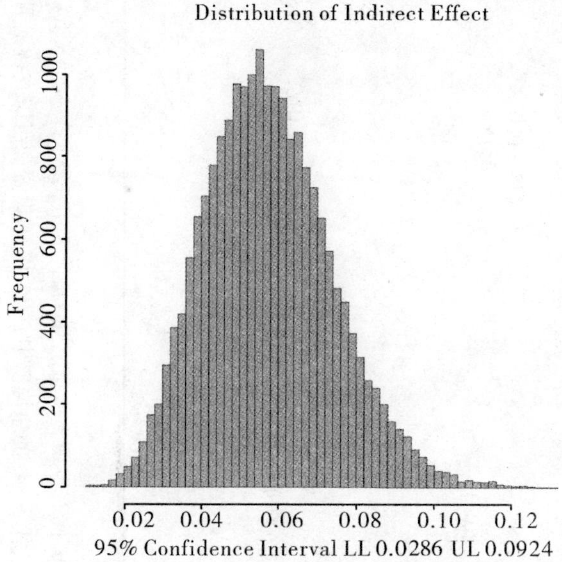

图4-11　模型9运用MCMAM计算的间接效应分布

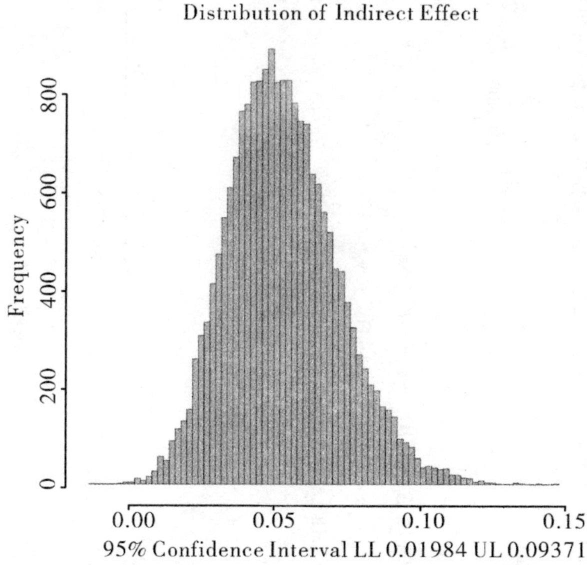

图4-12　模型10运用MCMAM计算的间接效应分布

表 4-19　　**调节效应分析结果**

模型	参数估计							
	γ_{00}	γ_{02}	γ_{07}	γ_{20}	γ_{21}	σ^2	τ_{00}	τ_{02}
因变量:组织认同;控制变量:工作要求、工作设置;自变量:组织支持感;调节变量:组织支持氛围								
虚模型	3.716 (0.060)***					0.678	0.038	
模型 1: L_1: $E-OI_{ij}=\beta_{0j}+\beta_{1j}JD_{ij}{}^{a}+\beta_{2j}E-OS_{ij}{}^{a}+r_{ij}$ L_2: $\beta_{0j}=\gamma_{00}+\gamma_{01}JS_j+\gamma_{02}M-OS_j+\gamma_{03}$ MEAN $JD_j+\gamma_{04}$ MEAN $E-OS_j+\gamma_{07}$ MEAN $E-OS_j\times M-OS_j+U_0$ $\beta_{1j}=\gamma_{10}+U_1$ $\beta_{2j}=\gamma_{20}+\gamma_{21}M-OS_j+U_2$ $\beta_{1j}=\gamma_{30}+U_3$	3.740 (0.046)***	−0.703 (0.439)	0.188 (0.146)	0.443 (0.049)***	0.145 (0.058)*	0.451	0.016	0.016

注: $n_{\text{LEVEL1}}=302$, $n_{\text{LEVEL2}}=34$, * $p<0.05$, ** $p<0.05$, *** $p<0.001$.

JD 代表工作要求,E-OS 代表员工-组织支持感,JS 代表工作设置,M-OS 代表组织支持氛围,E-OI 代表组织认同。MEAN JD_j, MEAN $E-OS_j$ 代表 j 组的总均值中心化的工作要求、组织支持感,JS_j, $M-OS_j$,代表 j 组的总均值中心化的工作设置和组织支持氛围,MEAN $E-OS_j\times M-OS_j$ 代表总均值中心化的 j 组的组织支持感和组织支持氛围的乘积项。

在假设7中，假设组织支持氛围调节了组织支持感对组织认同的作用。如表4-19所示调节效应的检验结果，模型1是假设7的调节效应模型。

跟随Hofmann等人（2003）的建议，本书采用的是“截距和斜率作为结果模型”，在模型1中，组织支持氛围不能调节组织支持感对组织认同的回归截距项（$\gamma_{02} = -0.703$，*n.s*），但组织支持氛围能够调节组织支持感对组织认同的斜率（$\gamma_{21} = 0.145$，$p<0.05$），由此认为假设7的成立获得了支持。

为了画出上述调节效应的作用图，本书依据Aiken，West和Reno（1991）的建议将个体层次的样本分为高低两个样本，划分阀值是调节变量的均值加减一个标准差：高样本是大于调节变量均值加一个标准差，低样本是小于调节变量均值减一个标准差。在此条件下，分别对自变量和因变量进行回归并画出其作用图，结果如图4-13所示。从图4-13中可以看出，在高的组织支持氛围条件下，组织支持感对组织认同的作用得到强化。

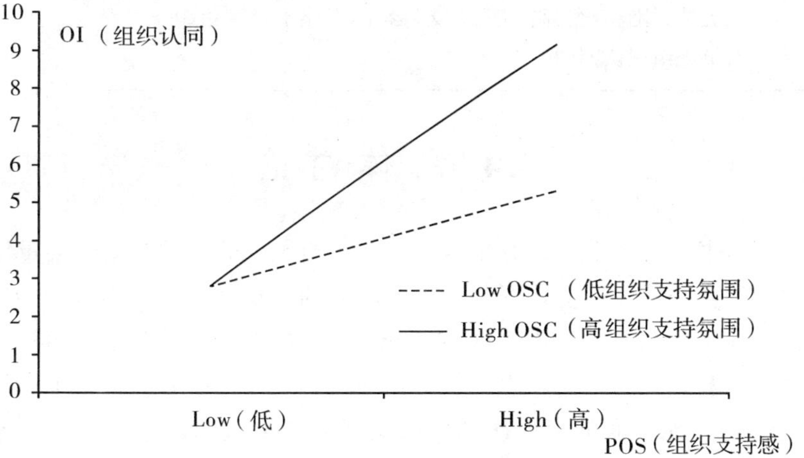

图4-13 组织支持氛围在组织支持感与组织认同间的调节作用图

子研究2的研究假设和检验结果如表4-20所示，本书的部分研究假设被支持，部分假设被拒绝，部分研究假设基本支持。

表 4-20　**子研究 2 假设检验结果**

假　设	检验结果
H1：组织支持氛围与组织支持感显著正相关	支持
H2：组织认同氛围与组织认同显著正相关	不支持
H3a：组织认同氛围中介了组织支持氛围与群体公民行为的关系	基本支持
H3b：组织认同氛围中介了组织支持氛围与团队生产率的关系	基本支持
H4a：组织认同中介了组织支持感与员工的工作投入的关系	支持
H4b：组织认同中介了组织支持感与员工的创新行为的关系	支持
H5a：组织认同中介了组织支持氛围与员工的工作投入的关系	不支持
H5b：组织认同中介了组织支持氛围与员工的创新行为的关系	不支持
H6a：组织认同氛围中介了组织支持氛围与员工的工作投入的关系	不支持
H6b：组织认同氛围中介了组织支持氛围与员工的创新行为的关系	不支持
H7：组织支持氛围调节了组织支持感与组织认同的关系：与低组织支持氛围相比，高的组织支持氛围强化了员工组织支持感对员工组织认同的关系	支持

4.4 总体讨论

本书通过 2 个子研究来共同组成了组织中的多重对象、多重层次的社会交换、社会认同与员工及团队的产出之间的作用机制的探讨。在子研究 1 中，本书研究了员工-领导之间的社会交换和社会认同以及员工的工作产出之间的作用机制。在子研究 2 中，本书研究了员工-组织间的多层次的社会交换、社会认同以及员工及团队产出的作用机制，两个子研究组成了对组织中多重对象、多层次的社会交换、社会认同与员工及团队产出的作用机制的探索。

本书通过两次独立的问卷调查来完成上述研究目的，子研究 1 运用多元线性回归来检验了组织中的领导-员工间的社会交换、社会认同和产出，通过206份员工问卷验证研究模型和相关假设。子研究2基于团队和个体双重层次的模型来研究了组织中的员工-组织间的社会交换、社会认同和产出，通过来自两家企业的34个团队的302份员工问卷及团队问卷，运用多层线性模型来验证了研究模型和相关假设。

1. 组织中的多重社会交换

组织内多重对象的社会交换是非常复杂的体系，但最常见的组织内的多重社会交换主要是员工与领导之间的社会交换（领导-部属交换）和员工和组织之间的社会交换（组织支持感）（Masterson, et al., 2000; Ambrose & Schminke, 2003; Sluss, Klimchak & Holmes, 2008）。领导-部属交换对员工的工作绩效、帮助行为和建议行为有显著正向的作用，组织支持感对员工的工作投入和创新行为有显著正向的作用。这代表了组织中多重对象（组织和领导）的多重社会交换（领导-部属交换和组织支持感）。

（1）领导-部属交换与员工的产出。

工作绩效是员工在组织中的角色内产出，是满足组织要求和期望所要做出的产出（Eisenberger, et al., 2010; Whiting, et al., 2008），因此，员工将工作绩效视做完成个体责任所必需的工作义务。通常来说，工作绩效作为一种义务，是个体与组织之间的经济交换所带来的。也就是说，不管个体愿意不愿意，当他和组织之间就劳动关系的经济交换达成了一致后，他们就需要为了他们所获得薪酬付出他们的工作努力去完成工作绩效。但是，在经济交换以外，社会交换能够进一步促进员工将工作绩效做得更快更好。同时，社会交换会促使接受方产生回报义务感，这种回报义务感促使个体通过角色内和角色外产出来进行回报（Graen & Uhl-bien, 1995; Wang, et al., 2005; Hui, Law & Chen, 1999）。而工作绩效作为一种角色内的回报，使员工有更高的使命感去完成规定的工作绩效数量和质量。

帮助行为和建议行为作为员工角色外行为，其中帮助行为是人际指向的组织公民行为，建议行为是组织指向的组织公民行为，超出了个人角色要求。帮助行为是体谅他人并且提供帮助的人际互动行为，有利于建立和维持和谐的人际关系（Van Dyne & Lepine，1998），对同事、领导和组织有积极的促进作用（Ilies，Nahrgang & Morgeson，2007）。在中国情境下，帮助行为通常被认为是一种美德（涂乙冬，2013）。建议行为是个体着眼于组织效能，提出有利于改善组织流程的新创意、新流程和新方法等（Greenberg & Edwards，2009；Detert & Burris，2007），这些建议行为的指向是组织和团队而非人际，因此，建议行为通常被认为是指向组织的组织公民行为（Farh，et al.，2007）。由于帮助行为和建议行为属于个体角色外行为和绩效，既不在组织的正式奖励范畴内，也不在组织的正式处罚范畴内（Van Dyne & Lepine，1998；Whiting，et al.，2008），因此，需要寻找到新的动机来促使个体做角色外行为。而领导-部属之间的社会交换所产生的回报义务感就是促使个体做角色外行为的动机，因此，个体的回报感成为个体做这些超出个人角色要求的动机。

（2）组织-员工交换与员工的产出。

员工和组织之间的社会交换同样也能够促使个体更多地投入到工作中，做出更多的工作产出。组织支持感作为组织中员工和组织之间的社会交换，对员工和组织之间的社会交换的作用体现在：当员工感受到来自组织的关心、支持和帮助时，员工认为他们被重视、被尊重、被支持了，他们会感受到一种回报义务感，从而做更多的有利于组织的积极行为（Eisenberger，et al.，2010；Rhoades & Eisenberger，2002）。组织支持感实际上是组织和员工之间的积极互惠关系（Shore，Coyle-Shapiro，Chen & Tetrick，2009）。

组织支持感对员工的工作投入和创新行为具有显著影响。从工作需求-资源理论来看，工作投入意味着一种工作资源超过工作要求的状态（Bakker，et al.，2007；陆欣欣 & 涂乙冬，2015），工作资源越多，员工更容易有更高的工作投入，个体只有在认为他们有足够多的资源去对抗工作要求的消耗时，才能全情投入到工作中。组织支持感就是代表了组织提供给员工的工作资源，这些资源包括：工具性的支持，如给予员工更多资源、培训、薪酬、授权等，帮助员工解决问题，更好地完成工作；情感性的支持，包括重视员工的贡献、关心员工的福利、给予员工情感安慰、关心员工家庭等(Zhang, et al., 2012; 凌文辁, 等, 2006)。这些工具性和情感性工作资源能够使能够对抗工作要求的消耗，以更好地投入到工作中去。因此，组织支持感能够提供更多的工作资源，使个体有更高的工作投入。

组织支持感作为组织提供的工作资源，能够促进员工的创新行为。创新行为是一种高风险的活动，具有高度的不确定性，个体需要更多的资源来面对创新过程中的不确定性，因此，已有研究非常重视组织或领导对创新的支持和鼓励，这种支持是促进员工创新的重要因素（De Jonge, et al., 2012; Zhang & Bartol, 2010; Scott & Bruce, 1994; Zhou & George, 2001; Zhou, 2003)。例如，Zhang 和 Bartol（2010）发现来自领导的支持和鼓励是员工创新过程中的重要因素，Zhou（2003）发现来自领导的发展性的绩效反馈与同事的支持能够有效地提升个体创造力。这表明，来自组织、领导或者同事的支持，都有利于个体在创新过程中降低不确定性，拥有更多的资源来投入到创新过程中，能够有效地提升员工的创新行为(Shalley, Zhou & Oldham, 2004)。组织支持感代表了组织给予员工的各种支持，在一种积极互惠的交换下，个体要回报组织的“给予”，因此，他们需要以更好的工作状态和工作产出来回报组织。而工作投入和创新行为是员工在工作中对于组织的积极给予的回报。对比组织支持感对员工工作投入和创新行为的影响发现，组织支持感对员工的工作投入的影响更为强烈（$\gamma = 0.323$, $p < 0.001$)，而对创新行为的影响相对更低（$\gamma = 0.131$, $p < 0.05$)，这表明，相对于组织支持感所提供的工作资源和回报义务感的动机对创新行为的作用，工作投入对这两项前因更为敏感，而创新行为的产生可能更复杂和多元，例如工作特征，创新氛围等都可能影响创新行为（Shalley, et al., 2004)，因此，组织支持感对于工作投入的影响要大于对创新行为的影响。

（3）组织支持氛围与团队的产出。

本书定义了团队层次的员工-组织交换，反映的是团队内对组织关心、重视、支持他们的程度的集体认知。组织支持氛围是组织中以人为本、以员工为优先，重视、关心、爱护和支持员工的氛围。

随着管理的专业化，组织内部的工作，从过去的基于个体的工作设计逐步转向基于团队的工作设计（Balkundi & Harrison，2006；Wageman & Baker，1997），这就要求员工们以团队为单位进行工作，如今很多组织也是以团队为单位来进行人力资源管理和资源分配（Bashshur，et al.，2011）。员工-组织间的社会交换已经超越了个体层次，而演变为群体层面的员工-组织间的社会交换（涂乙冬，等，2014）。组织支持氛围就是体现了员工对组织支持的群体认知，组织支持氛围较高，团队内的员工就会认为组织给予他们高的社会支持。这种支持既包括在物质上给予团队更多的资源和权限，使团队成员获得更多的资源和授权，也包括在情感上鼓励、尊重、重视团队，使所有团队成员都认为他们被支持、重视和关心，从而产生群体的回报义务感，这种义务感是一种存在于群体层面的团队员工的集体认知，认为他们应该回报组织的关心和支持（Wayne，et al.，1997；涂乙冬，等，2014）。因此，他们会用更好地群体表现来回报组织在群体层次的支持。

团队生产率是团队工作效率的重要指标，是衡量团队工作产出的一个重要方面，也是衡量团队的角色内产出的重要指标（Fry，et al.，2005）。而群体公民行为是群体层面的组织公民行为，实际上是一种群体角色外产出（Roberge，et al.，2012）。因此，团队生产率和群体公民行为很好地代表了团队在角色内和角色外的产出。本书研究发现，组织支持氛围与团队生产率以及群体公民行为显著正相关。实际上验证了在团队层次的员工-组织社会交换过程：组织在群体层面上给予团队成员支持，他们具有更高的被关心、支持和重视的集体认知，从而产生了一种回报的集体认知，做出了更加有利于团队和组织的角色内绩效和角色外绩效（包括团队生产率和群体公民行为）。但需要注意的是，组织支持氛围对团队角色外绩效，也就是群体公民行为的作用（$\beta=0.209$，$p<0.05$）要大于对团队生产率的作用（$\beta=0.167$，$p<0.1$）。这可能表明，团队成员做出群体的角色外行为需要更多的动机来驱动，而团队生产率

更多体现了团队成员的工作产出职责。相比较而言，不管群体层面的社会交换质量高低，团队成员都会被要求完成团队生产率，而群体公民行为不在正式考核系统之列，因此，群体层面的社会交换越高，个体越有动机去做群体公民行为。也就表明，群体间的高的社会交换质量对群体公民行为的影响更大。

2. 组织中的多重认同

员工在组织中的多重认同指向了组织中的多重实体，这些实体包括领导、职业、工作、组织等。员工对这些实体的认同和情感，是解释员工与这些实体之间的关系以及产出的重要机制。本书研究了个体在组织中的领导认同、职业认同与组织认同，还有群体在组织中的组织认同氛围。这些多层次的、多重对象的认同能够使研究者和管理者更好地理解组织中的社会交换、社会认同与产出过程。

（1）领导认同在领导-部属交换与员工产出之间的中介作用。

研究领导-部属交换对部属产出的中介作用机制要考虑到本土文化的特殊性，以增加文化适应性和解释力。在中国情境中，家长式领导被认为是一种本土的领导风格，家长式领导是一种典型的领导风格，是“在一种人治的氛围下，所表现出来的严明纪律与权威、父亲般的仁慈及道德廉洁性的领导方式”（Cheng，et al.，2004）。中国员工对领导的态度和心理依附是显著不同于西方的（Chen，et al.，2002），由于上下级权力距离大，领导作为组织的代表，更加接近员工。员工忠诚的对象是离他们较近的领导，而不是离他们较远的组织，这表明员工对领导的心理依附优先于对组织的心理依附（郑伯壎，2004）。对领导的认同被认为是这种心理依附的最重要的因素（Chen，et al.，2002）。对领导者的认同，也被一些本土研究界定为对领导者的忠诚或忠诚的最重要成分。忠诚一直以来都是中国社会伦理中最重要的组成部分，在关系取向的中国社会，忠诚是区分圈内人和圈外人的最重要因素（Cheng，Farh，Chang & Hsu，2002）。华人的忠诚强调对直属、最高领导的忠诚优先于组织忠诚（姜定宇，郑伯壎，郑纪莹 & 周丽芳，2007）。

领导认同体现的是员工与领导在交换和互动过程中的认知和情

感过程，本书引入领导认同作为中介变量来解释领导-部属交换与部属工作绩效、帮助行为和建议行为的心理作用过程，以解释在中国文化情境下两者间潜在的心理过程。从认同理论出发，本书讨论了领导认同在领导-部属交换与员工的工作绩效、帮助行为和建议行为间的作用，验证了领导认同在这个过程中起着部分中介作用。本书采用社会交换理论和社会认同理论来解释领导-部属交换与员工工作绩效、帮助行为和建议行为之间的作用机制，这使我们可以从更宽广的角度去理解员工与领导的社会交换和角色内以及角色外行为之间的关系，并非完全基于交换的功利主义，而是可以基于认同的自愿行为（李燕萍 & 涂乙冬，2012）。本书发现，领导认同在领导-部属交换与员工的帮助行为之间起着部分中介的作用，在领导-部属交换与员工的工作绩效以及建议行为之间起着完全中介作用，这表明对领导认同是领导-部属交换与员工产出之间的重要心理机制。这个心理机制使我们能够从更积极和亲和的视角去理解员工-领导之间的人际互动及其背后的动机，从而对于这种人际互动的本质有更进一步理解。

在中国文化背景下，部属在与领导交往的过程中，不可避免地要涉及“站队”的问题，例如，我们常见组织中说“某君是某某领导的人”，这就是组织中“圈子”的结果，这背后是中国人如何定义自我与他人的问题。中国人的自我概念是一个“关系性自我”，这有别于西方的“自我”概念，西方的自我概念是通过一些可以识别的因素将个体和其他个体、群体等区分开来（孙健敏 & 姜铠丰，2009）。华人社会的“关系取向”使个体更多地将自我定义到他人的意义中，这种认同取向和西方的“个体取向”的自我认定有着巨大的差别。赖志超，林纯安和黄国隆（2006）认为中国人“依据人际关系的联系来定义自我，此种特性的自我并不强调个人与他人是分割开来的，而强调他人对自己认同的参照价值”。华人的关系认同是对组织中其他人的存在高度敏感的，一些重要的他人（领导、同事、客户等）以及与他们的关系将融入自我概念，成为组织认同的重要组成部分。

领导-部属交换关系质量越高，领导会给予部属更多的信任、尊重、关爱、授权以及工作自主权等，部属会获得一种内部人身份认知。这种认知实际上是一种自我归类，员工将自我视为领导团队下的一员，是领导圈子的“圈内人”（汪林 & 储小平，2009）。员工也会对领导产生认同，与领导的价值观、目标形成一致，基于领导圈子共同定义自我概念，从而将领导作为自我概念的一个参照系，形成了“某君是某某领导的人”这种定义自我的方式。一旦员工对领导产生了认同，这时员工就会更加愿意为整个团队的福祉着想而主动奉献，而不仅仅基于个人利益进行社会交换。这就将员工在组织中的产出机制从被动的社会交换转化为主动的付出（涂乙冬 & 李燕萍，2012），因此，员工会通过做好自己的工作绩效、帮助他人（包括效率低的同事和新同事）、向团队和领导提出新的机制和流程等方式来提高团队整体的工作绩效。

（2）职业认同在领导-部属交换与员工产出之间的中介作用。

职业认同是个体将他/她从事职业作为自我定义的一种认知。个体职业认同对于个体在职业中的态度、行为和产出有显著的正向影响，因此职业认同是组织变量和员工职业产出之间的心理机制。

由于领导者在组织中扮演着多重角色，是组织中多重实体的代表，他可以代表工作、职业、团队和组织。作为工作和职业的代表，领导通常是工作和职业的领路人（Yukl，2005），他们不仅负责指导和监督员工的工作和职业进展，而且更重要的是，领导通常扮演着员工的导师。例如，在导师制的工作结构中，导师通常是经验丰富的老员工、技术骨干或者领导。由于传统的儒家思想，导师制在中国组织中是常见的、受欢迎的“传帮带”的学习方式（Bozionelos & Wang，2006）。领导者也通常是被学习的对象，这就意味着领导者在员工的职业生涯中扮演着重要的角色（Chen，Liao & Wen，2014）。领导者给予部属的职业的帮助，不仅包括提供更多资源有利于员工发展，还包括传授更多技能给员工，这些都是工具性的帮助，能够为员工提供促进职业发展和成功的资源（李燕萍 & 涂乙冬，2011）。同时，领导作为一个“过来人”，对员工所处的阶段和情境有更多的指导性建议（Hekman，et al.，2009），因此，领导通常也给予员工情感性的支持，如建议或安慰以及情感支持等。领导者是员工职业上的领路人，会使员工对他/她所从事的职业有更强烈的情感依附和更为具体的认知，员工会更加喜欢他们从事的职业，以他们的职业为荣，将职业视作他们生命的一部分。例如，教师通常会以他们的职业为荣，享有更高的社会地位和更多的社会赞誉，他们被称为“人类的灵魂工程师”，是“春蚕到死，蜡炬成灰”的奉献精神的代言人，代表了人类的智慧和精神。医生也通常以“白衣天使”作为职业荣誉，行使“救死扶伤”天职，因此享有较高的职业声誉。而在这些专业领域内，新教师的成长通常伴随着向经验丰富的领导（老教师）听课并模仿的过程；实习医生或者新医生通过观摩手术的方式向主管医生学习，领导者有利于使部属更多地卷入到职业进程中，由此提升部属的职业认同（Hekman, et al., 2009）。

领导者作为一个职业导师，高质量的领导-员工交换会使他们更多地卷入到部属的职业进程中，因而强化了部属的职业发展。这一过程也摆脱了以社会交换来解释部属职业产出的框架。在社会交换视角下，领导-部属交换与员工的职业发展或职业产出之间的积极作用被视作一种互惠的交换，多了一份功利色彩，而少了一份热爱和奉献的色彩，这对于解释个体在职场上的行为及其背后的动机有狭隘之处。尽管运用社会交换视角来解释或者管理员工依然有显著的成效，但是要建立员工-领导之间的积极心理联系，就需要研究员工-领导交换是如何促进部属对领导和导师角色进行认同，从而做出更多主动性的行为。本书的结果表明，领导者作为职业导师，能够促进部属的职业认同，提升部属在职业中的自我提升，从而使部属做出更多的工作绩效、帮助行为和建议行为。职业认同的中介作用对于员工在职业中的产出行为有了新的解释机制。

部属的职业认同中介了领导-部属交换对员工的工作绩效、帮助行为和建议行为的作用。这一过程和部属的领导认同中介领导-部属交换对员工的工作绩效、帮助行为和建议行为的作用同时进行。这两个不同的中介变量实际上中介了领导作为两种角色的影响机制。部属的职业认同中介领导-部属交换对员工的工作绩效、帮助行为和建议行为的作用代表的是领导作为部属的职业导师对部属产出的影响。部属的领导认同中介领导-部属交换对员工的工作绩效、帮助行为和建议行为的作用代表的是领导作为“管理者”对部属产出的影响。这实际上代表了领导者在员工的职业和日常管理中两种不同影响力的作用过程。从中介效应上看，领导认同的三个中介效应和职业认同的三个中介效应在数量上大致相当，这表明，在员工心目中，将领导作为职业导师并影响他们的职业认同从而使他们做出更多积极职业产出的作用过程，和将领导作为管理者并影响他们的领导认同从而做出更多工作产出的作用过程是大致相同的。不过本书的结果却发现，领导-部属交换对员工的领导认同的作用（$r=0.638$，$p<0.001$）远远大于对员工的职业认同的作用（$r=0.340$，$p<0.001$），而职业认同对员工的工作绩效、帮助行为和建议行为的影响要大于领导认同对工作绩效、帮助行为和建议行为的影响。这可能引起以下两个推论：第一，尽管领导者具有管理者和职业导师的双重角色，但是领导者更多地使部属的情感依附指向他的领导角色，这使得部属对领导产生更多的服从和忠诚，这实际上使部属的回报更多指向领导者，而领导者通过职业认同使他们做更多职业产出，则是将领导-部属交换更多地指向了个人职业，显然，指向领导者的强度要大于指向职业本身。第二，尽管领导认同和职业认同都对员工的工作绩效、帮助行为和建议行为有显著正向影响。但是职业认同对工作绩效、帮助行为和建议行为的作用要大于领导认同对工作绩效、帮助行为和建议行为的作用，这表明，员工的职业认同比员工的领导认同对员工的产出影响更大，因此，提高员工的职业认同对员工的职业产出有更显著的影响。综合上述第一点推论，领导-部属交换促使部属有更多的领导认同，当部属有较高的领导认同以后，对员工的工作绩效、帮助行为和建议行为的影响却仅介于0.1~0.2之间。领导-部属交换促使部属产生职业认同，但这种作用并不算很大，当部属有较高的职业认同以后，对员工的工作绩效、帮助行为和建议行为的影响却仅介于0.2~0.4之间。因此，尽管领导-部属交换提高领导认同后，可能导致部属更多做出有利于领导的事务，而非有利于组织或职业的产出，而领导-部属交换提高职业认同后，导致部属更多卷入到职业发展发展

中，更多地做出职业产出。这一发现与涂乙冬和李燕萍（2012）的研究发现有相似之处。他们发现领导-部属交换对领导认同的作用要远远大于对组织认同的作用，但是对领导认同以后，就会更多地做有利于领导的角色内绩效，而较少做有利于组织的创新行为。而对组织认同后，员工就会做更多的角色内绩效和创新行为。这一发现的一个解释是：作为组织代理人，领导者运用了“道德风险”使他与员工之间的社会交换产生的效益指向了他个人，而非指向组织，实际上是一个代理问题中长期存在的风险。而这种风险以往更多在组织的职业经理人领域得到关注，而在领导-部属之间的关系解释上却少有涉及。

（3）组织认同在员工-组织社会交换与员工产出之间的中介机制。

组织支持感作为员工与组织之间的社会交换规范，会对员工-组织关系产生作用。不同的组织支持感使员工产生不同的回报义务感，当员工认为组织重视他们的贡献、关心他们的需要、重视他们的福利时，在“互惠”的交换思想下，个体会更加认为他们“欠了”组织的情义，他们会认为自己有义务去回报组织（Rhoades & Eisenberger，2002）。所谓“受人滴水之恩，定当涌泉相报”，在组织提供给员工优厚待遇下，员工对组织有更强的回报心理，更加投入到本职工作中，有较高的工作投入和创新行为。

组织支持感-工作投入和创新行为的社会交换关系，实际上仍然将其定位为交易过程。交易本身包括一种物质性的“你来我往”，同时，也包括情感性的相互支持和相互依赖。在社会认同理论视角下，可以将员工-组织之间的交换关系以情感的视角来进行解释。员工在组织中的心理受到组织如何对待他的影响，这种组织的“给予”行为实际上会作为员工对组织的心理依附对员工的行为产生影响。组织认同的中介视角下，员工的工作投入和创新行为不再是作为一种回报，而是一种主动奉献行为。以认同和情感视角来解释员工-组织关系之所以重要，是因为员工-组织交换之间如果只是存在社会交换，那么尽管也能够构建员工-组织之间的积极关系，但是这种社会交换对员工的吸引力是远远不如基于情感关系的员工-组织交换。在社会交换视角下，交换具有较高的可替代性，也就是说，当另一个主体（例如企业）以更多的社会交换来与员工进行互动时，那么就有可能导致员工的离职等行为，而情感的员工-组织关系在交换以外，为员工和组织之间多嵌入了一层关系，根据工作嵌入理论（Job embeddedness theory，Mitchell，Holtom，Lee，Sablynski & Erez，2001），员工在组织中嵌入得越多，他离职的可能性就越小。组织认同作为员工组织支持感和员工产出之间的中介机制在近年来得到了研究的重视，Van Kippenger 等人（2007）从社会交换和社会认同的视角来考察了组织支持感-组织认同和员工行为之间的作用机制。这一机制表现了员工-组织之间从社会交换到社会认同再到产出的员工-组织关系过程。本书发现组织认同中介了组织支持感对员工工作投入和创新行为的作用。尽管已有研究发现组织支持感能够通过组织认同对员工的绩效和组织公民行为产生影响（沈伊默，2007），本书在此基础上进一步探讨了组织支持感通过组织认同对员工的工作投入和工作创新行为的影响，丰富了我们对于组织中个体的组织支持感、组织认同和员工多种产出之间的知识。

（4）组织认同氛围与团队产出。

本书定义了团队层面共享的组织认同，不同于个体层面的组织认同，团队层面的组织认同氛围强调集体共享的组织认同的情感和认知（Carmeli，et al.，2011）。组织认同氛围是组织中存在的集体身份认知和集体身份归类的氛围。当团队所有人都高度地以组织成员为荣，以组织作为他们自我的一部分，共同以组织来定义他们自己，在这样的工作团队中，员工们对他们的组织有更强烈的情感依附和情感认知，那么这样的工作团队往往会有更高的团队产出。已有研究也发现了集体的认同有利于增加团队内的合作行为和交流行为（Carmeli，et al.，2011）。

团队内的组织认同氛围高，意味着团队成员普遍地建立了组织的情感连带，他们以组织目标为他们的使命，以组织的利益作为他们的目标，他们能够为组织集体贡献力量。这种贡献是一种群体主动行为，在这种氛围下，团队员工同心协力，会做出更多组织产出，包括提高团队生产率。同时，团队成员之间的群体人际关系更加融洽，群体人际间的利他行为也会更多，这意味着他们会做更多的群体公民行为。

本书发现组织支持氛围能够显著影响组织支持，但组织认同氛围对组织认同的影响却不显著。这可能与两者的性质不一样有关。已有研究表明，组织支持感的前因变量是组织支持（行为），是指组织实实在在帮助员工的行为，这会增强员工的组织支持感。因此，不管是实实在在的组织支持行为和或是共享的组织支持氛围或文化等，都有利于员工的组织支持感提升。而组织认同是一种由内而生的情感和认知，它对个体的组织认同的影响可能更加内隐。这表明，在组织管理中要提高员工的组织认同要远远困难于提高员工的组织支持感，只有当员工真正对组织产生感情后，才会对组织产生认同。而提高员工组织支持感则相对容易，组织可以在管理实践中加强对员工的支持和帮助，在管理文化和管理氛围上强调员工第一的价值观等。

(5) 组织认同氛围在组织支持氛围与团队产出之间的中介机制。

原有研究在个人层次上探索了个体感知到的组织支持感-组织认同与员工的产出之间的作用机制，这一发现适用于个体层次解释员工-组织间的关系的作用过程，但是团队层次的这一作用过程没有被关注，要对团队层次的这一作用过程进行验证，需要做以下工作：第一，需要将组织支持和组织认同从原来的个体层次变量拓展到团队层次的组织支持氛围和组织认同氛围，这需要在理论上探讨组织支持氛围和组织认同氛围的内涵、含义、测量等相关议题。第二，需要收集个体和团队的多层次数据，以多层次技术来验证个人层次和团队层次的组织支持-组织认同-个体及团队产出过程。本研究在理论上定义了组织支持氛围和组织认同氛围，构建了团队层次上的组织支持和组织认同概念，并且通过数据收集，获得了团队层次的组织支持氛围和组织认同氛围的数据。验证了组织支持氛围-组织认同氛围和团队生产率及群体公民行为的关系。

本书发现组织认同氛围中介了组织支持氛围对群体公民行为和

团队生产率的作用。本书突破了原有的个人层次的组织支持感、组织认同与个人产出，而将这种组织支持感、组织认同和产出提高到团队层面，研究了组织支持氛围、组织认同氛围对群体公民行为及团队生产率的影响。研究表明，组织支持氛围通过组织认同氛围影响群体公民行为和团队生产率的中介效应基本显著。在团队层次，依然存在着社会交换、社会认同和产出关系，只不过这种关系已经脱离了个体层面和个体行为，变成了群体-组织交换、群体的组织认同以及群体的产出。这对于我们重新认识组织内的社会交换-社会认同-产出过程有重要意义，我们需要重新在不同层次上去认识这种作用过程及其作用机制。

（6）组织支持氛围在组织支持感与组织认同之间的调节作用。

员工-组织关系从社会交换到社会认同的这一过程中的情境因素是研究的重点（El Akremi，et al.，2014），这一过程解释了员工和组织之间从社会交换到社会认同的边界条件，这不仅是对目前组织支持-组织认同这一主效应的丰富与补充，也是拓展组织情境中哪些因素强化或者减弱组织支持-组织认同关系的有益探索，而且有利于管理者在组织中通过提升组织情境来强化员工从组织支持到组织认同的过程。

组织支持氛围调节了组织支持感与组织认同的作用。尽管已有研究对个体层次上组织支持感对个体的组织认同的关系做了验证，但是这种作用关系的作用机制还没有更进一步地探索，特别是在组织情境中，组织的文化或组织氛围是如何影响这一过程的还未得到有效地探索。本书发现，组织支持氛围调节了组织支持感与组织认同，具体表现为：在高的组织支持氛围条件下，组织支持感对组织认同的作用得到强化，在低的组织支持氛围条件下，组织支持感对组织认同的作用被减弱。这表明，强化员工-组织间的交换，不仅要注重提高员工的个人心理感知，而且还要在团队层面进行组织支持文化或氛围的建设和培育，这也将大大地便利个体层次的组织支持感和组织认同的过程。

员工在组织中获得组织支持进而产生组织认同的心理过程，不仅是个体的心理机制，而且也是群体的心理过程；不仅员工个体认知到组织支持每个个体的程度很重要，而且群体集体认知到组织支持他们的程度也很重要，群体认知能够对个体认知过程产生影响。这也表明组织行为和组织心理的作用过程应该更加注重群体的心理机制以及组织情境对个体的心理机制的影响。这不仅能够在理论上拓展原有理论，而且能够为组织管理提供更多借鉴。

第五章 结论与展望

5.1 研究结论

本书通过两个子研究来共同研究了组织中的员工-组织间的多重对象、多层次的社会交换、社会认同与团队及个体产出。子研究1研究了员工-领导之间的社会交换与社会认同以及员工产出之间的影响机制，本书操作化为领导-部属交换通过领导认同、职业认同对员工的工作绩效、帮助行为和建议行为的影响过程。子研究2研究了团队和个体两个层次的社会交换、社会认同对团队及个人产出的影响，本书操作化为个人层次的组织支持感-组织认同对个人的工作投入和创新行为的影响，以及团队层次上组织支持氛围-组织认同氛围与团队的生产率及群体公民行为的影响。本书还探索了跨层次的中介和调节作用，由此在个体和组织层次研究了员工-组织间的社会交换、社会认同与产出过程。经过严谨的研究设计和实证研究过程，本书获得了以下研究结论（其中，结论1到结论2是基于子研究1的发现，结论3到结论7是基于子研究2的发现）：

（1）领导-部属交换能够影响领导认同进而影响员工的工作绩效、帮助行为和建议行为。本书验证了领导-部属交换作为员工和领导之间的社会交换，能够引起员工在心理和行为上的回报义务感，也能够引起员工对领导者个人的认同，这种认同是对领导者的情感依附，当员工对领导认同后，员工就会作出更多的角色内绩效和角色外绩效。在本书中，角色内绩效被操作化定义为工作绩效，角色外绩效被操作化定义为帮助行为和建议行为。本书发现，领导认同完全中介了领导-部属交换对员工工作绩效和建议行为的作用，部分中介了领导-部属交换对员工帮助行为的作用。这一作用过程解释了领导者如何通过高水平的社会交换和社会认同来促使员工在组织中做出更多的符合组织、领导和员工利益的产出。

（2）领导-部属交换能够影响职业认同进而影响员工的工作绩效、帮助行为和建议行为。领导者在组织中通常扮演着部属的职业导师的角色，这不仅要求管理者要在日常的工作中对员工进行管理，而且要求领导者在员工的职业生涯开发或者职业成长上涉入得更多，从而更好地胜任职业导师的角色。作为员工的职业领航人，领导者会给予员工更多的职业指导，使他们更加清楚地了解所从事的职业，对行业有更强的自豪感和荣誉感，激发他们在职业中自我提升的动机，这些都有利于提升员工的职业认同。当员工认同他们所从事的职业以后，会在职业工作中寻求更好的工作表现，这就包括做更多的工作绩效和做更多的帮助他人的行为以及建议行为，从而获得更多的职业成功。本书发现，职业认同完全中介了领导-部属交换对员工工作绩效和建议行为的作用，部分中介了领导-部属交换对员工帮助行为的作用。同时，职业认同和领导认同在领导-部属交换与员工的工作绩效、帮助行为以及建议行为之间的中介作用大致相当。这表明领导者的管理角色和职业导师两种角色对员工的工作产出（包括工作绩效、帮助行为以及建议行为）的作用是大致相当的，领导者在组织中应该同时兼顾管理者和职业导师两种角色规范。

（3）组织支持氛围与组织支持感、组织认同氛围与组织认同是有区别的理论构念。本书定义了组织支持氛围和组织认同氛围的概念和内涵，组织支持氛围是指管理者感知到的组织重视员工的贡献和关心他们的幸福的氛围。组织认同氛围被定义为组织中的成员将组织成员身份用来定义自我，将自我视作组织成员并且依附于组织的共享认知和情感。组织认同氛围是一种共享的身份认知和自我归类，是团队中的个体通过去人格化过程，逐渐将自我身份认知变为集体身份认知，并且将自我归类为团队身份成员的一种共享氛围。

（4）组织支持氛围能够显著影响组织支持感，但组织认同氛围对组织认同的影响却不显著。这表明团队内部的集体共享认知影响个体认知上，组织支持氛围更容易影响个体的组织支持感，而集体共享的组织认同氛围对组织认同的影响更加内隐。

(5) 本书发现组织认同中介了组织支持感对员工工作投入和创新行为的作用。本书探讨了组织支持感对员工工作投入和工作创新行为的影响，发现组织认同中介了组织支持感与员工产出的作用，这有利于丰富组织中个体的组织支持感、组织认同和员工的多种产出之间的知识。

(6) 本书发现组织认同氛围中介了组织支持氛围对群体公民行为和团队生产率的作用。这就表明，团队层次依然存在社会交换、社会认同和产出关系，这种关系已经脱离了个体层面和个体行为，变成了群体-组织交换、群体的组织认同以及群体的产出。这对于我们重新认识组织内团队层面的社会交换-社会认同-产出过程有重要意义，我们需要重新在不同层次上去认识这种作用过程及其作用机制。

(7) 组织支持氛围调节了组织支持感与组织认同的关系。在高的组织支持氛围条件下，组织支持感对组织认同的作用得到强化，在低的组织支持氛围条件下，组织支持感对组织认同的作用被减弱。这表明，强化员工-组织间的交换，不仅在于提高员工的个人心理感知，而且在于团队层面进行组织支持氛围的建设和培育，将大大地便利个体层次的组织支持感到组织认同的作用过程。

总的来说，通过充分的理论回顾、文献综述和严格的实证研究程序，本书基本达到了研究目的和研究计划，部分研究假设得到了验证。

5.2 研究局限

本书的研究局限主要在研究主题和研究方法论两个方面上。在研究主题上，本书有两个研究局限。

研究主题上的第一个研究局限是，尽管本书的子研究 1 和子研究 2 分别研究了员工与领导以及组织之间的社会交换、社会认同以及产出过程及其作用机制，但是本书对于组织中的多重交换和多重认同以及员工产出在同一研究框架下的综合影响并没有涉及。组织中的社会交换、社会认同和产出的关系应该是组织中的多重交换、多重认同和多项产出之间的关系研究，本书是分别研究了员工和领导之间以及员工和组织之间的社会交换、社会认同和产出，在未来的研究中可以进一步探索组织中的多重社会交换、多重社会认同和多种产出之间的关系，这在研究领域内还所知甚少。

研究主题上的第二个研究局限是，本书对社会交换、社会认同和产出的本土化研究特色还突出不够。本书基本引用客位研究取向，将西方理论概念移植、引入和检验，本书的主要概念都是引用的西方的成熟的构念（除了团队层次的组织支持氛围和组织认同氛围是新讨论的概念外），在测量上也是采用西方的成熟的测量工具。尽管本书是根植于中国情境的研究，但是真正能够反映文化情境特殊性的研究特色还比较欠缺。

在方法论上，本书存在着四个研究局限：

本书没有完全避免同源误差的干扰。本书在研究时采取了多种方法来降低同源误差的影响，在研究过程中也使用了多种统计方式来对同源误差的影响程度进行检验。尽管研究结果表明同源误差的影响并不严重，但是这仍然不能排除其干扰。本书在子研究 1 中采用两个时间点的方式来收集数据，这能够有效地降低同源误差。在子研究 2 中采取在团队层次和个人层次分别由领导和员工来进行评价，这样两个数据源的数据也能够有效地降低同源误差的影响。但是在子研究 1 中，所有数据仍然是员工自评，在子研究 2 中，同一层次内的研究变量仍然是由同一人评价，这就会引发同源误差的担忧。本书也认为同源误差的确可能会对本书的研究推断和研究结论产生影响，尽管这种影响并不算严重，这也是本书在方法上的缺陷之一。

本书子研究 2 中采用的基本属于横截面数据（Cross-section Data）。本书的子研究 1 采取在两个时间点进行样本采集：在时间点 1 收集自变量、中介变量、调节变量等数据，在隔约 1 周到 1 个月的时间点后（均值 2 周）的时间点 2 收集结果变量的数据。这一过程是符合时间间隔研究（Time-lag Interval）的程序的，子研究 1 能够有效地降低同源方差的影响。子研究 2 的数据收集是典型的横截面数据收集，尽管同时收集了领导和员工的数据，但是这些数据收集都是在同一时点内进行的，没有纵向时间上的延续。尽管本书已经作出了详细而充分的论述，但横截面数据对本书的相关统计推断有干扰，从而降低本书的研究结论的因果推断。

子研究 2 的研究样本，特别是在团队层次的样本不足。本书在团队层次的样本量只有 34 个，这造成了团队层次的回归效果不稳定，这也是团队层次回归边缘显著的原因之一。同时，团队层次的回归样本少，对多层线性模型的回归结果稳定性有影响，样本量会影响到回归的统计功效和显著性的检验，本书的假设 5 和假设 6 的跨层中介假设没有被支持也可能与团队层次的研究样本数量有关。

本书从理论上认为团队或组织层次的组织支持和组织认同是不同于个体感知到的组织支持和组织认同，但是本书在测量的时候，使用了同一测量工具，由不同被试对象来填写。由于缺少团队层次的组织支持氛围和组织认同氛围的测量工具，因此未来的研究应该要对组织支持和组织认同的测量工具进行开发，并且更好地定义它们的范畴和测量条目。尽管本书测量团队或组织层次的组织支持和组织认同的做法仍然是适合的，例如，在组织公民行为和群体公民行为的研究中，最开始群体公民行为都是由组织公民行为的量表来测量并通过聚合的方式来表达群体公民行为，而后学者才进一步讨论群体公民行为的测量工具。这表明，后续研究还有开发组织或团队层次的组织支持氛围和组织认同氛围的测量工具的必要。

5.3 研究展望

在本书基础上，未来研究可以在以下几个方面进一步拓展和深化。在方法论上，应该采取更科学和严谨的方法来验证假设；在研究主题上，应该在本书的基础上进一步深化和拓展，并且注意根植于本土文化情境，作出情境化的贡献。

首先，用更严格和更规范的实证研究程序来进一步验证员工与领导以及组织之间的社会交换、社会认同和产出关系。这些更严格和更规范的实证研究程序包括使用多元来源的测量数据，采用纵向研究的研究设计，采用多层次的研究设计等因素。使用 MML 研究（Multi-level，Multi-source，and Longitudinal Research）来更好地验证研究假设（Kulik，2011）。严格和规范的实证研究程序能够更好地支持研究的可信度和科学性，这一部分工作也是未来研究中应该努力的方向。

其次，未来研究应该更详细和全面地研究组织中的多重社会交换（领导-部属交换、组织支持感、心理契约等）与组织中的多重社会认同（自我认同、团队认同、领导认同、组织认同等）以及多种员工产出（绩效、满意度、组织公民行为、组织承诺等）的作用机制，特别要注意对不同的社会交换和社会认同对产出的不同影响的比较研究，通过比较研究来发现不同对象的社会交换对个体的社会认同和员工产出的影响。

再次，未来研究应该更加注重本土化特色，特别是在本土文化和心理条件下，社会交换、社会认同和产出之间的作用机制。寻找本土的社会心理和社会认知导向会影响组织中的社会交换、社会认同和产出等，这些方面不仅在本书中没有得到充分研究，甚至在现有文献中也被很大程度上忽略了。因此，建议未来的研究一定要注重组织中的社会交换、社会认同和产出的本土化研究。例如，本书在文献综述部分论述了在中国文化背景下个体与组织之间的交换实际上是有别于西方的，个体对组织的认同也是有独特的文化因素的，而这些独特的部分至今还没有在实证研究中得到验证。同时，中国的文化，例如纵向集体主义使个体服从组织，以集体利益为优先，横向集体主义使个体保持和谐的人际关系，高权力距离意味着组织中的个体接受不公平的程度加大，这些文化因素都可能成为未来组织中社会交换、社会认同和产出过程中的情境因素。

最后，研究组织中的社会交换、社会认同与产出的研究层次应该进一步地提升为组织层次，并结合到组织层次和个人层次的嵌套模型中来检验组织层次和个人层次的社会交换、社会认同对组织和个人的作用过程。这将更好地解释不同组织的社会交换、社会认同和产出的区别，同时，也能够从更宏观的层次来验证研究模型，进一步增加本书研究模型的解释力和科学性。

5.4 管理实践的建议

本书聚焦于组织中的员工-领导之间、员工-组织之间的多重的社会交换、社会认同与团队及个体产出，对于提升员工-组织关系具有很强的实践和应用价值。总的来说，根据研究结论，本书认为以下几个方面可以促进管理实践的提升：

(1) 重新审视员工-组织关系。长期以来，对员工-组织关系的审视，主要分为社会交换视角和社会认同视角。在社会交换视角下，员工与组织之间的关系被视为一种交易，它不仅包括基本的经济交换——员工完成他们被组织期望或者安排的工作，获得组织给予他们的薪酬回报，而且也包括一些社会交换——员工和组织之间的相互信任与尊重。员工和组织之间形成了互惠的关系，组织给予员工各种支持，员工对组织回报。在社会交换条件下，组织管理的重点在于诱因的提供，组织应该在何时、何种程度的诱因提供给员工。在社会认同的视角下，员工和组织之间是一种情感关系，员工以他们的组织成员身份为荣，对组织具有自豪感和归属感，把组织视作他们自我定义的一部分，将组织的使命和愿景定义为个人自我的目标，以高度的责任感来完成组织目标。社会认同理论解释了个体是如何解决自我和组织之间的关系，回答了组织中“我是谁”的问题。社会认同视角下的员工-组织关系，实际上解释了员工从独立的个体如何变为组织一份子的过程。那么社会认同视角下，组织管理的重点就是创造员工和组织之间的积极心理连带。

在已有研究和管理实践中，过多强调了员工-组织关系的交换视角的管理，而忽略了社会认同视角的管理。这就造成了员工-组织交换的政策出发点以交换为基点，这样政策就是以“交易”来定义员工-组织之间的关系。本书的研究表明，尽管员工进入企业之初，是抱有经济和社会交换的目的，但是随着员工-组织的互动的加深，员工在组织中被嵌入得越来越深，员工和组织之间的感情连带也就越多，这就会加强员工-组织之间的情感联系，从而提高员工在组织中的社会认同。这就使社会交换逐渐演变为一种社会认同，使员工心甘情愿地为组织奉献自己的力量。

（2）强化领导-员工之间的社会交换关系。由于组织是一个相对虚拟的主体，员工在组织中接触到最近的和最频繁的是组织的代理人——领导者。一方面，领导者具有组织的正式权威；另一方面，还兼具了个人的个性特点。领导是员工在组织中对他影响最大的人。一方面，领导管理着员工的出勤、绩效、薪酬、晋升、调岗等；另一方面，领导还代表了组织给予员工非正式或非物质的支持。因此，员工-领导之间的关系质量是员工-组织关系质量的重要指标。强化领导-员工之间的社会交换关系，主要通过几个途径：第一，领导必须不断提高自身领导水平，减少负面的领导行为，增加正面积极的领导行为和领导形象。例如，以往的实践和研究发现，如果领导者是一个破坏性领导或者虐辱领导，那么他会造成员工的情绪耗竭，对领导-员工关系来说是一个巨大的负面消耗。如果领导是一个道德型领导，那么通过道德的教化与示范，并且通过道德地对待与支持员工，员工就会和领导之间发展更加亲密的社会互动和社会交换。在中国本土的家长式领导框架下，作为家长式领导，领导们必须明白，他们的仁慈和道德有助于员工对他们亲近，而威权则会产生一些负面效应，如同一个硬币的两面，家长式领导必须克服负面效应来减少威权带给领导-部属交换关系的负面影响，从而营造积极融洽的领导-员工关系。第二，领导要增加与部属的人际互动，在良好的人际互动框架下发展领导-部属关系。领导-部属交换的早期理论表明交换质量有一个“接触—互动—反馈—强化”的过程。领导-部属关系的双方互动非常关键，部属由于工作需要或者出于迎合以及印象整饰的动机，会积极地向上发展与领导的关系。领导在领导-部属交换中也应该积极与部属进行人际接触，从而造成良性的人际互动，在互动中推动工作并且了解双方，并通过正式或者非正式的反馈来调整双方的关系，从而能够积极地创造人际互动来增加相互的接触。领导的主动人际行为能够显著增强领导-部属的关系质量，因为部属通常对领导的主动人际行为更加敏感，会更积极回应领导的主动人际行为。而且，中国情境下领导-部属之间在工作之外的社会互动往往能够更快提升他们之间的关系，如非正式聚餐、非正式聚会等都能够迅速提升领导-部属关系。第三，领导在工作场所内应该做更多支持部属的行为。通过积极的工作行为来提升领导-部属之间的社会交换质量。例如，领导在工作中更多地授权部属，让部属有更多的权限去自主决定他们的工作，有更大平台去施展他们的才能；领导更多地给予部属各种资源使部属能够更好地完成工作；领导给予部属更多情感支持使部属感受到更多关心、重视与关怀，这些物质和精神上的支持都会使部属提高他们与领导之间的社会交换关系。

(3) 提高对领导的认同是提升领导有效性的一个重要途径。领导与部属维持一种更紧密的关系，这种关系不仅包括在工作上的合作与支持，而且也应该包括亲密的私人连带。领导与部属间的高质量的交换会带来工作上和人际上的便利，这种便利使部属更好地完成工作。表现在管理实践中，当领导关心部属、为部属提供更多的资源、信任和授权，部属就会更加认同和忠诚领导，将自己定义为领导圈子的成员，提高他们对领导的认同，然后，他们就会觉得自己心甘情愿为领导奉献他们的努力。这些努力包括更好地做好自己的本质工作，为同事提供帮助去解决工作相关的问题，主动帮助同时分担繁重的工作负担，帮助新同事适应新环境，提出更多的建议以改善组织效能等。这些行为能够使组织保持一种合作、和谐的工作状态和组织气氛，有利于领导的团队更高效地完成工作绩效。提升领导认同的几个途径包括：首先，领导要关注到领导力的积极一面，以正面和积极的领导行为来领导整个团队。领导的积极领导行为会促使部属认同领导的所作所为以及所描述的目标期望和愿景等。其次，领导要和员工进行高质量的人际互动，在人际互动中增加相互了解和认知，从而促进情感的升华，促使部属产生更高的领导认同。最后，领导要更多地“施恩”，在传统的家长式领导中，施恩是使部属产生积极情感回应的因素，而“立威”则只能够引起部属的畏惧和顺从，不能够引起内心的情感依附，因此，领导者应该注意提升自身在工作中的行为和形象。

（4）领导者要更好地扮演职业导师角色，以促进员工的职业认同。在以往的实践中，领导者的管理职能被更多地关注，而领导的职业导师职能在很大程度上被忽略了，这实际上降低了组织运行的效率。本书的发现也表明了在组织中要进一步提升领导者扮演职业导师的作用，为了做好这一工作，组织应该在以下几个方面进行制度建设：第一，在组织中，特别是在一些专业化的组织中，建立导师制是非常重要的，职业的导师制能够促进员工的职业技能开发、职业生涯开发以获得更多职业产出和成就，而领导者往往就是一个天然的职业导师。在中国选拔一线领导时，最注重的就是领导的能力和业绩，领导者通常具备辅导部属职业技能和职业意识的能力。在专业领域，建立导师制不仅要求明确领导和员工之间的“导师-学生”关系，而且还应该有一系列制度保证这种导师制真正起作用。例如，必须安排一定的时间和场地让领导传授知识和技能给员工，必须对领导者担任导师这一角色所付出的努力给予相应的物质和精神回报。同时还可以定期地考察员工的技能和职业能力的水平，并将其成绩计入领导的考核成绩中，这些措施有利于导师制落到实处，而不是被束之高阁。第二，在某些技能领域可以推行“学徒制”，学徒制和导师制有一定的相似之处。在传统的中国社会，由于缺乏职业教育的正规技能教育和培训，一些专业性的技能传承和发展就是通过学徒制来进行的，例如传统农耕社会中的打铁技能等是学徒制应用的典型。即便今天职业技能教育已经获得了很大发展，但是一些领域内仍然存在着“学徒制”的方式，例如在一些美容美发的沙龙以及餐饮行业的拜师等。学徒制总体来讲是建立在中国的熟人社会结构上的，通过熟人的社会网络结构，个体能够运用私人的社会关系来进行职业技术学习。“学徒制”也是符合中国社会结构和社会心理的一种职业技能指导的方式，在一些特殊领域内，也可以进行推广。第三，领导应该平衡管理者和职业导师的角色。在传统的管理中，领导者更多是以管理者的角色行动，却忽略了领导还有职业导师的角色，因此，领导应该在职业上对员工加以辅导。领导帮助员工提升职业技能，帮助员工做职业生涯规划，给予员工职业指导和建议，使员工更加认同所从事的职业，并且在职业中有更好的表现和产出。第四，领导对员工职业认同的影响虽然是显著正向的，但是只解释了大约15.6%的方差，这表明尽管来自领导的直接影响是一个重要的因素，但是领导还可以通过组织管理的一些制度设计来对员工的职业认同或职业态度等进行间接影响。例如，从组织或团队制度上，提供给员工更多技能培训和专业学习的机会，邀请业内专家来组织内传授知识技能，这样通过组织的正式管理制度来弥补领导的直接影响偏低的不足。

(5) 组织应该塑造更加以人为本的管理文化和管理实践。在传统的生产投入产出的公式中，劳动力只是一种生产投入的生产资料，将员工的存在物化，而缺乏对人的社会属性的尊重。这样的组织只关心组织绩效，并不重视员工的幸福。原有的人力资源管理系统也配合这种组织战略，过度强调了员工的绩效和产出，采取以控制为中心的管理体系，过度强调了员工对组织的贡献和承诺。员工认为他在组织中有一种被剥夺感，这种被剥夺感极大消耗了他们的组织效能和基于组织的自尊，也割裂了组织与员工之间积极心理连带。随着经济发展和社会进步，组织必须意识到追求组织利润并不是唯一的目标，追求员工的幸福也是他们的合法目标，组织负有使员工更加幸福的责任，因此，组织应该塑造以人为本的管理文化和管理实践。

一方面，组织要对员工提供切实的支持行动，重视员工的贡献和对组织的价值，关心员工的福利，为生活或工作困难的员工提供必要的帮助，使员工能够感受到组织的温暖，感受到强烈的组织支持感。目前，组织对员工的支持体系大多集中在一些福利发放领域，认为过年过节发放一些福利就是组织支持，然而这偏离了组织支持的实质精神，组织支持最重要的是：首先，重视员工的贡献。组织必须承认员工所作出的卓越贡献，这就要求组织对于员工的贡献在物质和精神上进行激励。组织通过表彰、通告、评选优秀员工等活动对员工的贡献予以精神上的承认与鼓励，通过奖金、晋升甚至期权等方式对员工的贡献予以物质奖励。其次，关心员工的幸福(Well-Being)。这不同于公司中通常所发放的福利（Welfare)。关心员工的幸福，就是要关注员工的心理感受和情绪状态等。换句话说，组织不仅要关心员工有没有完成工作，还要关心员工在工作中是不是开心。关心员工的福利可以采取以下措施：对员工的工作满意度进行长期的、持续的监测，并通过改善工作的方式来不断提升员工工作满意度。同时，关注员工的工作压力，寻找员工的工作压力源，并且通过多种方式来降低这些工作压力源对员工造成的困扰，在组织内部建立或者外包员工援助计划的服务等。再次，在日常工作中给予员工充分授权和自主决策空间，增加他们调用资源的权限，使他们在工作中能够获得足够的物质支持（如经费、办公场所等）和精神支持（如信任、授权、自主决策）去更好地完成工作，使他们感觉到在工作中能够被组织支持。最后，组织可以开展多种形式的文化活动来增加员工们的被支持感。例如，组织可以开展一些帮助困难职工、团队训练等集体活动来加强员工们对他们组织身份的认知，让他们感受到组织在关心他们。

显然，组织对员工的支持并不应该被视做一项成本，而应该被视做一项投资。在过去的管理中，组织之所以不愿意在员工-组织关系上投入更多精力，是由于认为这些投入会成为组织沉重的包袱，变为组织的成本。组织在提供组织支持的时候会产生较大的费用支出，特别是企业规模大的时候，这种费用总额会更高，但是应该以更长期的视角来分析这些支出。第一，组织对员工的支持，会使员工产生回报义务感，让他在组织中更加努力地工作来回报组织。员工的这些产出可以被视作这些成本的收益。第二，组织对员工的物质和精神支持会增强员工的内在工作动机，使员工将本职工作做得更好，同时积极投身于做角色外工作，帮助组织和同事提升效能，这能够为组织带来额外的收益。第三，组织支持感能够引起员工-组织之间的积极心理连带，降低员工的流失率，这相当于为企业避免了一部分损失，也可以视做是收益。第四，员工支持可以为组织建立良好的雇主品牌，这也可以视做一项附带的间接效益。综上所述，从成本和收益来看，组织对员工的支持并不应该完全被视做一项没有回报的成本支出，而应该被视做长期性的一项员工投资，Tsui 等人（1997）也表明，组织投资于员工身上，员工是会做出更多工作绩效和工作产出来回报组织的。

另一方面，组织也应该注重组织内部的支持员工的上层建筑的培育和建设。组织要形成支持员工的组织文化或组织氛围，形成以员工为核心，以员工为第一的理念，在组织中形成以员工为本的文化和氛围，使组织成为员工值得信赖和依靠的对象。组织中以人为本的文化应该贯彻到组织的政策制定和人力资源管理中，而不是成为一种空头支票或一种象征性的口号。首先，组织必须重新全面清查他们的人力资源管理体系乃至整个管理体系，对一些不合理的制度进行改革。其次，组织未来的重要人力资源管理政策在制定时需要以人为本，并且在程序上保证民主，使职工代表能够参与到有关组织所有员工利益的重要政策制定中，通过组织内部民主来为组织的以人为本管理提供制度保障。最后，组织需要有通畅的投诉渠道，员工遭遇了非公正对待或者政策歧视等，可以有通畅的渠道进行正常的申诉，从而保证组织制度中向上信息流动的通畅。

(6) 组织应该加强组织认同的提升。组织认同实际上是员工和组织之间的积极心理纽带，是改善员工-组织关系的重要途径，组织应该通过更加有效的管理实践来提升员工的组织认同。

提升组织认同是一个长期和系统化的过程。确切地说，组织认同是员工内心的认知与情感，组织是没有办法直接帮助员工塑造组织认同的，组织需要间接地塑造员工的组织认同。组织加强对员工的帮助和支持，宣传集体主义文化，提高员工的自尊水平，这些都有利于员工形成更高的组织认同。提升员工组织认同的具体措施包括：第一，组织应该通过物质和精神的形式来加强员工在组织中对身份的认知，使他们对自己的组织身份有更明确的认知，以组织身份定义他们自己，如他们在介绍自己的时候，总是介绍他们是某某组织的人（如我是“（组织的名称）人”），他们对于组织有强烈的归属感。第二，组织应该给予员工更大的平台、更多的资源让他们去完成工作，让员工在组织中有更强的自我提升感，让他们感觉在组织中有更多的成长与发展机会。

(7) 组织应该更多关注群体层面的员工-组织关系。以往的管理实践总是关注个体层面的员工-组织关系。如今的组织虽然强调组织内部多个部门的协同合作，在部门内部也实施工作团队制，甚至连工作设计也是以团队为单位来进行分工与合作，然而，在员工-组织管理领域的制度与管理体系还是脱节的。员工-组织之间的关系只考虑了个人层次的社会交换-社会认同-产出过程，而对员工群体层次的社会交换-社会认同-团队产出过程考虑较少。

本书的研究也揭示了群体层面的社会交换-社会认同-团队产出的作用过程的重要性。可以说，群体层次上组织支持氛围-组织认同氛围-团队产出的作用机制仍然是有效的。这就表明，组织可以通过培育团队的组织支持氛围来提升团队认同氛围，进而使团队成员都能够齐心协力的为团队贡献自己的力量。这一过程使组织的员工-组织关系管理实践可以从个体层次拓展到群体层次。具体来说，群体层面的员工-组织关系管理应该注意以下几点：首先，提升团队的组织支持氛围，就是要让团队成员形成他们被团队重视、关心和支持的集体感知。这就需要建立合理的团队资源分配和合作制度，对工作进行以团队为中心的新的工作设计，只有这样，才能够使团队形成组织支持氛围。其次，提升组织认同氛围，需要团队成员从内心里对组织产生认同，从而在团队内塑造整体的组织认同氛围。本书的发现也表明，组织认同氛围很难从外在去塑造，组织很难通过宣传等方式来提高组织认同氛围，因为组织认同反映的是群体的内隐集体共享认知。因此，特别要强调从群体的心理上激发他们的组织认同。最后，对于群体层面的员工-组织关系的发展过程对个体层面的员工-组织关系的影响过程，应该给予更多重视。个体在组织和团队中不是孤立的，而是受到群体的心理机制影响的。

如今中国的人力资源管理正面临多元化的挑战，员工-组织之间的冲突成为组织管理中的巨大挑战。从很多劳动关系案例中都可以看出，劳动关系纠纷和劳动群体事件的数量和范围都有巨大的增长。不管是组织、个体，还是政府和社会，都期望建立和谐的员工-组织关系，但是关于如何建立和谐的员工-组织关系仍然是一项艰巨的探索任务，在组织管理中还需要进一步的探索和实践，特别是要关注到组织中的员工-组织关系的动态发展。关注员工在组织内部的多重社会交换、多重社会认同以及产出的机制，有利于解释员工-组织关系的发展过程及作用机制。只有发展高质量的多重社会交换，才能进一步提升组织中的多重社会认同，员工在组织中的社会认同代表了员工在组织中的情感连带，当员工和组织之间建立了积极的情感桥梁后，员工和组织就会从对立面走向相互联系的共同体，就能够更好地建立和谐的员工-组织关系。

参考文献

[1] Abrams D. and Hogg M. A. *Social Identifications: A Social Psychology of Intergroup Relations and Group Processes*. Routledge, 2002.

[2] Adams J. S. Inequity in social exchange. *Advances in Experimental Social Psychology*, 1965, 2: 267-299.

[3] Aiken L. S. and West, S. G. *Multiple Regression: Testing and Interpreting Interactions*. Sage Publications, Incorporated, 1991.

[4] Allen N. J. and Meyer, J. P. The measurement and antecedents of affective, continuance and normative commitment to the organization. *Journal of Occupational Psychology*, 1990, 63 (1): 1-18.

[5] Ambrose M. L. and Schminke M. Organization structure as a moderator of the relationship between procedural justice, interactional justice, perceived organizational support, and supervisory trust. *Journal of Applied Psychology*, 2003, 88 (2): 295-305.

[6] Armeli S., et al. Perceived organizational support and police performance: The moderating influence of socioemotional needs. *Journal of Applied Psychology*, 1998, 83 (2): 288-297.

[7] Armstrong Stassen M. and Ursel N. D. Perceived organizational support, career satisfaction, and the retention of older workers. *Journal of Occupational and Organizational Psychology*, 2009, 82 (1): 201-220.

[8] Aryee S. and Chen Z. X. Leader-member exchange in a Chinese context: Antecedents, the mediating role of psychological empowerment and outcomes. *Journal of Business Research*, 2006, 59 (7):

793-801.

[9] Ashforth B. E. and Mael F. Social identity theory and the organization. *Academy of Management Review*, 1989, 14 (1): 20-39.

[10] Ashforth B. E., and Johnson S. A. Which hat to wear? The relative salience of multiple identities in organizational contexts. In M. A. Hogg and D. J. Terry (Eds.), *Social Identity Processes in Organizational Contexts*, Philadelphia: Psychology Press, 2001 (31-48).

[11] Ashkanasy N. M. and O'Connor C. Value congruence in leader-member exchange. *Journal of Social Psychology*, 1997, 137 (5): 647-662.

[12] Atwater L. and Carmeli A. Leader-member exchange, feelings of energy, and involvement in creative work. *Leadership Quarterly*, 2009, 20 (3): 264-275.

[13] Bakker A. B. and Bal M. P. Weekly work engagement and performance: A study among starting teachers. *Journal of Occupational and Organizational Psychology*, 2007, 83 (1): 189-206.

[14] Bakker A. B., Hakanen J. J., Demerouti E. and Xanthopoulou D. Job resources boost work engagement, particularly when job demands are high. *Journal of Educational Psychology*, 2007, 99 (2): 274-284.

[15] Balkundi P. and Harrison D. A. Ties, leaders and time in teams: Strong inference about network structure's effects on team viability and performance. *Academy of Management Journal*, 2006, 49 (1): 49-68.

[16] Bamber E. M. and Iyer V. M. Big 5 auditors' professional and organizational identification: consistency or conflict? *Auditing: A Journal of Practice & Theory*, 2002, 21 (2): 21-38.

[17] Bandura A. *Social Learning Theory*. Oxford, England: Prentice-Hall, 1977.

[18] Baron R. M. and Kenny D. A. The moderator-mediator

variable distinction in social psychological research: Conceptual, strategic, and statistical considerations. *Journal Of Personality and Social Psychology*, 1986, 51 (6): 1173-1182.

[19] Bartels J., et al. Horizontal and vertical communication as determinants of professional and organisational identification. *Personnel Review*, 2010, 39 (2): 210-226.

[20] Bashshur M. R., Hernandez A. and Gonzalez-Roma V. When managers and their teams disagree: A longitudinal look at the consequences of differences in perceptions of organizational support. *Journal of Applied Psychology*, 2011, 96 (3): 558-573.

[21] Bass B. M. *Leadership and Performance beyond Expectations*. 1985.

[22] Bauer T. N., et al. A longitudinal study of the moderating role of extraversion: Leader-member exchange, performance, and turnover during new executive development. *Journal of Applied Psychology*, 2006, 91 (2): 298-310.

[23] Bauer T. N., Green S. G. and Bauer T. N. Development of leader-member exchange: A longitudinal test. *Academy of Management Journal*, 1996, 39 (6): 1538-1567.

[24] Becker T. E., et al. Foci and bases of employee commitment: Implications for job performance. *Academy of Management Journal*, 1996, 39 (2): 464-482.

[25] Bergami M. and Bagozzi R. P. Self - categorization, affective commitment and group self - esteem as distinct aspects of social identity in the organization. *British Journal of Social Psychology*, 2000, 39 (4): 555-577.

[26] Bernerth J. B., Armenakis A. A., Feild H. S., Giles W. and Walker F. Leader-member social exchange (LMSX): development and validation of a scale. *Journal of Organizational Behavior*, 2007, 28 (8): 979-1003.

[27] Blau P. M. *Exchange and Power in Social Life*. Transaction

Publishers, 1964. 李国武译，社会生活中的交换与权力，商务印书馆，2008.

[28] Bliese P. D. Within-group agreement, non-independence, and reliability: Implications for data aggregation and analysis. In K. J. Klein and S. W. J. Kozlowski (Eds.), *Multilevel Theory, Research, and Methods in Organizations: Foundations, Extensions, and New Directions*, San Francisco, CA, US: Jossey-Bass, 2000 (349-381).

[29] Boxall P. Achieving competitive advantage through human resource strategy: Towards a theory of industry dynamics. *Human Resource Management Review*, 1998, 8 (3): 265-288.

[30] Bozionelos N. and Wang L. The relationship of mentoring and network resources with career success in the Chinese organizational environment. *International Journal of Human Resource Management*, 2006, 17 (9): 1531-1546.

[31] Breland J. W., et al. The interactive effect of leader-member exchange and political skill on subjective career success. *Journal of Leadership & Organizational Studies*, 2007, 13 (3): 1-14.

[32] Brewer M. B. and Gardner W. Who is this "we"? Levels of collective identity and self representations. *Journal of Personality and Social Psychology*, 1996, 71 (1): 83-93.

[33] Brewer M. B. The role of distinctiveness in social identity and group behaviour. In M. Hogg and D. Abrams (Eds.), *Group Motivation*, London: Harvester Wheatsheaf, 1993, (1-16).

[34] Brewer M. B. The social self: On being the same and different at the same time. *Personality and Social Psychology Bulletin*, 1991, 17 (5): 475-482.

[35] Brickson S. The impact of identity orientation on individual and organizational outcomes in demographically diverse settings. *Academy of Management Review*, 2000, 25 (1): 82-101.

[36] Brickson S. L. Organizational identity orientation: Forging a link between organizational identity and organizations' relations with

stakeholders. *Administrative Science Quarterly*, 2005, 50 (4): 576-609.

[37] Brislin R. W. Translation and content analysis of oral and written material. *Handbook of Cross-cultural Psychology*, 1980, 2 (2): 349-444.

[38] Brown M. E. and Treviño L. K. Ethical leadership: A review and future directions. *Leadership Quarterly*, 2006, 17 (6): 595-616.

[39] Butler Jr J. K. and Reese R. M. Leadership style and sales performance: A test of the situational leadership model. *Journal of Personal Selling and Sales Management*, 1991, 11 (3): 37-46.

[40] Carmeli A., Gelbard R. and Goldriech R. Linking perceived external prestige and collective identification to collaborative behaviors in R&D teams. *Expert Systems with Applications*, 2011, 38 (7): 8199-8207.

[41] Chen C., Liao J. and Wen P. Why does formal mentoring matter? The mediating role of psychological safety and the moderating role of power distance orientation in the Chinese context. *International Journal of Human Resource Management*, 2013, 25 (8): 1112-1130.

[42] Chen M. X., Tsui A. S. and Zhong L. F. Reactions to psychological contract breach: A dual perspective. *Journal of Organizational Behavior*, 2008, 29 (5): 527-548.

[43] Chen X. P., Eberly M. B., Chiang T. J., Farh J. L. and Cheng B. S., Affective trust in Chinese leaders: Linking paternalistic leadership to employee performance. *Journal of Management*, 2014, 40 (3): 796-819.

[44] Chen X. P., et al. Group citizenship behaviour: Conceptualization and preliminary tests of its antecedents and consequences. *Management and Organization Review*, 2005, 1 (2): 273-300.

[45] Chen Y., et al. Supervisor-subordinate guanxi: Developing a three-dimensional model and scale. *Management and Organization Re-*

view, 2009, 5 (3): 375-399.

[46] Chen Y., Chen X. and Portnoy R. To whom do positive norm and negative norm of reciprocity apply? Effects of inequitable offer, relationship, and relational-self orientation. *Journal of Experimental Social Psychology*, 2009, 45 (1): 24-34.

[47] Chen Z. X., Tsui A. S. and Farh J. L. Loyalty to supervisor vs. organizational commitment: Relationships to employee performance in China. *Journal of Occupational and Organizational Psychology*, 2002, 75 (3): 339-356.

[48] Chen Z. X., Aryee S. and Lee C. Test of a mediation model of perceived organizational support. *Journal of Vocational Behavior*, 2005, 66 (3): 457-470.

[49] Cheney G. On the various and changing meanings of organizational membership: A field study of organizational identification. *Communications Monographs*, 1983, 50 (4): 342-362.

[50] Cheng B. S., Chou L. F., Wu T. Y., Huang M. P. and Farh J. L. Paternalistic leadership and subordinate responses: Establishing a leadership model in Chinese organizations. *Asian Journal of Social Psychology*, 2004, 7 (1): 89-117.

[51] Cheng B. S., Farh J. L., Chang H. F., Hsu W. L. Guanxi, Zhongcheng, Compentence and Managerial Behavior in the Chinese Context. *The Journal of Chinese Psychology*, 2002, 44 (2): 151-166.

[52] Cheng B. S., Jiang D. Y. and Riley J. H. Organizational commitment, supervisory commitment, and employee outcomes in the Chinese context: proximal hypothesis or global hypothesis? *Journal of Organizational Behavior*, 2003, 24 (3): 313-334.

[53] Choi J. N. Change-oriented organizational citizenship behavior: effects of work environment characteristics and intervening psychological processes. *Journal of Organizational Behavior*, 2007, 28 (4): 467-484.

[54] Chun J. S., Shin Y., Choi J. N. and Kim M. S. How does corporate ethics contribute to firm financial performance?: The mediating role of collective organizational commitment and organizational citizenship behavior. *Journal of Management*, 2013, 39 (4): 853-877.

[55] Cole M. S., Schaninger W. S. and Harris S. G. The workplace social exchange network a multilevel, conceptual examination. *Group & Organization Management*, 2002, 27 (1): 142-167.

[56] Conger J. A. and Kanungo R. N. *Charismatic Leadership in Organizations*. Sage Publications, Incorporated, 1998.

[57] Connaughton S. L. and Daly J. A. Identification with leader: A comparison of perceptions of identification among geographically dispersed and co-located teams. *Corporate Communications: An International Journal*, 2004, 9 (2): 89-103.

[58] Coyle-Shapiro J. A. and Shore L. M. The employee-organization relationship: Where do we go from here? *Human Resource Management Review*, 2007, 17 (2): 166-179.

[59] Cropanzano R. and Mitchell M. S. Social exchange theory: An interdisciplinary review. *Journal of Management*, 2005, 31 (6): 874-900.

[60] Deaux K., Reid A., Mizrahi K. and Cotting D. Connecting the person to the social: The functions of social identification. In T. R. Tyler, R. Kramer and O. John (Eds.), *The Psychology of The Social Self*, New Jersey: Erlbaum, 1999: 91-113.

[61] DeConinck J. B. and Johnson J. T. The effects of perceived supervisor support, perceived organizational support, and organizational justice on turnover among salespeople. *Journal of Personal Selling and Sales Management*, 2009, 29 (4): 333-351.

[62] Deconinck J. B. The effect of organizational justice, perceived organizational support, and perceived supervisor support on marketing employees' level of trust. *Journal of Business Research*, 2010, 63

(12): 1349-1355.

[63] De Jonge J., Spoor E., Sonnentag S., Dormann C. and Van Den Tooren M. "Take a break?!" Off-job recovery, job demands, and job resources as predictors of health, active learning, and creativity. *European Journal of Work and Organizational Psychology*, 2012, 21 (3): 321-348.

[64] Demerouti E., et al. The job demands-resources model of burnout. *Journal of Applied Psychology*, 2001, 86 (3): 499-512.

[65] DeShon R. P., Kozlowski S. W. J., Schmidt A. M., Milner K. R. and Wiechmann D. A multiple-goal, multilevel model of feedback effects on the regulation of individual and team performance. *Journal of Applied Psychology*, 2004, 89 (6): 1035-1056.

[66] Detert J. R. and Burris E. R. Leadership behavior and employee voice: is the door really open? *Academy of Management Journal*, 2007, 50 (4): 869-884.

[67] Dick R., et al. The utility of a broader conceptualization of organizational identification: which aspects really matter? *Journal of Occupational and Organizational Psychology*, 2004, 77 (2): 171-191.

[68] Dienesch R. M. and Liden R. C. Leader-member exchange model of leadership: A critique and further development. *Academy of Management Review*, 1986: 618-634.

[69] Duarte N. T., Goodson J. R. and Klich N. R. Effects of dyadic quality and duration on performance appraisal. *Academy of Management Journal*, 1994, 37 (3): 499-521.

[70] Dulac T., et al. Not all responses to breach are the same: The interconnection of social exchange and psychological contract processes in organizations. *Academy of Management Journal*, 2008, 51 (6): 1079-1098.

[71] Dulebohn J. H., et al. A meta-analysis of antecedents and consequences of leader-member exchange integrating the past with an eye

toward the future. *Journal of Management*, 2012, 38 (6): 1715-1759.

[72] Dunegan K. J., Duchon D. and Uhl-Bien M. Examining the link between leader member exchange and subordinate performance: The role of task analyzability and variety as moderators. *Journal of Management*, 1992, 18 (1): 59-76.

[73] Dunegan K. J., Uhl-Bien M. and Duchon. D. Task-level climate and LMX as interactive predictors of performance. In Academy of Management Annual Meeting, Las Vegas, NV. 1992.

[74] Dutton J. E. and Ashford S. J. Selling issues to top management. *Academy of Management Review*, 1993, 18 (3): 397-428.

[75] Dutton J. E., Dukerich J. M. and Harquail C. V. Organizational images and member identification. *Administrative Science Quarterly*, 1994, 39 (2): 239-263.

[76] Edmondson A. Psychological safety and learning behavior in work teams. *Administrative Science Quarterly*, 1999, 44 (2): 350-383.

[77] Edmondson A. C. Speaking up in the operating room: How team leaders promote learning in interdisciplinary action teams. *Journal of Management Studies*, 2003, 40 (6): 1419-1452.

[78] Eisenbeiss K. K. *A Dynamic Perspective on Social Identification: Predictors and Consequences of Identification During Group Formation*, Dissertation, 2004.

[79] Eisenberger R., et al. Leader-member exchange and affective organizational commitment: The contribution of supervisor's organizational embodiment. *Journal of Applied Psychology*, 2010, 95 (6): 1085-1103.

[80] Eisenberger R., et al. Perceived organizational support, discretionary treatment, and job satisfaction. *Journal of Applied Psychology*, 1997, 82 (5): 812-820.

[81] Eisenberger R., et al. Perceived supervisor support: Con-

tributions to perceived organizational support and employee retention. *Journal of Applied Psychology*, 2002, 87 (3): 565-573.

[82] Eisenberger R., et al. Reciprocation of perceived organizational support. *Journal of Applied Psychology*, 2001, 86 (1): 42-51.

[83] Eisenberger R., Fasolo P. and Davis-LaMastro V. Perceived organizational support and employee diligence, commitment, and innovation. *Journal of Applied Psychology*, 1990, 75 (1): 51-59.

[84] El Akremi A., et al. How organizational support impacts affective commitment and turnover among Italian nurses: a multilevel mediation model, *The International Journal of Human Resource Management*, 2014, 25 (9): 1185-1207.

[85] Epitropaki O. and Martin R. The moderating role of individual differences in the relation between transformational/transactional leadership perceptions and organizational identification. *Leadership Quarterly*, 2005, 16 (4): 569-589.

[86] Erdogan B. and Bauer T. N. Differentiated leader-member exchanges: The buffering role of justice climate. *Journal of Applied Psychology*, 2010, 95 (6): 1104-1120.

[87] Erdogan B., Kraimer M. L. and Liden R. C. Work value congruence and intrinsic career success: The compensatory roles of leader-member exchange and perceived organizational support. *Personnel Psychology*, 2004, 57 (2): 305-332.

[88] Ertürk, A. Exploring predictors of organizational identification: Moderating role of trust on the associations between empowerment, organizational support, and identification. *European Journal of Work and Organizational Psychology*, 2010, 19 (4): 409-441.

[89] Fan Y. Guanxi's consequences: Personal gains at social cost. *Journal of Business Ethics*, 2002, 38 (4): 371-380.

[90] Farh J. L. and Cheng B. S. A cultural analysis of paternalistic leadership in Chinese organizations, In J. T. Li., A. S. Tsui, and E. Weldon (Eds.), *Management and Organizations in The Chinese*

Context. London: Macmillan, 2000.

[91] Farh J. L., Hackett R. D. and Liang J. Individual-level cultural values as moderators of perceived organizational support-employee outcome relationships in China: Comparing the effects of power distance and traditionality. *Academy of Management Journal*, 2007, 50 (3): 715-729.

[92] Farh J., et al. The influence of relational demography and guanxi: The Chinese case. *Organization Science*, 1998, 9 (4): 471-488.

[93] Farh J., Podsakoff P. M. and Organ D. W. Accounting for organizational citizenship behavior: Leader fairness and task scope versus satisfaction. *Journal of Management*, 1990, 16 (4): 705-721.

[94] Foreman P. and Whetten D. A. Members' identification with multiple-identity organizations. *Organization Science*, 2002, 13 (6): 618-635.

[95] Fry L. W., Vitucci S. and Cedillo M. Spiritual leadership and army transformation: Theory, measurement, and establishing a baseline. *Leadership Quarterly*, 2005, 16 (5): 835-862.

[96] Frye N. K. and Breaugh J. A. Family-friendly policies, supervisor support, work-family conflict, family-work conflict, and satisfaction: A test of a conceptual model. *Journal of Business and Psychology*, 2004, 19 (2): 197-220.

[97] Fukuyama. 信任：社会美德与创造经济繁荣. 海口：海南出版社，2001.

[98] Fuller J. B., et al. Perceived organizational support and perceived external prestige: Predicting organizational attachment for university faculty, staff, and administrators. *The Journal of Social Psychology*, 2006, 146 (3): 327-347.

[99] Gao L., Janssen O. and Shi K. Leader trust and employee voice: The moderating role of empowering leader behaviors. *Leadership Quarterly*, 2011, 22 (4): 787-798.

[100] Gautam T., Van Dick R. and Wagner U. Organizational identification and organizational commitment: Distinct aspects of two related concepts. *Asian Journal of Social Psychology*, 2004, 7 (3): 301-315.

[101] Geng L., Li S. and Zhou W. The relationships among emotional exhaustion, emotional intelligence, and occupational identity of social workers in China. *Social Behavior and Personality: An International Journal*, 2011, 39 (3): 309-319.

[102] Gerstner C. R. and Day D. V. Meta-analytic review of leader-member exchange theory: Correlates and construct issues. *Journal of Applied Psychology*, 1997, 82 (6): 827-843.

[103] González-Romá V., Fortes-Ferreira L. and Peiró J. M. Team climate, climate strength and team performance: A longitudinal study. *Journal of Occupational and Organizational Psychology*, 2009, 82 (3): 511-536.

[104] Gooty J. and Yammarino F. J. Dyads in organizational research: Conceptual issues and multilevel analyses. *Organizational Research Methods*, 2011, 14 (3): 456-483.

[105] Gouldner A. W. The norm of reciprocity: A preliminary statement. *American Sociological Review*, 1960, 25 (1): 161-178.

[106] Graen G. and Schiemann W. Leader-member agreement: A vertical dyad linkage approach. *Journal of Applied Psychology*, 1978, 63 (2): 206-212.

[107] Graen G. B. Role-making process within complex organizations. In M. D. Dunnette (Ed.), *Handbook of Industrial and Organizational Psychology*, Chicago: Rand McNally, 1976: 1201-1245.

[108] Graen G., Dansereau F. and Minami T. Dysfunctional leadership styles. *Organizational Behavior and Human Performance*, 1972, 7 (2): 216-236.

[109] Graen G., Novak M. A. and Sommerkamp P. The effects of leader-member exchange and job design on productivity and satisfac-

tion: Testing a dual attachment model. *Organizational Behavior and Human Performance*, 1982, 30 (1): 109-131.

[110] Graen G. B. and Uhl-Bien M. Relationship-based approach to leadership: Development of leader-member exchange (LMX) theory of leadership over 25 years: Applying a multi-level multi-domain perspective. *Leadership Quarterly*, 1995, 6 (2): 219-247.

[111] Graen G. B. and Wakabayashi M. Cross cultural leadership making: Bridging American and Japanese diversity for team advantage. In H. C. Triandis, M. D. Dunnette, and L. M. Hough (Eds.), *Handbook of Industrial and Organizational Psychology*, Palo Alto, CA: Consulting Psychologists, 1994: 415-446.

[112] Greenberg J. and Edwards M. S. (Eds.). *Voice and Silence in Organizations*. Emerald Group Publishing, 2009.

[113] Harris K. J. and Kacmar K. M. Too much of a good thing: The curvilinear effect of leader-member exchange on stress. *The Journal of Social Psychology*, 2006, 146 (1): 65-84.

[114] Harris K. J., Kacmar K. M. and Witt L. A. An examination of the curvilinear relationship between leader-member exchange and intent to turnover. *Journal of Organizational Behavior*, 2005, 26 (4): 363-378.

[115] Haslam S. A. *Psychology in Organizations: The Social Identity Approach*. London & Thousand Oaks, CA US: Sage, 2001/2004.

[116] Hekman D. R., et al. Combined effects of organizational and professional identification on the reciprocity dynamic for professional employees. *Academy of Management Journal*, 2009, 52 (3): 506-526.

[117] Hekman D. R., et al. Effects of organizational and professional identification on the relationship between administrators' social influence and professional employees' adoption of new work behavior. *Journal of Applied Psychology*, 2009, 94 (5): 1325-1335.

[118] Henderson D. J., et al. LMX differentiation: A multilevel review and examination of its antecedents and outcomes. *Leadership Quarterly*, 2009, 20 (4): 517-534.

[119] He H. W., Pham H. Q., Baruch Y. and Zhu W. C. Perceived organizational support and organizational identification: joint moderating effects of employee exchange ideology and employee investment. *International Journal of Human Resource Management*, 2014, 25 (20), 2772-2795.

[120] Hickson D. J. and Thomas M. W. Professionalization in Britain: A preliminary measurement. *Sociology*, 1969, 3 (1): 37-53.

[121] Hillman A. J., Nicholson G. and Shropshire C. Directors' multiple identities, identification, and board monitoring and resource provision. *Organization Science*, 2008, 19 (3): 441-456.

[122] Hofmann D. and Morgeson F. P. Safety-related behavior as a social exchange: The role of perceived organizational support and leader-member exchange. *Journal of Applied Psychology*, 1999, 84 (2): 286-296.

[123] Hofmann D. A., Morgeson F. P. and Gerras S. J. Climate as a moderator of the relationship between leader-member exchange and content specific citizenship: Safety climate as an exemplar. *Journal of Applied Psychology*, 2003, 88 (1): 170-178.

[124] Hogg M. A. and Mullin B. A. Joining groups to reduce uncertainty: Subjective uncertainty reduction and group identification. In D. Abramsand M. A. Hogg (Eds.), *Social Identity and Social Cognition*, Oxford, UK: Blackwell, 1999 (249-279).

[125] Hogg M. A. and Abrams D. Social identity and social cognition: Historical background and current trends. In D. Abrams and M. A. Hogg (Eds.), *Social Identity and Social Cognition*, Oxford, UK: Blackwell, 1999: 1-25.

[126] Hogg M. A. and Abrams D. *Social Identifications: A So-*

cial Psychology of Intergroup Relations and Group Processes. London: Routledge. 社会认同过程. 高明华，译. 北京：中国人民大学出版社，2011.

[127] Hogg M. A. and Terry D. J. Social identity and self-categorization processes in organizational contexts. *Academy of Management Review*, 2000, 25 (1): 121-140.

[128] Hogg M. A. Subjective uncertainty reduction through self-categorization: A motivational theory of social identity processes. *European Review of Social Psychology*, 2000, 11 (1): 223-255.

[129] Hom P. W., Tsui A. S., Wu J. B., Lee T. W., Zhang A. Y., Fu P. P. and Li L. Explaining employment relationships with social exchange and job embeddedness. *Journal of Applied Psychology*, 2009, 94 (2): 277-297.

[130] Huang X., et al. Relational schemas as sources of evaluation and misevaluation of leader-member exchanges: Some initial evidence. *Leadership Quarterly*, 2008, 19 (3): 266-282.

[131] Hui C., Law K. S. and Chen Z. X. A structural equation model of the effects of negative affectivity, leader-member exchange, and perceived job mobility on in-role and extra-role performance: A Chinese case. *Organizational Behavior and Human Decision Processes*, 1999, 77 (1): 3-21.

[132] Hui C., Lam S. S. K. and Law K. K. S. Instrumental values of organizational citizenship behavior for promotion: A field quasi-experiment. *Journal of Applied Psychology*, 2000, 85 (5): 822-828.

[133] Hutchison S., et al. Perceived organizational support. *Journal of Applied Psychology*, 1986, 71 (3): 500-507.

[134] Huusko L. Teams as substitutes for leadership. *Team Performance Management: An International Journal*, 2007, 13 (7/8): 244-258.

[135] Hwang K. K. Leadership Theory of Legalism and its Func-

tion in Confucian Society. In C. C. Chen, and Y. T. Lee (Eds.), *Leadership and Management in China: Philosophies, Theories and Practices*, Cambridge University Press, 2008: 108-142.

[136] Ilies R., Nahrgang J. D. and Morgeson F. P. Leader-member exchange and citizenship behaviors: A meta-analysis. *Journal of Applied Psychology*, 2007, 92 (1): 269-277.

[137] Jacobs B. J. A preliminary model of particularistic tie in Chinese political alliance: ganqin and guanxi (Kan-ching and kuan-his) in a rural taiwanese township. *China Quarterly*, 1979, 78 (2): 237-273.

[138] Janz B. D., Colquitt J. A. and Noe R. A. Knowledge worker team effectiveness: The role of autonomy, interdependence, team development, and contextual support variables. *Personnel Psychology*, 1997, 50 (4): 877-904.

[139] Jia L. D., Shaw J. D., Tsui A. S. and Park T. Y. A social-structural perspective on employee-organization relationships and team creativity. *Academy of Management Journal*, 2014, 57 (3): 869-891.

[140] Johnson M. D., et al. Multiple professional identities: Examining differences in identification across work-related targets. *Journal of Applied Psychology*, 2006, 91 (2): 498-506.

[141] Kacmar K. M., et al. The interactive effect of leader-member exchange and communication frequency on performance ratings. *Journal of Applied Psychology*, 2003, 88 (4): 764-772.

[142] Kahn W. A. To be fully there: Psychological presence at work. *Human Relations*, 1992, 45 (4): 321-349.

[143] Kark R., Shamir B. and Chen G. The two faces of transformational leadership: Empowerment and dependency. *Journal of Applied Psychology*, 2003, 88 (2): 246-254.

[144] Kellerl T. and Dansereaul F. Leadership and empowerment: A social exchange perspective. *Human Relations*, 1995, 48

(2): 127-146.

[145] Kelloway E. K. *Using LISREL for Structural Equation Modeling: A Researcher's Guide.* Sage Publications, Incorporated, 1998.

[146] Kelman H. C. Compliance, identification and internalization: Three processes of attitude change. *The Journal of Conflict Resolution*, 1958, 2 (1): 51-60.

[147] Kets De Vries M. F. Origins of charisma: Ties that bind the leader and the led, in. J. A. Conger and R. N. Kanungo (eds.), *Charismatic leadership: The Elusive Factor in Organizational Effectiveness*, San Fransisco: Jossey-Bass, 1988: 237-252.

[148] Kidd J. M. Culture's consequences: international differences in work-related values. *Journal of Occupational Psychology*, 1982, 55 (1): 70-71.

[149] Klein H. J. and Kim J. S. A field study of the influence of situational constraints leader-member exchange, and goal commitment on performance. *Academy of Management Journal*, 1998, 41 (1): 88-95.

[150] Klein K. J. and Kozlowski S. W. J. *Multilevel Theory, Research, and Methods In Organizations: Foundations, Extensions, and New Directions*. San Francisco, CA, US: Jossey-Bass, 2000.

[151] Klein K. J. and Kozlowski S. W. From micro to meso: Critical steps in conceptualizing and conducting multilevel research. *Organizational Research Methods*, 2000, 3 (3): 211-236.

[152] Kottke J. L. and Sharafinski C. E. Measuring perceived supervisory and organizational support. *Educational and Psychological Measurement*, 1988, 48 (4): 1075-1079.

[153] Kraus F., Ahearne M., Lam S. K. and Wieseke J. Toward a contingency framework of interpersonal influence in organizational identification diffusion. *Organizational Behavior and Human Decision Processes*, 2012, 118 (2): 162-178.

[154] Krull J. L. and MacKinnon D. P. Multilevel modeling of individual and group level mediated effects. *Multivariate Behavioral Research*, 2001, 36 (2): 249-277.

[155] Kulik C. T. Climbing the higher mountain: The challenges of multilevel, multisource, and longitudinal research designs. *Management and Organization Review*, 2011, 7 (3): 447-460.

[156] Law K. S., et al. Effect of supervisor-subordinate guanxi on supervisory decisions in China: An empirical investigation. *International Journal of Human Resource Management*, 2000, 11 (4): 751-765.

[157] Lee J. and Peccei R. Perceived organizational support and affective commitment: the mediating role of organization - based self - esteem in the context of job insecurity. *Journal of Organizational Behavior*, 2007, 28 (6): 661-685.

[158] Lepak D. P. and Snell S. A. The human resource architecture: Toward a theory of human capital allocation and development. *Academy of Management Review*, 1999, 24 (1): 31-48.

[159] LePine J. A. and Van Dyne L. Voice and cooperative behavior as contrasting forms of contextual performance: Evidence of differential relationships with Big Five personality characteristics and cognitive ability. *Journal of Applied Psychology*, 2001, 86 (2): 326-336.

[160] Li Y. P., Xu J., Tu Y. D. and Lu X. X. Ethical leadership and subordinates' occupational well-being: A multi-level examination in China. *Social Indicators Research*, 2014, 116 (3): 823-842.

[161] Liang J., Farh C. I. and Farh J. Psychological antecedents of promotive and prohibitive voice: A two-wave examination. *Academy of Management Journal*, 2012, 55 (1): 71-92.

[162] Liao H., Liu D. and Loi R. Looking at both sides of the social exchange coin: A social cognitive perspective on the joint effects of relationship quality and differentiation on creativity. *Academy of Management Journal*, 2010, 53 (5): 1090-1109.

[163] Liden R. C. and Maslyn J. M. Multidimensionafity of leader-member exchange: An empirical assessment through scale development. *Journal of Management*, 1998, 24 (1): 43-72.

[164] Liden R. C. Sparrowe R. T. and Wayne S. J. Leader-member exchange theory: The past and potential for the future. *Research in Personnel and Human Resources Management*, 1997, 15: 47-119.

[165] Liden R. C. Social exchange in organizations: Perceived organizational support, leader-member exchange, and employee reciprocity. *Journal of Applied Psychology*, 1996, 81 (3): 219-227.

[166] Liu W., Zhu R. and Yang Y. I warn you because I like you: Voice behavior, employee identifications, and transformational leadership. *Leadership Quarterly*, 2010, 21 (1): 189-202.

[167] Liu Y., Lam L. W. and Loi R. Examining professionals' identification in the workplace: The roles of organizational prestige, work-unit prestige, and professional status. *Asia Pacific Journal of Management*, 2014, 31 (3): 789-810.

[168] Loi R., Lam L. W. and Chan K. W. Coping with job insecurity: the role of procedural justice, ethical leadership and power distance orientation. *Journal of Business Ethics*, 2012, 108 (3): 361-372.

[169] Loi R., Hang-yue N. and Foley S. The effect of professional identification on job attitudes: a study of lawyers in Hong Kong. *International Journal of Organizational Analysis*, 2004, 12 (2): 109-128.

[170] Lynch P. D., Eisenberger R. and Armeli S. Perceived organizational support: Inferior versus superior performance by wary employees. *Journal of Applied Psychology*, 1999, 84 (4): 467-483.

[171] MacKinnon D. P., Lockwood C. M. and Williams J. Confidence limits for the indirect effect: Distribution of the product and resampling methods. *Multivariate Behavioral Research*, 2004, 39 (1):

99-128.

[172] Mael F. and Ashforth B. E. Alumni and their alma mater: A partial test of the reformulated model of organizational identification. *Journal of Organizational Behavior*, 1992, 13 (2): 103-123.

[173] Mael F. A. and Tetrick L. E. Identifying organizational identification. *Educational and Psychological Measurement*, 1992, 52 (4): 813-824.

[174] Maertz C. P., et al. The effects of perceived organizational support and perceived supervisor support on employee turnover. *Journal of Organizational Behavior*, 2007, 28 (8): 1059-1075.

[175] Malhotra N. K., Kim S. S. and Patil A. Common method variance in IS research: A comparison of alternative approaches and a reanalysis of past research. *Management Science*, 2006, 52 (12): 1865-1883.

[176] Mao Y., Peng K. Z. and Wong C. Indigenous research on Asia: In search of the emic components of guanxi. *Asia Pacific Journal of Management*, 2012, 29 (4): 1143-1168.

[177] Maslach C., Schaufeli W. B. and Leiter M. P. Job burnout. *Annual Review of Psychology*, 2001, 52 (1): 397-422.

[178] Masterson S. S., et al. Integrating justice and social exchange: The differing effects of fair procedures and treatment on work relationships. *Academy of Management Journal*, 2000, 43 (4): 738-748.

[179] Mathieu J. E. and Farr J. L. Further evidence for the discriminant validity of measures of organizational commitment, job involvement, and job satisfaction. *Journal of Applied Psychology*, 1991, 76 (1): 127-133.

[180] Mathieu J. E. and Taylor S. R. A framework for testing meso-mediational relationships in Organizational Behavior. *Journal of Organizational Behavior*, 2007, 28 (2): 141-172.

[181] May D. R., Gilson R. L. and Harter L. M. The psycho-

logical conditions of meaningfulness, safety and availability and the engagement of the human spirit at work. *Journal of Occupational and Organizational Psychology*, 2004, 77 (1): 11-37.

[182] McNall L. A., et al. Interaction of core self-evaluations and perceived organizational support on work-to-family enrichment. *The Journal of Psychology*, 2011, 145 (2): 133-149.

[183] Medsker G. J., Williams L. J. and Holahan P. J. A review of current practices for evaluating causal models in organizational behavior and human resources management research. *Journal of Management*, 1994, 20 (2): 439-464.

[184] Meyer J. P., Allen N. J. and Smith C. A. Commitment to organizations and occupations: Extension and test of a three-component conceptualization. *Journal of Applied Psychology*, 1993, 78 (4): 538-551.

[185] Miao Q., Newman A. and Lamb P. Does identification with leader mediate the relationship between transformational leadership and follower work outcomes? A study of migrant workers in the Chinese manufacturing industry, *Leadership*, 2012, 8 (4): 377-395.

[186] Mintzberg H. Policy as a field of management theory. *Academy of Management Review*, 1977, 2 (1): 88-103.

[187] Molm L. D., Collett J. L. and Schaefer D. R. Building solidarity through generalized exchange: A Theory of Reciprocity1. *American Journal of Sociology*, 2007, 113 (1): 205-242.

[188] Molm L. D., Collett J. L. and Schaefer D. R. Conflict and fairness in social exchange. *Social Forces*, 2006, 84 (4): 2331-2352.

[189] Molm L. D., Takahashi N. and Peterson G. Risk and trust in social exchange: An experimental test of a classical proposition. *American Journal of Sociology*, 2000, 105 (5): 1396-1427.

[190] Molm L. D. The structure of reciprocity. *Social Psychology Quarterly*, 2010, 73 (2): 119-131.

[191] Moorman R. H., Blakely G. L. and Niehoff B. P. Does perceived organizational support mediate the relationship between procedural justice and organizational citizenship behavior? *Academy of Management Journal*, 1998, 41 (3): 351-357.

[192] Morgan J. M., et al. Tales from the fields: Sources of employee identification in agribusiness. *Management Communication Quarterly*, 2004, 17 (3): 360-395.

[193] Morgeson F. P. and Hofmann D. A. The structure and function of collective constructs: Implications for multilevel research and theory development. *Academy of Management Review*, 1999, 24 (2): 249-265.

[194] Nystrom P. C. Vertical exchanges and organizational commitments of American business managers. *Group and Organization Studies*, 1990, 15 (3): 296-312.

[195] Reilly C. and Chatman J. Organizational commitment and psychological attachment: The effects of compliance, identification, and internalization on prosocial behavior. *Journal of Applied Psychology*, 1986, 71 (3): 492-499.

[196] Organ D. W., et al. *Organizational Citizenship Behavior: Its Nature, Antecedents, and Consequences*. Sage Publications, Incorporated, 2006.

[197] Palmer D. E. Business leadership: Three levels of ethical analysis. *Journal of Business Ethics*, 2009, 88 (3): 525-536.

[198] Park S. H. and Luo Y. Guanxi and organizational dynamics: Organizational networking in Chinese firms. *Strategic Management Journal*, 2001, 22 (5): 455-477.

[199] Podsakoff P. M., et al. Common method biases in behavioral research: A critical review of the literature and recommended remedies. *Journal of Applied Psychology*, 2003, 88 (5): 879-903.

[200] Podsakoff P. M., et al. Organizational citizenship behaviors: A critical review of the theoretical and empirical literature and sug-

gestions for future research. *Journal of Management*, 2000, 26 (3): 513-563.

[201] Postmes T. and Branscombe N. R., *Rediscovering Social Identity*. Psychology Press, 2010.

[202] Pratt M. G., Rockmann K. W. and Kaufmann J. B. Constructing professional identity: The role of work and identity learning cycles in the customization of identity among medical residents. *Academy of Management Journal*, 2006, 49 (2): 235-262.

[203] Pratt M. G. Social identity dynamics in modern organizations: An organizational psychology/organizational behavior perspective. In M. A. Hoggand D. J. Terry (eds.), *Social Identity Processes in Organizational Contexts*, Philadelphia, PA: Psychology Press, 2010 (13-30).

[204] Pratt M. G. *To Be or Not To Be: Central Questions in Organizational Identification*. Sage Publications, Incorporated, 1998.

[205] Preacher K. J. and Hayes A. F. Asymptotic and resampling strategies for assessing and comparing indirect effects in multiple mediator models. *Behavior Research Methods*, 2008, 40 (3): 879-891.

[206] Preacher K. J. and Hayes A. F. SPSS and SAS procedures for estimating indirect effects in simple mediation models. *Behavior Research Methods Instruments & Computers*, 2004, 36 (4): 717-731.

[207] Raudenbush S. W. and Bryk, A. S. *Hierarchical linear models: Applications and data analysis methods*. Sage Publications, Incorporated, 2002.

[208] Reicher S. D., Spears R. and Haslam S. A. The social identity approach in social psychology. In M. S. Wetherell, and C. T. Mohanty (Eds.), *Sage Identities Handbook*, London: Sage, 2010 (45-62).

[209] Reid F. Rediscovering the social group: A self-categorization theory. *British Journal of Social Psychology*, 1987, 26 (4): 347-

348.

[210] Rhoades L. and Eisenberger R. Perceived organizational support: A review of the literature. *Journal of Applied Psychology*, 2002, 87 (4): 698-714.

[211] Rhoades L., Eisenberger R. and Armeli S. Affective commitment to the organization: The contribution of perceived organizational support. *Journal of Applied Psychology*, 2001, 86 (5): 825-836.

[212] Richter A. W., et al. Boundary spanners' identification, intergroup contact, and effective intergroup relations. *Academy of Management Journal*, 2006, 49 (6): 1252-1269.

[213] Riketta M. Organizational identification: A meta-analysis. *Journal of Vocational Behavior*, 2005, 66 (2): 358-384.

[214] Roberge M. E., Xu Q. M. J. and Rousseau D. M. Collective personality effects on group citizenship behavior: do diverse groups benefit more? *Small Group Research*, 2012, 43 (4): 410-442.

[215] Rousseau D. *Psychological Contracts In Organizations: Understanding Written And Unwritten Agreements*. Sage Publications, Incorporated, 1995.

[216] Sahlins M. D., *Stone Age Economics*. Aldine de Gruyter, 1972.

[217] Scandura T. A. and Schriesheim C. A. Leader-member exchange and supervisor career mentoring as complementary constructs in leadership research. *Academy of Management Journal*, 1994, 37 (6): 1588-1602.

[218] Scandura T. A. Rethinking leader-member exchange: An organizational justice perspective. *Leadership Quarterly*, 1999, 10 (1): 25-40.

[219] Schaeffner M., Huettermann H., Gebert D., Boerner S., Kearney E. and Song L. J. Swim or sink together: The potential of collective team identification and team member alignment for separating task and relationship conflicts. *Group & Organization Management*, 2014.

[220] Schaufeli W. B., Bakker A. B. and Salanova M. The measurement of work engagement with a short questionnaire. *Educational and Psychological Measurement*, 2006, 66 (4): 701-716.

[221] Schaufeli W. B., et al. The measurement of engagement and burnout: A two sample confirmatory factor analytic approach. *Journal of Happiness Studies*, 2002, 3 (1): 71-92.

[222] Schriesheim C. A., Castro S. L. and Cogliser C. C. Leader-member exchange (LMX) research: A comprehensive review of theory, measurement, and data-analytic practices. *Leadership Quarterly*, 1999, 10 (1): 63-113.

[223] Schrodt P. The relationship between organizational identification and organizational culture: Employee perceptions of culture and identification in a retail sales organization. *Communication Studies*, 2002, 53 (2): 189-202.

[224] Scott S. G. and Bruce R. A. Determinants of innovative behavior: A path model of individual innovation in the workplace. *Academy of Management Journal*, 1994, 37 (3): 580-607.

[225] Seers A., Petty M. M. and Cashman J. F. Team-member exchange under team and traditional management a naturally occurring quasi-experiment. *Group & Organization Management*, 1995, 20 (1): 18-38.

[226] Seers A. Team-member exchange quality: A new construct for role-making research. *Organizational Behavior and Human Decision Processes*, 1989, 43 (1): 118-135.

[227] Selig J. P. and Preacher K. J. Monte Carlo method for assessing mediation: An interactive tool for creating confidence intervals for indirect effects. Computer software Available from http://quantpsy.org,2008.

[228] Shalley C. E., Zhou J. and Oldham G. R. The effects of personal and contextual characteristics on creativity: Where should we go from here? *Journal of Management*, 2004, 30 (6): 933-958.

[229] Shamir B., et al. Correlates of charismatic leader behavior in military units: subordinates' attitudes, unit characteristics, and superiors' appraisals of leader performance. *Academy of Management Journal*, 1998, 41 (4): 387-409.

[230] Shanock L. R. and Eisenberger R. When supervisors feel supported: Relationships with subordinates' perceived supervisor support, perceived organizational support, and performance. *Journal of Applied Psychology*, 2006, 91 (3): 689-695.

[231] Shaw J. D., Dineen B. R., Fang R. L. and Vellella R. F. Employee-organization exchange relationships, hrm practices, and quit rates of good and poor performers. *Academy of Management Journal*, 2009, 52 (5): 1016-1033.

[232] Shenkar O. and Von Glinow M. A. Paradoxes of organizational theory and research: Using the case of China to illustrate national contingency. *Management Science*, 1994, 40 (1): 56-71.

[233] Sherony K. M. and Green S. G. Coworker exchange: relationships between coworkers, leader-member exchange, and work attitudes. *Journal of Applied Psychology*, 2002, 87 (3): 542-548.

[234] Shore L. M. and Coyle-Shapiro J. A. M. New developments in the employee-organization relationship. *Journal of Organizational Behavior*, 2003, 24 (5): 443-450.

[235] Shore L. M., Coyle-Shapiro J. A. M., Chen X. P. and Tetrick L. E. Social exchange in work settings: content, process, and mixed models. *Management and Organization Review*, 2009, 5 (3): 289-302.

[236] Shore L. M. and Tetrick L. E. A construct validity study of the survey of perceived organizational support. *Journal of Applied Psychology*, 1991, 76 (5): 637-643.

[237] Shore L. M. and Wayne S. J. Commitment and employee behavior: Comparison of affective commitment and continuance commitment with perceived organizational support. *Journal of Applied Psychol-*

ogy, 1993, 78 (5): 774-780.

[238] Shrout P. E. and Bolger N. Mediation in experimental and nonexperimental studies: New procedures and recommendations. *Psychological Methods*, 2002, 7 (4): 422-445.

[239] Sluss D. M. and Thompson B. S. Socializing the newcomer: The role of leader-member exchange. *Organizational Behavior and Human Decision Processes*, 2012, 119 (1): 114-125.

[240] Sluss D. M., Klimchak M. and Holmes J. J. Perceived organizational support as a mediator between relational exchange and organizational identification. *Journal of Vocational Behavior*, 2008, 73 (3): 457-464.

[241] Smidts A., Pruyn A. T. H. and Van Riel C. B. The impact of employee communication and perceived external prestige on organizational identification. *Academy of Management Journal*, 2001, 44 (5): 1051-1062.

[242] Sparrowe R. T. and Liden R. C. Process and structure in leader-member exchange. *Academy of Management Review*, 1997, 22 (2): 522-552.

[243] Steffens N. K., et al. Leadership as social identity management: Introducing the Identity Leadership Inventory (ILI) to assess and validate a four-dimensional model. *Leadership Quarterly*, 2014, 25 (5): 1001-1024.

[244] Stepina L. P., Perrewe P. L. and Hassell B. L. A comparative test of the independent effects of interpersonal, task, and reward domains on personal and organizational outcomes. *Journal of Social Behavior and Personality*, 1991, 6 (1): 93-104.

[245] Sy T., Choi J. N. and Johnson S. K. Reciprocal interactions between group perceptions of leader charisma and group mood through mood contagion. *Leadership Quarterly*, 2013, 24 (4): 463-476.

[246] Tajfel H. *Differentiation between Social Groups: Studies in*

The Social Psychology of Intergroup Relations. Academic Press London, 1978.

[247] Tajfel H., Billing M., Bundy R. and Flament C. Social categorization and intergroup behaviour. *European Journal of Social Psychology*, 1971, 1 (2): 149-178.

[248] Tajfel H. *Human Groups and Social Categories: Studies in Social Psychology*. Cambridge University Press, 1981.

[249] Tse H. H. Ashkanasy N. M. and Dasborough M. T. Relative leader-member exchange, negative affectivity and social identification: A moderated-mediation examination. *Leadership Quarterly*, 2012, 23 (3): 354-366.

[250] Tsui A. and Wang D. Employment relationships from the employer's perspective: current research and future directions. *International Review of Industrial and Organizational Psychology*, 2002, 17 (1): 77-114.

[251] Tsui A. S., et al. Alternative approaches to the employee-organization relationship: does investment in employees pay off? *Academy of Management Journal*, 1997, 40 (5): 1089-1121.

[252] Tsui A. S., Egan T. D. and O'Reilly III C. A. Being different: Relational demography and organizational attachment. *Administrative Science Quarterly*, 1992, 37 (4): 549-579.

[253] Tu Y. D. and Lu X. X. How ethical leadership influence employees' innovative work behavior: A perspective of intrinsic motivation. *Journal of Business Ethics*, 2013, 116 (2): 441-455.

[254] Tu Y. D. and Lu X. X. Does ethical leadership always inspire employee to speak up? the substitution for leadership. working paper, 2013.

[255] Turner J. C., Hogg M. A., Oakes P. J., Reicher S. D. and Wetherell M. S. Rediscovering the social group: A self-categorization theory, 1987. Oxford: Blackwell. 自我归类论. 杨宜音，王兵，林含章，译. 北京：中国人民大学出版社，2011.

[256] Tyler D. and McCallum R. S. Assessing the relationship between competence and job role and identity among direct service counseling psychologists. *Journal of Psychoeducational Assessment*, 1998, 16 (2): 135-152.

[257] Tyler T. R. and Blader S. L. Identity and cooperative behavior in groups. *Group Processes & Intergroup Relations*, 2001, 4 (3): 207-226.

[258] Uhl-Bien M. and Maslyn J. M. Reciprocity in manager-subordinate relationships: Components, configurations, and outcomes. *Journal of Management*, 2003, 29 (4): 511-532.

[259] Van der Vegt G. S. and Bunderson J. S. Learning and performance in multidisciplinary teams: The importance of collective team identification. *Academy of Management Journal*, 2005, 48 (3). 532-547.

[260] Van Dyne L. and LePine J. A. Helping and voice extra-role behaviors: Evidence of construct and predictive validity. *Academy of Management Journal*, 1998, 41 (1): 108-119.

[261] Van Dyne L., Ang S. and Botero I. C. Conceptualizing Employee Silence and Employee Voice as Multidimensional Constructs. *Journal of Management Studies*, 2003, 40 (6): 1359-1392.

[262] Van Dyne L., Kamdar D. and Joireman J. In-role perceptions buffer the negative impact of low LMX on helping and enhance the positive impact of high LMX on voice. *Journal of Applied Psychology*, 2008, 93 (6): 1195-1207.

[263] Van Dyne L. The joint effects of personality and workplace social exchange relationships in predicting task performance and citizenship performance. *Journal of Applied Psychology*, 2007, 92 (5): 1286-1298.

[264] Van Knippenberg D., Van Dick R. and Tavares S. Social identity and social exchange: Identification, support, and withdrawal from the job. *Journal of Applied Social Psychology*, 2007, 37 (3):

457-477.

[265] Walumbwa F. O. and Schaubroeck J. Leader personality traits and employee voice behavior: mediating roles of ethical leadership and work group psychological safety. *Journal of Applied Psychology*, 2009, 94 (5): 1275-1286.

[266] Walumbwa F. O., et al. Linking ethical leadership to employee performance: The roles of leader-member exchange, self-efficacy, and organizational identification. *Organizational Behavior and Human Decision Processes*, 2011, 115 (2): 204-213.

[267] Wang, D., et al. Employment relationships and firm performance: Evidence from an emerging economy. *Journal of Organizational Behavior*, 2003, 24 (5): 511-535.

[268] Wang H., Law K. S. and Hackett R. D. Leader-member exchange as a mediator of the relationship between transformational leadership and followers' performance and organizational citizenship behavior. *Academy of Management Journal*, 2005, 48 (3): 420-432.

[269] Wang P. and Rode J. C. Transformational leadership and follower creativity: The moderating effects of identification with leader and organizational climate. *Human Relations*, 2010, 63 (8): 1105-1128.

[270] Wageman R., and Baker G. Incentives and cooperation: The joint effects of task and reward interdependence on group performance. *Journal of Organizational Behavior*, 1997, 18 (2): 139-158.

[271] Wayne S. J., Shore L. M. and Liden R. C. Perceived organizational support and leader-member exchange: A social exchange perspective. *Academy of Management Journal*, 1997, 40 (1): 82-111.

[272] Weber M. 儒教与道教. 北京：商务印书馆，1995.

[273] Wei L. Q., et al. Political skill, supervisor-subordinate guanxi and career prospects in Chinese firms. *Journal of Management Studies*, 2010, 47 (3): 437-454.

[274] Whiting S. W., Podsakoff, P. M. and Pierce, J. R. Effects of task performance, helping, voice, and organizational loyalty on performance appraisal ratings. *Journal of Applied Psychology*, 2008, 93 (1): 125-139.

[275] Wiesenfeld B. M., Raghuram, S. and Garud, R. Communication patterns as determinants of organizational identification in a virtual organization. *Organization Science*, 1999, 10 (6): 777-790.

[276] Williams L. J. and Anderson S. E. Job satisfaction and organizational commitment as predictors of organizational citizenship and in-role behaviors. *Journal of Management*, 1991, 17 (3): 601-617.

[277] Wilson K. S., Sin H. and Conlon D. E. What about the leader in leader-member exchange? The impact of resource exchanges and substitutability on the leader. *Academy of Management Review*, 2010, 35 (3): 358-372.

[278] Wong Y., Ngo H. and Wong C. Antecedents and outcomes of employees' trust in Chinese joint ventures. *Asia Pacific Journal of Management*, 2003, 20 (4): 481-499.

[279] Xin K. K. and Pearce J. L. Guanxi: Connections as substitutes for formal institutional support. *Academy of Management Journal*, 1996, 39 (6): 1641-1658.

[280] Yukl G. A. *Leadership in Organizations*. Pearson Education India, 1989.

[281] Zagenczyk T. J., et al. Psychological contracts and organizational identification: The mediating effect of perceived organizational support. *Journal of Labor Research*, 2011, 32 (3): 254-281.

[282] Zhang A. Y., Tsui A. S., Song L. J., Li C. P. and Jia L. D. How do I trust thee? The employee-organization relationship, supervisory support, and middle manager trust in the organization. *Human Resource Management*, 2008, 47 (1): 111-132.

[283] Zhang X. and Bartol K. M. Linking empowering leadership and employee creativity: The influence of psychological empower-

ment, intrinsic motivation, and creative process engagement. *Academy of Management Journal*, 2010, 53 (1): 107-128.

[284] Zhang Y., Farh J. and Wang H. Organizational antecedents of employee perceived organizational support in China: a grounded investigation. *The International Journal of Human Resource Management*, 2012, 23 (2): 422-446.

[285] Zhang Z., Zyphur M. J. and Preacher K. J. Testing multilevel mediation using hierarchical linear models problems and solutions. *Organizational Research Methods*, 2009, 12 (4): 695-719.

[286] Zhou J. and George J. M. When job dissatisfaction leads to creativity: Encouraging the expression of voice. *Academy of Management Journal*, 2001, 44 (4): 682-696.

[287] Zhou J. When the presence of creative coworkers is related to creativity: role of supervisor close monitoring, developmental feedback, and creative personality. *Journal of Applied Psychology*, 2003, 88 (3): 413-422.

[288] 宝贡敏，刘枭. 感知组织支持的多维度构思模型研究. 科研管理，2011，32 (2)：160-168.

[289] 宝贡敏，徐碧祥. 组织认同理论研究述评. 外国经济与管理，2006，28 (1)：39-45.

[290] 卜长莉. "差序格局"的理论诠释及现代内涵. 社会学研究，2003，(1)：21-29.

[291] 蔡嫦娟. 幼教工作者职业角色感受，角色模糊及职业认同之探讨，http://163.17.8.9/admin/rpdata/beef8a2ca54fz72a2f9f30588c4cd2ed.doc,2003.

[292] 陈昭全，等. 管理研究中的理论建构. 载陈晓萍，徐淑英，樊景立. 组织与管理研究的实证方法，北京：北京大学出版社，2008.

[293] 樊景立，郑伯壎. 华人组织的家长式领导：一项文化观点的分析. 本土心理学研究，2000，13 (1)：127-180.

[294] 方杰，张敏强，邱皓政. 基于阶层线性理论的多层级中

介效应. 心理科学进展，2010，18（8）：1329-1338.

[295] 方杰，张敏强. 中介效应的点估计和区间估计：乘积分布法. 心理学报，2012，44（10）：1408-1420.

[296] 费孝通. 乡土中国. 北京：生活·读书·新知三联书店，1985.

[297] 郭玮，涂乙冬. 团队道德型领导、团队公平氛围及知识员工建议行为，Working paper，2012.

[298] 郭晓薇. 中国情境中的上下级关系构念研究述评——兼论领导-成员交换理论的本土贴切性. 南开管理评论，2011（2）：61-68.

[299] 洪娜. 空乘人员情绪表达规则知觉，人格，职业认同与情绪耗竭的关系研究. 硕士学位论文. 首都师范大学，2007.

[300] 黄光国. 人情与面子：中国人的权力游戏，原载于李亦园，杨国枢，文崇一，等. 现代化与中国化论集. 台北：桂冠图书公司，1985：125-153；后载于杨国枢. 中国人的心理. 南京：江苏教育出版社，2007：226-248.

[301] 黄光国，胡先缙. 人情与面子：中国人的权力游戏. 北京：中国人民大学出版社，2010.

[302] 黄光国. 从社会心理学的角度看：儒家文化传统的内在结构. 载黄光国. 儒家关系主义. 北京：北京大学出版社，2006：31-59.

[303] 姜定宇. 华人部属与主管关系，主管忠诚，及其后续结果：一项两阶段研究. 博士学位论文，2005.

[304] 姜定宇，等. 华人效忠主管的概念分析与量表建构. 中华心理学刊，2007，49（4）：407-432.

[305] 姜定宇，等. 主管忠诚：华人本土构念的美国验证. 中华心理学刊，2005，47（2）：139-156.

[306] 姜定宇，郑伯壎. 组织忠诚，组织承诺及组织公民行为研究之回顾与前瞻. 应用心理研究，2003，19：175-210.

[307] 金耀基，杨国枢. 人际关系中人情之分析. 载杨国枢主编，中国人的心理. 台北：桂冠图书公司，1988，1：78-79.

[308] 赖志超，林纯安，黄国隆. 组织认定的竞争优势. 郑伯壎，姜定宇. 华人组织行为：议题、作法及出版. 台北：华泰文化，2006：324-363.

[309] 黎光明，张敏强. 校正的 Bootstrap 方法对概化理论方差分量及其变异量估计的改善. 心理学报，2013，45（1）：114-124.

[310] 李汉林，李路路. 资源与交换——中国单位组织中的依赖性结构. 社会学研究，1999，4（2）：46-65.

[311] 李沛良. 论中国式社会学研究的关联概念与命题. 北京大学社会学与人类学所. 东西社会研究. 北京：北京大学出版社，1993.

[312] 李锐，凌文辁，柳士顺. 组织心理所有权的前因与后果：基于“人-境互动”的视角. 心理学报，2012，44（9）：1202-1216.

[313] 李锐，凌文辁. 主管支持感研究述评及展望. 心理科学进展，2008，16（2）：340-347.

[314] 李山根，凌文辁. 团队-成员交换研究现状探析与未来展望. 外国经济与管理，2011，33（7）：58-64.

[315] 李太，涂乙冬，李燕萍. 团队中的关系、迎合与职业成功：基于戏剧理论的解释. 南开管理评论，2013（2）：36-46.

[316] 李伟民，梁玉成. 特殊信任与普遍信任：中国人信任的结构与特征. 社会学研究，2002（3）：11-22.

[317] 李燕萍，涂乙冬. 组织公民行为的价值导向研究，管理世界，2012（5）：1-7.

[318] 李燕萍，涂乙冬，高婧. 领导-部属交换对员工工作压力的影响及其中介机制研究. 管理学报，2012，9（8）：1170-1177.

[319] 李燕萍，涂乙冬. 与领导关系好就能获得职业成功吗？一项调节的中介效应研究. 心理学报，2011，43（8）：941-952.

[320] 廖卉，等. 多层次理论模型的建立及研究方法. 见：陈晓萍，徐淑英，樊景立. 组织与管理研究的实证方法. 北京：北京大学出版社，2008.

［321］凌文辁，杨海军，方俐洛．企业员工的组织支持感．心理学报，2006，38（2）：281-287.

［322］刘艳林．基于社会认同理论的魅力型领导行为与部属工作投入机制研究，杭州：浙江理工大学，2012.

［323］刘钊．组织认同的形成机制与衍变异化．科学学与科学技术管理，2009，30（4）：194-196.

［324］路红．破坏性领导的内容结构及其相关因素研究．博士学位论文，暨南大学，2010.

［325］陆欣欣，涂乙冬．基于组织的自尊的情境化与适用性．心理科学进展，2014（1）：130-138.

［326］陆欣欣，涂乙冬．工作投入的短期波动．心理科学进展，2015，23（2）：268-279.

［327］陆欣欣，涂乙冬，郭钟泽．工作投入与员工组织公民行为：一项三维交互效应研究，working paper，2012.

［328］罗家德，叶勇助．中国人的信任游戏．社会科学文献出版社，2007.

［329］马克斯·韦伯．儒教与道教．王容芬，译．1995，北京：商务印书馆，1995.

［330］马力，曲庆．可能的阴暗面：领导-成员交换和关系对组织公平的影响．管理世界，2007，11：87-95.

［331］莫申江，王重鸣．国外双重认同研究前沿探析．外国经济与管理，2011，33（10）：52-57.

［332］切斯特，巴纳德．经理人员的职能．北京：机械工业出版社，2007.

［333］曲如杰，等．变革型领导与员工创新：认同的中介作用．人类工效学，2010（1）：17-19.

［334］任敏．现代社会的人际关系类型及其互动逻辑——试谈“差序格局”模型的扩展．华中科技大学学报（社会科学版），2009（2）：50-56.

［335］任孝鹏，王辉．领导-部属交换（LMX）的回顾与展望．心理科学进展，2005，13（6）：788-797.

[336] 任真，杨安博，王登峰. 领导-部属交换关系的本土化分析. 心理科学进展，2010，18（6）：1004-1010.

[337] 沈伊默. 从社会交换的角度看组织认同的来源及效益. 心理学报，2007，39（5）：918-925.

[338] 孙健敏，姜铠丰. 中国背景下组织认同的结构——一项探索性研究. 社会学研究，2009（1）：184-216.

[339] 孙锐，石金涛，张体勤. 中国企业领导成员交换，团队成员交换，组织创新气氛与员工创新行为关系实证研究. 管理工程学报，2009（4）：109-115.

[340] 唐春勇，潘妍. 领导情绪智力对员工组织认同，组织公民行为影响的跨层分析. 南开管理评论，2010（4）：115-124.

[341] 涂乙冬，陆欣欣，郭玮，王震. 道德型领导得到了什么？道德型领导、团队领导-部属交换及领导者的收益. 心理学报，6（9）：1378-1391.

[342] 涂乙冬，陆欣欣. 同事交换：一个被忽略的领域，working paper，2012.

[343] 涂乙冬. 信任的差序格局：基于湖北利川的研究发现与解释. working paper，2009.

[344] 涂乙冬. 领导-部属交换与员工帮助行为：一项三维交互研究. 管理科学，2013（5）：30-38.

[345] 涂乙冬，李燕萍. 领导-部属交换，双重认同与员工行为探析. 武汉大学学报（哲学社会科学版），2012（6）：22-28.

[346] 汪林，储小平，倪婧. 领导-部属交换，内部人身份认知与组织公民行为-基于本土家族企业视角的经验研究. 管理世界，2009（1）：97-107.

[347] 王辉，张文慧，谢红. 领导-部属交换对授权赋能领导行为影响. 经济管理，2009（4）：99-104.

[348] 王辉，牛雄鹰. 领导-部属交换的多维结构及对工作绩效和情境绩效的影响. 心理学报，2004，36（2）：179-185.

[349] 王辉，张翠莲. 中国企业环境下领导行为的研究述评：高管领导行为，领导授权赋能及领导-部属交换. 心理科学进展，

2012，20（10）：1519-1530.

［350］王彦斌. 管理中的组织认同：理论建构及对转型期中国国有企业的实证分析. 北京：人民出版社，2004.

［351］王毅杰，周现富. 城市居民信任的差序格局. 天府新论，2009（2）：102-105.

［352］王震，孙健敏，赵一君. 中国组织情境下的领导有效性：对变革型领导，领导-部属交换和破坏型领导的元分析. 心理科学进展，2012，20（2）：174-190.

［353］王震，仲理峰. 领导-成员交换关系差异化研究评述与展望. 心理科学进展，2011，19（7）：1037-1046.

［354］魏钧，陈中原，张勉. 组织认同的基础理论，测量及相关变量. 心理科学进展，2007，15（6）：948-955.

［355］魏淑华. 教师职业认同研究. 西南大学博士学位论文，2008.

［356］文崇一，杨国枢. 报恩与复仇：交换行为的分析. 中国人的心理. 台北：桂冠图书公司，1988.

［357］谢家琳. 实地研究中的问卷调查法. 载陈晓萍，徐淑英，樊景立. 组织与管理研究的实证方法. 北京：北京大学出版社，2008.

［358］杨国枢. 家族化历程，泛家族主义及组织管理. 海峡两岸之组织与管理，1998.

［359］杨国枢. 中国人的心理与行为：本土化研究. 北京：中国人民大学出版社，2004.

［360］杨国枢，叶英堃. 中国国民性与现代生活适应. 现代生活与心理卫生. 台北：水牛出版社，1971.

［361］张志学. 组织心理学研究的情境化及多层次理论. 心理学报，2010，42（1）：10-21.

［362］郑伯壎. 华人文化与组织领导：由现象描述到理论验证. 本土心理学研究，2004（22）：195-251.

［363］郑伯壎，姜定宇. 华人组织中的主管忠诚——主位与客位概念对员工效能的效果. 本土心理学研究，2000（1）：65-114.

[364] 周浩，龙立荣. 共同方法偏差的统计检验与控制方法. 心理科学进展，2004，12（6）：942-950.

[365] 周明建，宝贡敏. 主管承诺理论研究述评. 心理科学进展，2005，13（3）：356-365.

[366] 周燕，葛建华. 权威，认同与家族企业代际传承问题. 当代财经，2011（3）：73-79.

[367] 邹文篪，刘佳. 团队中的“我为人人，人人为我”——团队-成员交换研究述评. 心理科学进展，2011，19（8）：1193-1204.

附　　录

附录1　子研究1的问卷

LMX-12（Liden & Maslyn，1998）

我非常喜欢我的领导的为人

我的领导是那种让人喜欢和他做朋友的人

和我领导在一起工作非常有意思

即使我的领导对事情并没有充分的了解，他/她也会在上级面前为我的工作行为辩护

如果我被人“攻击”，那么我的领导会为我辩护

如果我犯了无心之失，那么我的领导会在公司其他人面前为我辩护

我愿意为我的领导做超出我的职责范畴之外的工作

为了达到领导的工作目标，我愿意在规定的要求之外再付出超额的努力

我愿意为了我的领导而辛勤工作

我的领导拥有的工作方面的知识给我留下了深刻的印象

我非常尊敬我的领导在工作方面的知识和能力

我钦佩我的领导的专业技能

领导认同（Becker，et al.，1996）

当有人批评我的上级时，我感觉这是对我个人的侮辱

当我谈到我的上级时，我会经常说我们，而不是他们

我对我的上级有“归属感”

职业认同（Tyler & McCallum，1998；蔡嫦娟，2003）
我的工作内容符合我的期望
我所从事的工作让我觉得很自豪
我对我目前的工作状态很满意
如果让我重新选择，我还会选择这项工作
我希望我的子女以后也能从事这项工作
我愿意一辈子从事这项工作
我目前的工作是自我形象中很重要的一部分
我非常认同我的工作
由于我从事的工作，会让我比其他人更有成就感
我的职业发展轨迹对于了解自我来说是一个很重要的部分

工作绩效（Tsui，et al.，1997）
我的工作成果的数量和质量都高于公司其他人的平均值
我的工作效率高于公司其他人的平均值
我在工作中追求的工作质量高于公司要求的质量
我在工作中秉承最高的职业规范
我具备了完成基本工作任务的能力
我在完成基本工作任务时具备很好的专业知识
我在完成基本工作任务时具备很好的创造性

建议行为（Van Dyne & Lepine，1998）
我能够对影响团队的事务提出可行性的建议
我能够鼓励组内其他成员参与到关系团队利益的活动中去
即使我的观点与众不同，甚至没有人认同我的意见，我能够就工作问题与组内的其他成员交流意见
我对问题十分了解，而且我的意见对组织是有用的
我参与了可能影响组织内工作和生活质量的事务的处理
我在团队中就新项目或流程变革的想法而直言不讳

帮助行为（Van Dyne & Lepine，1998）
我主动自觉地为组织做事情
我主动地帮助组织的新员工适应工作
我参与有利于组织的活动
我为了团队的利益而帮助组内的其他人
我与组织的利益共进退
我帮助组内的其他成员开展工作相关的学习
我帮助组内的其他成员了解完整的工作职责

附录 2　子研究 2 的问卷

组织支持感（Eisenberger，et al.，1997）
组织关心我的福利
公司关心我对单位的贡献
公司照顾我的个人目标和理念
如果我需要帮助，那么公司会为我提供帮助

组织支持氛围（Eisenberger，et al.，1997）
公司关心员工们的福利
公司关心员工对公司的贡献
公司照顾员工的目标和理念
如果员工需要帮助，那么公司会为员工提供帮助

组织认同（Mael & Ashforth，1992）
当谈论到公司时，我经常会说“我们”，而不是“他们”
我会认为公司的成功就是我个人的成功
当有人夸奖我们公司时，我会感觉这是对我个人的表扬

组织认同氛围（Mael & Ashforth，1992）
当谈论到公司时，员工们经常会说“我们”而不是“他们”
员工们会认为公司的成功就是他们个人的成功

当有人夸奖公司时，员工们会认为这是对他们的表扬

群体公民行为（Chen，et al.，2010）
我们团队作为一个整体会帮助其他团队做事情
我们团队作为一个整体会和其他团队进行协调和沟通
我们团队努力和其他团队营造和谐的工作氛围

团队生产率（Fry，et al.，2005）
在工作时，团队里的员工都很忙，很少有空闲时间
在团队里，团队生产率是所有员工关注的首要因素
在团队里，每个人都付出了自己最大的努力

工作投入（Schaufeli，et al.，2006）
在工作中，我感到自己充满了能量
在工作时，我感到自己强大并且充满活力
我对工作富有热情
工作激发了我的灵感
早上一起床，我就想要去工作
当工作紧张的时候，我会感到快乐
我为自己所从事的工作感到自豪
我沉浸于我的工作当中
我在工作时会达到忘我的状态

员工创新行为（Scott & Bruce，1994）
我会在工作中搜寻新技术、新流程或新产品创意
我会争取实现新想法所需要的资源
我会为新想法的应用执行制订恰当的计划

LMX-7（Graen & Uhl-Bien，1995）
我的领导对我的能力有足够的信任
我的领导认识到了我的潜力

我的领导了解我在工作中的问题与需要
在通常情况下，我知道如何与我的领导在工作中保持一致
领导愿意用个人能力来帮我解决工作中的问题
当我遇到困难时，我能指望我的领导帮我走出困境

领导认同（Mael & Ashforth，1992）
当有人批评我的领导时，我会感到很不舒服
当我谈到我的领导时，我经常会说“我们”而不是“他们”
当有人表扬我的领导时，我会感到这是我个人的荣耀

工作特征（Demerouti，et al.，2001）
我必须快速工作
我必须做过多的工作
我必须工作特别努力以完成任务
我工作有时间压力
我必须快速地完成工作

致　谢

这是一个故事的结尾，以及另一个故事的开始。都说世界上最远的距离是从 Abstract 到 Reference。如此说来，我已经跨越了世界上最远的距离，站在了这个故事的终点。本书源自于我的博士论文，因此，它对我有特别的意义。

站在这一个里程碑面前，以感恩的心，真心地感谢陪伴我这么多年的人。

感谢我的父母，虽然他们不懂我在研究什么，但他们却是最了解和最关心我的人。父母不仅给予我生命，而且还是我的第一任老师。他们不仅给我健全的人格和心智，而且还引导我形成正直、诚实的价值观。父母的支持，永远是我前行的动力。同时，也要感谢我的姐姐，这么多年一直照顾我、支持我。

感谢我的导师李燕萍教授，我跟着她学习长达五年多的时间，在她的精心栽培下，我从一个研究的外行人到博士毕业。她为我提供了广阔的平台，使我在研究上入门并逐渐独当一面。她是一个坚强而勤奋的人，尽管我对她的那股坚韧自叹不如，但我总是以她为榜样，不断地鞭策我自己。

感谢我的良师益友杜旌副教授。我们相处数年，在学习上他是我的老师，指导我的学习和研究，在私人关系上，他是我的好朋友。我们始终是亦师亦友，没有师生之间那种正式的严肃，不管是讨论学术还是闲聊，多了几分随意和直率。

感谢所有教过我的教授和老师，同时，也要感谢李锡元教授、陈建安副教授、陶厚永副教授、刘艳副教授多年来对我的指导和帮助，正是他们的帮助，才使我不断学习和成长。

感谢我的朋友们。我的师兄师姐：李太博士、郭玮博士等帮助我适应了博士阶段的学习和研究，并且在后来的岁月中一直关照我。也感谢我的实验室同伴彭峰、候烜方和胡翔。感谢我的师兄吴绍棠博士，他具备了很多我不能企及的优点。也要感谢我的研究搭档陆欣欣，她在学术上的潜力令我刮目相看，我很敬佩她的专注和敬业，她也不断推动我学习进步。这些朋友们后来几乎都成为了研究上的合作者，和他们的合作过程也是我宝贵的经历。同时，也要感谢我的助教俞悦同学在编辑、校对过程中的辛勤付出。

最后，最特别的感谢要献给我的夫人。她总是给我安慰和鼓励，让我可以去追求我的梦想。因为有她，我一路上走得更加坚定，也能走得更远。

我想以一首我经常单曲循环的 *You Raise Me Up* 来对所有人表达我心底的感激，在那么长的黑夜里，给我力量，给我方向，给我一丝希望。

When I am down and, oh my soul, so weary;
When troubles come and my heart burdened be;
Then, I am still and wait here in the silence,
Until you come and sit a while with me.

You raise me up, so I can stand on mountains;
You raise me up, to walk on stormy seas;
I am strong, when I am on your shoulders;
You raise me up, to more than I can be.

There is no life-no life without its hunger,
Each restless heart beats so imperfectly,
But when you come and I am filled with wonder,
Sometimes, I think I glimpse eternity.